労働学校における生の充溢

生涯教育の空間論序説

奥村旅人 著

東信堂

目次／労働学校における生の充溢——生涯教育の空間論序説——

序章　労働者の生と生涯教育の空間という主題……………………3

第1節　本書の問題構成……………………3

1　生の充溢と教育・労働——なぜ「労働者」か　3

2　労働／労働者の生の現状——なぜ「生の充溢」か　5

3　「生の充溢」の展望に向けて——なぜ教育か、とりわけ生涯教育か　6

第2節　研究目的と対象・方法……………………8

1　本書の目的　8

2　研究対象と研究方法　9

第3節　先行研究の検討と本書の研究史上における位置づけ　11

1　教育学における「労働者の学び」に関する研究　12

2　教育史学の対象の拡大、ならびに関連領域との接続可能性の展望　14

3　生涯教育学・社会教育学における空間・場所に関する研究の進捗　15

4　教育行政学・教育財政論における対象の拡大　15

5　先行研究の総括と本書の視点　17

第4節　本書の構成……………………18

注　18

第1章　教育及び空間概念の再考……………………25
——分析概念の構築に向けて——

第1節　自己教育（autoformation）と他律教育（hétéroformation）　25

第2節　〈知〉と使用価値／交換価値……………………30

1　教育／学習の多層性と〈知〉の特質　30

2　教育の意味・目的　33

第3節　近代空間に関する概念整理——都市社会学・建築学・地理学と教育学……………………35

注　40

第２章　労働者教育の全体像と現状……………………………………47
第１節　「戦後」日本における労働者教育の形成と展開………47
1　1940年代　47
2　1950年代～1970年代　48
3　1980年代～現在　49
第２節　行政労働者教育における教育的意図……………………50
1　教育刷新委員会における議論と報告　50
2　「三つの領域」の拡散――労働省労働教育局・文部省社会教育局「共同通達」　53
第３節　「社会人の学び直し」政策の教育的意図…………………57
1　先行研究　57
2　第３期教育振興基本計画における「社会人の学び直し」　60
3　「社会人の学び直し」関連事業の対象と目的　65
4　国家行政による助成における教育的意図の特質　69
5　本章の小括　70
注　70

補論　労働者教育活動の財政基盤……………………………………74
第１節　類型化のための枠組みの設定……………………………75
第２節　地方行政による助成の財政的特質――京都市を事例に……………………………………………………76
第３節　生涯学習・社会教育の財政に関する「理念」の限界…82
第４節　民間資金の可能性――社会貢献を志向する投資・寄付活用の展望…………………………………………………85
1　クラウドファンディングの分類と現状　86
2　NPO法人本と人とをつなぐ「そらまめの会」の概要　87
3　事例の応用可能性と限界　88
4　本論の小括　92
注　93

第3章　「労働学校」の史的展開 ……………………………………97
——特に京阪地域に焦点を当てて——

第1節　労働学校がおかれた文脈 ……………………………………97
第2節　戦前期の労働学校とその担い手——関西労働学校連盟を中心に ……………………………………98
1　戦前期関西地域の社会運動　100
2　関西労働学校連盟の概要と担い手の教育観　101
第3節　「戦後」における労働学校の再興 ……………………… 103
1　戦後関西地域の社会運動とその教育活動　104
2　京都労働学校の概要と担い手の教育観　106
第4節　労働学校史における京都労働学校の位置 ………… 109
第5節　労働学校の連続性と変容——労働学校に関わり続けた知識人・住谷悦治の生涯 ……………………………………111
1　住谷悦治の学生時代と戦前期の労働学校　111
2　住谷悦治の失職と労働学校の終焉　113
3　住谷悦治の戦後と京都人文学園　114
注　118

第4章　京都労働学校の教育目的と教育内容…………………… 129
——「教員」の視点から見た京都労働学校——

第1節　京都勤労者学園・京都労働学校の沿革 …………… 130
第2節　「校舎」及び講義内容の変遷 ……………………… 132
1　校舎の変遷　132
2　講義内容の変遷　133
第3節　知識人・行政職員による意味づけ ………………… 135
第4節　知識人による意味づけにおける京都労働学校の空間像 ……………………………………… 143
注　144

第5章　京都労働学校における教育／学習の多層性………… 161
——「学生」の視点から見た京都労働学校——
第1節　京都労働学校で学んだ人々——調査の概要 ………… 161
第2節　学習者にとっての京都労働学校経験 ……………… 165
1 「定型的教育／学習」への言及 165
2 「不定型教育／学習活動」への言及 166
3 「非定型教育／学習活動」への言及 168
第3節　1970年代前半の京都労働学校と「グ・サ活動」…… 170
1 学生の組織 170
2 自由研究・グループ活動の変遷と実態 174
第4節　聞き取り記録にみる京都労働学校の意味 ………… 176
1 遠藤氏の生涯と人生観 177
2 遠藤氏にとっての京都労働学校 179
第5節　文書資料にみる京都労働学校の意味 ……………… 184
1 京都労働学校への「入学」・「通学」の目的 184
2 学びの意味 185
第6節　教育者と学習者による意味づけの差異 …………… 187
1 教育者＝知識人が京都労働学校という場所に与えた意味 188
2 学習者が京都労働学校という場所に与えた意味 189
注 193
終章　「自己の人間形成過程の占有」をめぐる考察 ………… 199
第1節　【課題】に関する考察の整理と再構成 ……………… 199
1 考察の整理 199
2 教育者側からの労働学校への意味づけ 201
3 学習側からの労働学校への意味づけ 203
4 本書が明らかにしたこと 204
第2節　総合的考察 ……………………………………… 207
1 〈知〉の在り方と「自己の人間形成過程の占有」 208
2 教育の意味・目的と「自己の人間形成過程の占有」 209
3 教育空間と「自己の人間形成過程の占有」 212
第3節　今後の課題と展望 ……………………………… 215

1 労働学校の百年 215
2 その他の課題 218
注 219

参考／引用文献・史資料・URL 一覧 …… 222
○文献 222
○史資料 231
○ URL 233

付録 1 翻刻資料 …… 237
I 1968 年 9 月 「自由研究について」 237
II 1968 年 11 月 14 日「グループ学生代表と学校との懇談会議事録」 239
III 1974 年 6 月 26 日 「自由研究の経過について」 241
IV 1974 年 10 月 14 日 「労働学校『土曜日』についての経過と問題点」(再掲) 242

付録 2 インタビュー記録 …… 248
京都労働学校学習者への聞き取り 248
京都市職員 A 氏・B 氏インタビュー (2019/2/20) 268
大阪労働学校・アソシエ教員 A 氏インタビュー (2021/3/2・抜粋) 271

あとがき・謝辞 …… 275
事項索引 …… 279
人名索引 …… 281

労働学校における生の充溢

——生涯教育の空間論序説——

序章
労働者の生と生涯教育の空間という主題

第1節　本書の問題構成

1　生の充溢と教育・労働――なぜ「労働者」か

教育と労働。教えること／教えられることと働くこと。人間がおそらく避けては通れないであろうこの二つの営みに焦点を当てて、人の生が充溢[1]する道筋について考察したい。これが筆者の研究目的である。

教育やそこで伝えられる〈知〉、そして労働は、生の充溢にとって諸刃の剣であるように思われる。一方では、真理について考え、〈知〉を編み出すという教育の場における営みには、人間と人間を結び付け、それぞれの生を豊かなものにする契機となる可能性が見出されてきた[2]。労働についても、それ自体を生きる喜びの源泉として描く言説には事欠かない[3]。しかし他方では、教育・〈知〉や労働は、人間同士の分断と生の抑圧の契機ともされてきた。〈知〉や職業上の「ポスト」に希少性が見出されるようになるとき、それは競争の対象となり、その結果として分断の要因となる[4]。とりわけ、新自由主義の浸透を背景とした市場原理が教育の領域にも導入され始め、かつ「正社員のポスト」が希少になった1980-90年代以降には、教育や労働を分断の契機として論じる言説が優勢である[5]。

人が教育や労働を避けて通ることができない以上、近年では分断と抑圧の契機という側面が優勢になっているこれらの営みを、対話・共同と充溢の契機に組み変えていくほかあるまい。では、どうすればいいのだろうか。本書は、このような遠大な問いに対して、「働きつつ学ぶ」人々に焦点を当てて挑みかかろうとする試みである。

以上を踏まえて、本書を貫く問題意識を説明しておこう。本書の問題意識は、労働者の生の充溢に向けた教育活動の可能性を検討したいというものである。そのために本書では、労働学校という教育空間の形成と展開を跡付け、そこでの教育活動の様相を労働者や知識人の語りから再構成する。序章ではまず、こうした問題意識の背景にある現代日本の社会状況を概観しながら、問題意識を構成しているいくつかの重要な要素、すなわち「労働者」「教育」「(教育)空間」について詳述する。その後、本書の主要な研究対象である労働学校について詳しく述べることにしたい。後に述べるように、労働学校は、労働者に向けて知識人が創った教育空間でありつつ、社会運動のなかで創られた労働組合員養成機関としての側面を併せ持つという点で、またそれが大正期から現在まで一定の連続性を持って存続している教育空間であるという点で、労働者／知識人双方の、教育観・学習観／労働者観・労働観の両方を、同時に視野に収めつつ、労働者の学びの様相と生の充溢に向けた教育の可能性を検討することのできる格好の歴史的事象であると筆者は考えている。

まず、本書が対象とする「労働者」という概念と、その現状に関する筆者の認識について述べておきたい[6]。筆者が労働者に特に関心を寄せるのは、より正確に言えば人間の労働者という側面に特に関心を寄せるのは、彼らが日常生活の中で逃れることのできない場所＝職場(テレワークの場合には仮想空間でもあり得る)を有しており、そこでの労働を通して行われる他者を介した価値形成が、彼らの生にとって逃れがたい影響を有しているからである。そして以下で述べるように、職場での労働が多くの場合、労働者の生を抑圧するものになっていると考えるからである。このような状況に置かれた労働者という存在の生の充溢はいかに展望できるのか。労働が社会構造の基盤に置かれた社会を生きており[7]、かつ労働が労働者の生を抑圧している現状を生きているわれわれにとって、この問題について考察することは決して無駄ではないと思われる。

本書において労働者という用語が指し示しているのは、主に被雇用者である。企業労働者、公務員、店員、大学教員など、他者がその内容や条件を規定する労働に従事することによって報酬を得る人々が本書の主たる研究対象である。そのため、労働者という語を用いつつも、第一次産業従事者や商店主、あるいは家事労働などは本書の射程には十分収まっていない。そのような限界を踏まえつつも敢えて労働者という用語を用いるのは、この用語を使用してきた先行研究との接続を試み、そのなかでの位置づけを明確にしたいという理由による。端的に言えば本書は、労働者のなかでも肉体労働者にその対象を限定せず、被雇用者全般を扱っているものの、上記のような諸労働を視野に収めていない労働(者)研究ということになる。

2　労働／労働者の生の現状――なぜ「生の充溢」か

日常的にも研究上でも労働者という用語は極めて多義的に用いられているが、一般的にこの語からイメージされるのは「肉体労働者」(labor)だろう。本書が労働者を「肉体労働者」に限定せず、より広くホワイトカラー一般(worker)をも含んでこの語を用いるのは、労働による労働を行う人たち＝労働者の生の抑圧は、従来言われてきたような経済的・肉体的に厳しい労働条件にある人々のみならず、労働に就く人々一般を覆っていると筆者が認識していることによる。

労働研究において、労働の、労働者の生を抑圧する側面は主要な研究対象となってきた。そこでは主にはブルーカラーの労働者や非正規雇用の労働者が分析対象となり、低賃金・長時間労働などの劣悪な労働条件が問題化されてきた[8]。労働史や労働社会学の観点からは過労死・過労自殺という事象に顕著に見られる厳しい労働環境が分析され[9]、また、労働過程論の観点からは、労働それ自体が生の充溢に寄与しないようなものになり果てていることが繰り返し論及されている[10]。肉体労働者や工場労働者の労働の実態を明らかにし、職業間での「格差」を発見してきた先行研究群は、労働が労働者の生を蝕む構造を問い、またそうした状況への対策を絶えず要求してきた[11]。

このような労働による労働者の抑圧の形態に加えて、デヴィッド・グレーバーは異なる形態の抑圧[12]を「発見」したと言えるだろう[13]。グレーバーが提示した「ブルシット・ジョブ」の作業定義は、「被雇用者本人でさえ、その存在を正当化しがたいほど、完璧に無意味で、不必要で、有害ですらある有償の雇用の形態。とはいえ、その雇用条件の一環として、被雇用者は、そうではないととりつくろわなければならないと感じている」というものである。グレーバーはこの「ブルシット・ジョブ」に就いていると感じている労働者が「行政官、コンサルタント、事務員、会計スタッフ、IT 専門家、顧問弁護士」などの「専門的管理者階級」に多いことを指摘している。ここで確認しておきたいことは、客観的には労働条件に恵まれている職業に就いている労働者でさえ、労働に関して耐えがたいほどの抑圧感を常態的に持っているという事実である。

以上のような労働研究の知見に鑑みると、現代社会においては賃労働に就いている人々の多くが、労働の形態に関わらず、何らかの形で労働に関する抑圧を体感していると言うことができるだろう。被雇用という状態は、たしかに労働者の生計を安定させるという肯定的な側面を持つ。しかし他方では、先述のブルシット・ジョブや、「ポスト」をめぐる絶えざる競争などによって、労働者の生を多かれ少なかれ抑圧する側面を有している。さらには、労働者の自由な時間の喪失が彼らを社会的活動から疎外することにつながり、結果として社会の変革に対しても否定的な影響を及ぼし得ると言うことができるだろう。筆者が、人間の労働に就いているという側面に特に着目し、かつ労働者という用語に被雇用者一般という比較的広い意味付けを与えたうえで、その生の充溢を展望しようとするのには、被雇用という状態にある人々に共通している状況を析出したいという意図がある。では、いかなる方法によってその展望は得られるのだろうか。

3 「生の充溢」の展望に向けて――なぜ教育か、とりわけ生涯教育か

(1) 教育の位置

労働に関わる労働者の抑圧といった困難に対して、従来であれば労働組合による社会運動が、労働を、労働者の生を充溢させるものに変える手段として期待されてきた。しかし個々の労働者の問題が多様化しているなかで、いまや一枚岩の「労働者階級」を前提とした政治運動や集団的交渉によって、

労働者の状況を一様に改善することは難しい[14]。したがって、「労働者階級」を前提とした社会運動とは異なる次元において、労働者の生を充溢させるための方途を再考する試みが必要だろう。政治運動・集団的交渉によって労働者全体の労働の改善が展望できない状況においては、個々の労働者が自らの生活の文脈に沿って、それを充溢させるための方途を探り、自己変容を企図することの意味について再考することも一定の意義を持つと考えられよう[15]。それは労働条件などに特化した対抗的な営みではないため、生活を労働／余暇と分類して前者に焦点づけた変容を企図するのみならず、生活全体を変えようとすることも可能だろう[16]。筆者が労働者の学びや教育空間の意味に関する考察に問題意識を持つのは、こうした理由からである。

(2) 本書の教育観

もちろん、既存の学校教育システムの中で、労働法や労働者の権利を人々が学ぶための手段として、どのような教育活動が行われるべきであるかというような、即時的な有用性[17]を持った「処方箋」の提示も必要な事項ではあろう。しかし、むしろ教育や学習という概念を学校教育システムのみを前提とした自明なものと考えるのであれば、それは労働をめぐる現状をさらに悪いものにする可能性すら有している。

現代日本の学校教育システムへの批判は、もはや枚挙に暇がない。本書の問題意識に関する範囲では、例えば静的な客体としての学習者に対して(社会にとって有益であるとされる)抽象的な知識を注入し、いわゆる偏差値という画一的・一元的な基準を用いてその知識の獲得量を評価・比較することを通して、学習者を序列化することへの批判は古くからなされてきた[18]。さらに近年では、画一的な基準下での競争と結果としての分断をもたらしていた学校教育がもはや機能不全に陥り、その結果として「均質性と分断」という状況に置かれていた人々が、「個別化」というさらに深刻な孤立状況にあることが指摘されるに至っている[19]。教育者―学習者の関係を動的なものではなく、静的なものとみるとらえ方、偏差値という画一的な序列の形成と分断、及びその極致としての個別化、これらのいずれもが、学校教育システムが前提としている教育／学習観の無為な拡大によっては、労働者個々人の労働の過酷化と不安定化がもたらされ、さらには、個人にとっての「生」の意味の喪失を推し進めかねないということを示唆している[20]。

こうした教育観に対して本書は、「ほとんどすべての教育学が前提としていた原理へのラジカルな挑戦」としての、生涯教育思想・生涯学習論に依拠している。ここで「原理」とされているのは、エミール・デュルケームの「成人世代が未熟な世代に行使する行為」という教育の定義に典型的に見られるいくつかの暗黙の前提、すなわち、教育行為における、「教える者と教えられる者の固定化と永続化」という教育関係や、そこで教えられる知識の自明性や固定性、知識を伝達する教育空間の均質性やその教育者による占有などといった価値観のことを指している[21]。本書は、このように教育・学習という概念について改めて整理、再考し、学齢期ではない人々や学校ではない空間、無意図的・偶発的な「学び」などといった学校教育システムの“外側”における教育・学習にも着目する立場から、教育や学習という営みの可能性を労働者という対象に沿って再検討する試みでもある。なお、本書における「教育」概念については、次章でより詳しく検討する。

こうした「教育」観のもと本書が主要な考察対象とするのが、学校教育システムの外で形成された教育空間であり、また労働者に向けて創られた教育空間である労働学校である。学校教育システム内の学校とは異なり、通学の義務も得られる資格もないこの「学校」で行われた教育活動にはどのような意味があったのか。それはいかに労働者の生を充溢させ、またいかなる限界を有していたのか。労働者の生活に合わせて創られたこの「学校」の可能性と限界を考察するとともに、労働者に関する教育活動一般にも敷衍し得るような知見の析出を目指したい。労働学校については、節を改めて詳述する。

第2節　研究目的と対象・方法

1　本書の目的

ここまでの議論と本章冒頭に述べた問題意識を踏まえて、改めて本書の目的を示しておきたい。本書の目的は、労働者の生の充溢に向けた（学校教育に限定されない）教育活動の可能性を、それが行われる空間／場所に着目しつつ検討することである。この目的のために、具体的な作業課題を三つ設定する。

本書の最も中心的な作業課題は、学校外の教育空間が労働者の生を充溢させる可能性を探るために、労働者のエゴ・ドキュメントやオーラルヒストリーの検討を通して、【課題①】労働学校における労働者の教育／学習の体験を再構成し、労働者の主観においてその意味がいかに捉えられ、それによって彼らの生がどのように変容したと考えられているのかを検討することである。

以下の二つの作業課題は、【課題①】を検討するための基礎作業として位置づけられる。二つ目の作業課題は、労働者に向けた教育活動の現状を整理し、また本書の主要な研究対象である労働学校の特質を明確にするために、【課題②】労働者に向けて行われてきた教育活動の全容を概観し、その担い手の教育的意図はどのようなものかを検討することである。

三つ目の作業課題は、本書が分析する主たる事例である京都労働学校（次項で詳述する）の位置づけをより明確にするために、【課題③】労働学校が知識人と労働者によってどのように創られてきたのか、その史的展開を明らかにすることである。労働学校は大正期に初めて創られ、今日に至るまで断続的に創られている。京都労働学校がその史的展開の中でどのような位置を占め、どのような特質を持つのかを明確にしておきたい。

2　研究対象と研究方法

本書は第一に、労働学校という労働者に向けて創られた教育空間を主要な対象とする。労働学校とは、①労働者を主な対象とした、②正規の学校外で開かれた、③また、職場からも独立して開かれた、④「学校型」の教育機関の総称である[22]。なかでも、現在も京都市で活動を続けている京都勤労者学園（1957-現在、なかでもその事業の一つである各種学校・京都労働学校）を主に取り上げる。京都勤労者学園及び京都労働学校は、1957年に活動を開始して以来、知識人、労働組合、地方自治体（京都府、京都市）の連携のもと、現在特に活発な活動をしている、労働者を対象とした教育／学習の場所の一つであり、本書の問いについて考えるための題材として最も適したものの一つと言えよう。

特に本書では、1960年代末から1970年代半ばにおける京都労働学校の教育活動に焦点を当てる。その理由は以下の三つである。本書では、青年期に労働学校で学んだ人々のオーラルヒストリーを主な資料としている。本書では先述の【課題①】の問いに応えるため、現在職業生活を終えている人々に、労働と労働学校での学びを振り返っていただき、生涯における労働学校の意味について考えてもらうという手法を用いている。そのため、オーラルヒストリーの収集に当たっての聞き取り対象選定の際に、研究開始時点で職業生活をすでに終えており、かつ青年期に労働学校に通った人々に焦点を当てた。その主な対象者は研究開始時点（2019年）に70代だった人々であったが、彼らが青年期を過ごした年代が1960年代後半から70年代半ばであった。これが年代選定の一つ目の理由である。

次に京都労働学校での教育実践に関することであるが、第4章で詳しく述べるように、現在の眼から振り返ると、1970年前後の京都労働学校はその校舎や「カリキュラム」体系、学生の集団的活動支援などにおいて変化の只中にあった。その変化がそこで学んだ人々による労働学校への意味づけにどのような影響を及ぼしたのかを検討することは、【課題①】についての考察に資すると考えた。これが二つ目の理由である。

三つ目は資料の発掘状況に関する事柄である。まさに本書を執筆している現在、京都勤労者学園・京都労働学校の倉庫に残存していた資料が、京都大学人文科学研究所の福家崇洋氏と須永哲思氏、及び筆者を中心として整理されつつある[23]。そこで発見された資料には当該年代の資料が多く含まれているため、今後研究の進展が期待される。これが三つ目の理由である。

加えて第二に、特に【課題②】の検討に当たって、労働者の教育／学習に関する国家行政・地方行政の施策を研究対象とする。具体的には、文部科学省・厚生労働省を中心とした国家行政によって展開されている「社会人の学び直し」政策、及びその前史である、文部省や労働省によって敗戦後に展開されてきた教育政策を扱う。

次に本書の方法についても述べておきたい。本書の研究方法の中心となるのは、文書資料及び聞き取り調査結果の読解と分析である[24]。より詳細には、労働学校に関する文献や史資料の収集・分析と、京都労働学校の学習者に対する半構造化インタビュー調査及びその結果の分析を行う。その際、文献資料と、学習者が労働学校に最も頻繁に通った時期から時間を経た現在の時点から振り返って意味づけたインタビュー結果(オーラルヒストリー)とを合わせて検討することにより、労働学校の意味を立体的に浮かび上がらせるよう努めたい。ここまで繰り返し言及している「生の充溢」という事柄は「客観的」な指標を用いて計測できる類のものではなく、学習者＝労働者の主観世界を知ることによって検討することが可能になるものと言える。本書ではオーラルヒストリーの分析を、学習者自身が当時思っていなかったことをも含めて、当時の学習の場所への意味づけを振り返った記録を得るためのものとして用いる。またそこで得られた音声資料を、研究者が解釈することによって分析を進めていく。

オーラルヒストリーを特に重視するのは、労働学校という過去の空間に関する語りから過去の労働学校の様子＝事実を知るためのみならず、その語りのモード自体を分析の対象としたいと考えたことによる。後に述べるように、本書は空間が持ち得る意味の多層性に着目している。歴史的に存在した空間に与えられる意味の多層性は、その空間の歴史に関する語りのモードの複数性と呼応しているのではないだろうか。本書では、労働学校に対して教育者＝知識人が見出した意味と学習者＝労働者が見出した意味の相違点に着目する。歴史上の同じ時間・空間に対して教育者と学習者が与える意味付けの比較検討は、教育空間が持ち得る意味の多層性を検討するための方法として有効であると考える。

第３節　先行研究の検討と本書の研究史上における位置づけ

概して、本書がテーマにするような労働者の教育や学習は、主に経営学の領域において人的資源管理論的な視点から検討されるか、あるいは社会教育学の領域において階級闘争史的な文脈に即して検討されてきた。すなわち、労働者の能力を経済的価値に還元し、それを効率的に高める方法を考えようとする視点と、労働運動の進展あるいは行政によるその抑圧ならびに国家主義への回収に、教育活動がいかに寄与したのかを問おうとする視点が、労働者の学びを捉えるための枠組みとして採用されてきたと言える。

こうした研究に本書が対置するのは、個々の労働者の生活や生涯の具体的な文脈に即して、教育活動やそれが行われた空間・場所そのものの意味を問おうとする視点である。経済的な指標で測ることのできる能力の持ち主、あるいは労働者階級の一員というものに労働者を還元せず、個々の労働者の文脈に沿いながら、可能な限り労働者の学びやそれが行われる空間・場所が持つ通時的・普遍的な意味を抽出するような作業を試みたい。こうした研究の概況を踏まえたうえで、本書の研究テーマの研究史上の位置づけは、具体的には以下の四点にまとめられる。

1　教育学における「労働者の学び」の捉え直し。

2　教育史学の対象の拡大、ならびに関連領域との接続可能性の展望。

3　生涯教育学・社会教育学における空間・場所に関する研究の進捗。

4　教育行政学・教育財政論における研究対象の拡大。

以下、これら各々の点について、先行研究の動向と到達点を整理しつつ、各々の研究領域における本書の位置づけと意義を明らかにしていきたい。

1　教育学における「労働者の学び」に関する研究

教育学の領域において労働者教育や労働者の学びといったテーマは、概して、「資本家階級」あるいは「ブルジョア階級」のための教育に対置される、「労働者階級」のための教育を措定したうえで語られてきた[25]。特にこのテーマに関心を向けてきたのは社会教育学であったが、戦後の社会教育（史）研究を振り返ると、労働者の教育や学習に関わる研究は1970年代に顕著にみられた。そこでは、小川利夫が提唱した「上からの」行政社会教育と「下からの」民間社会教育活動の二項対立枠組みに影響を受けつつ[26]、藤岡貞彦に代表されるように、労働者が資本家から独立した意識をいかに獲得するか、という階級闘争史観に基づく議論が中心となった[27]。

上に述べたように、社会教育学における「労働者の学び」の研究は、概して労働運動・政治運動を担うことのできる労働者の養成の可能性を問う文脈に取り込まれてきたと言ってよいだろう。このような文脈における労働者は基本的に労働運動の主体的な担い手を指し示していたし、そこでの「学習」とは「資本家階級から独立した」知識や態度の涵養を意味しており、労働運動の方針と連動した集団的な学習活動が想定されていたと言えよう。

公教育や行政社会教育に資本の論理による国民教化の危険性を見出し、それに対して「労働者階級」独自の教育活動を組織する必要性を訴えた諸研究が、当該時期の文脈において持った意義を、筆者は否定するわけではない。むしろ、社会教育の持つ政治性を研究の俎上に載せ、その暴力性を炙り出したこれらの研究は、統制から規制緩和へと舵を切った現在の社会教育行政のあり方を考えるうえでも、未だに顧みられるべき論点を多く含んでいると考える。

しかしながら、労働者の生の充溢を展望するという目的に立ったとき、1970年代の枠組みに留まっていることが困難なことも事実であろう。一律の労働者像や労働者理解ではもはや、多様な職場において多様な形態で働く、労働者の認識や態度の変容を促すことはかなり難しく、現状の改善を十分に展望することはできないからである。前述の先行研究においては、労働運動の組織化が必要だという要請のもとで、労働運動に参加しない大多数の労働者の学習要求や、日常生活や将来に関する様々な問題や悩みなどは度外視されてきたと言っても過言ではない。

筆者は、これらの点を踏まえつつ、個々の労働者が学ぶことの意味を問う視点から、労働者の学習を再考していく必要があると考える[28]。本書においては、個々の労働者にとっての学習の意味や可能性を考える手がかりとして、労働者の学習活動が、個人のライフヒストリー全体の中でどのような意味を持ち得るのかを検討する。こうした労働者個人自身の視点を導入することによって、労働者教育を“労働者階級と資本家階級”という二つの階級間対立において捉える従来の枠組みを問い直しながら、「労働者の学び」を企図した教育機関が果たした役割を再考することができると考える。

2　教育史学の対象の拡大、ならびに関連領域との接続可能性の展望

労働学校は、高等教育機関で教鞭をとった知識人たちが、教育を行うという意図を持って講師を務め、また後にも述べるように、そこで学んだ労働者たちも、学習を行うという意図を持ってそこに集ったという点で、教育機関としての側面を有している。また、中等教育・高等教育の代替として労働学校が受容された事実に鑑みれば、それは中等・高等教育研究の中にも位置づけることが可能である。にもかかわらず、労働学校が教育史学の領域で研究対象にされることはなかった。

その背景には、教育史学が、その対象を基本的に学校教育システム、あるいは学校教育の教員の教育実践に限定しているという現状があると考えられる。無論、土方苑子らの各種学校の研究など、学校教育システムに必ずしも収まらない教育空間に関する研究も蓄積されている[29]。しかし、例えば教育史学会が 2007 年と 2018 年に教育史研究の成果をレビューした『教育史研究の最前線』を見ると、学校教育外の教育実践、すなわち、労働学校を含む社会教育は、その主たる対象として認識されていないことも明らかだろう[30]。

筆者は、労働学校を研究対象に据えることによって、教育史研究の地平の拡大を展望できると考えている。具体的には、社会運動史や労働史などの領域と教育史研究の接合領域として、労働学校研究を位置づけることが可能であると考える。労働学校に対しては、上で述べた社会教育学研究以外にも、社会運動史や労働史の見地からその活動が言及されており、そうした領域においてすでに蓄積のある対象である[31]。さらには、労働学校はそこに通った労働者が置かれた歴史的状況と、同時代の学校教育の歴史的状況を、労働者の生活という次元で接合する可能性を有している。つまり、労働者がどのような賃金・労働時間等のなかで働いていたのか、当時教育はどの程度、どの層に普及していたのかといった知見を用いながら、労働者にとって学びとは何か、という問いについて考察することは可能であるように思われる。本書ではこうした作業を十分に行えるわけでは到底ないが、このような展望を持

ちつつ、労働者のライフヒストリーから、彼らの学校観を明らかにする試みを行いたい。

3　生涯教育学・社会教育学における空間・場所に関する研究の進捗

「施設中心主義」を謳う社会教育を主な対象に据えてきたにもかかわらず、生涯教育学・社会教育学研究においては、教育や学習の空間自体に明確に焦点を当てた研究はほとんどみられない。そのなかでも、津田英二による一連の研究は重要な成果と言える[32]。津田は、「インフォーマルな福祉教育実践の場」の分析にあたって、その場において「個人や関係の変容をもたらし得る」「その場にいる人たちの経験や認識や行為、相互の関係、活動の内容、物理的な空間の様態、地域特性など」といった要素の総体として「場のちから」という概念を提起したうえで、場での実践に参加する人々の「感想」などのデータから、「場のちから」を分析する方法を考察した。

津田の研究は、教育学研究において「場」それ自体がそれを共有する人々に対して及ぼす「ちから」を扱った画期的なものであり、その意義は大きい。その一方で、その研究は、一つの「場」に内在している、個人に影響を及ぼす要素を明らかにしようとした、いわばミクロの視点で「場」を分析しようとするものであり、「福祉教育実践の場」以外の「場」に議論を応用、展開する可能性がそこで検討されているわけではない。本書の試みは、「場」(空間・場所)相互の比較検討や複数の「場」を総合的に考察することを視野に入れた、いわば津田よりもマクロな視点を持つものであり、津田が着手した、教育の「場」の総合的な分析という研究の地平を広げることを目指すものである。

4　教育行政学・教育財政論における対象の拡大

これまでの教育行政学研究及び教育財政論研究においては、社会教育や生涯学習と呼び表されるような、学校教育行政外の活動にはあまり焦点が当てられてこなかった。教育行政学における数少ない成果としては、佐藤智子や雲尾周、今西幸蔵のものが挙げられる[33]。佐藤は、「新しい能力観や新しい学習観」を踏まえた能力育成のための教育活動として、社会教育が果たすことのできる役割について考察した。雲尾は、社会教育行政の組織や施設、職員の体制を整理し、また1960年代以降に隆盛を見せた「生涯教育論」が日本に受容される過程を検討した。今西は、今日の日本に「本格的な学習社会」が到来したという現状認識のもと、「協働型社会」の構築のために生涯教育・生涯学習（行政）が果たす役割について検討した。

教育財政論研究においても、やはり社会教育や生涯学習は主だった対象にはなっていない。例えば教育財政研究のレビューを通してその課題について検討した日本教育行政学会の年報には、社会教育や生涯学習を取り上げたものは皆無と言ってよい[34]。そのような研究状況のなかでも、市川昭午、白石裕らの研究には、生涯学習に関する財政への言及が見られる[35]。それらは総じて、地方行政における社会教育財政に焦点を当て、学校教育財政研究の枠組みを社会教育に援用しつつ、社会教育財政の「総額の少なさ、義務的経費の少なさ、市町村の支出の割合が高いこと」を指摘してきた[36]。たしかに、日本の生涯学習概念は戦前期から存在した社会教育行政の中に取り入れられていった経緯があり、実質的に生涯学習活動の実施や援助を担ったのは社会教育行政であった。その意味で、社会教育財政の減少傾向や市町村の支出割合の大きさを明らかにしてきた先行研究群の意義は大きい。一方で、これらの生涯学習に関する財政研究の論点が社会教育行政の活動費の分析に焦点化されていることによって、生涯学習活動という営みが「社会教育」の「行政」による事業に限定して捉えられてきた傾向がある。

総じて、教育行政学・教育財政論の文脈においては、検討の俎上に上がる学校教育システム外の教育活動は、「社会教育行政」が行う事業に限定される傾向を有してきた。これらの先行研究の蓄積に対して本書が提示する視点は、学校システム外の教育／学習事業の行政・財政について研究するにあたっては、それを「社会教育」の「行政」による活動に限定せず、むしろ公民館での講座のような従来から社会教育行政が担っていた教育活動以外の活動を視野に入れる必要があるというものである。現代社会において、学校外の教育／学習事業を担っているのは必ずしも社会教育行政のみではなく、むしろその役割は縮小傾向にあるとも言える。このような状況下において、学校外の教育／学習に関する行政活動の可能性を見出すためには、社会教育行財政の現状と課題の検討に視野を限定することは必ずしも有効な方法ではないだろう。

本書が対象としている労働者に向けた教育事業は、学校システム外の教育事業でありながら、その担い手はいわゆる社会教育行政に限定されてきたわけではない。このことを踏まえると、本書が行政機関による労働者に向けた教育／学習事業を扱うことには、教育行政学・教育財政論の裾野を広げるうえで二つの意味を有している。一つ目は、学校外の教育／学習事業の展開における行政と民間の関係性を問うことになるということである。二つ目は、教育行政と厚生・福祉・文化行政との関係性について問うことになるということである。労働者に向けた教育活動の多くは、教育行政のみならず、他の行政の助成を受けながら、民間団体によって実施されてきた。そのような教育事業の現状と課題を問うことは、行政と民間、教育行政と他行政の関係を問うことにつながる。本書はこの意味において、教育行政学・教育財政論の裾野を拡大することにも寄与したいと考える。

5　先行研究の総括と本書の視点

以上、労働者の学び、及びそれが行われる空間・場所という主題に関して、教育学の関連領域、すなわち教育史学、生涯教育学・社会教育学、教育行政学・教育財政論の蓄積を概観した。これらの先行研究においては、総じて、一方では教育者側が場所に通う学習者をいかに変えようとし、どのような教育内容を設定したのか（教育者側の視点）、他方では学習者が教育者の意図や教育の内容をどのように受け止め、またそこでの学習が彼らの生涯においていかなる意味を持ったのか（学習者側の視点）といった、いわば教育行為を形成する両者の観点からは、場所での活動があまり分析されてこなかったように思われる。

「場」での人々の変容を分析した津田においても、教育者と学習者の視点から場所での活動を分析し、それらを比較検討する視点は有していない。本書においては、「労働者の学び」を、教育行為を形成する両者の観点から検討することを通して、包括的に、労働者の生活や生涯の充溢に関して教育／学習の場所が果たし得る役割を析出することを目指す。また併せて、それを担保するための教育行政・財政的な仕組みについても考察したい。

第4節　本書の構成

最後に、本書の構成について述べる。本書は、「教育」「空間」「場所」などに関する概念を整理し、分析のための枠組みを構築する部分（第1章）、労働者に対する教育行政・教育事業の現状を検討する部分（第2章）、労働学校の史的展開を検討する部分（第3章）、京都労働学校に焦点を当て、そこに集った知識人・労働者個人の主観から労働学校という空間／場所の意味について考察する部分（第4章・第5章）に大きく分かれている。

各課題との対応関係を示しておくと、【課題①】には第4章・第5章で、【課題②】には第2章で、【課題③】には第3章で主に取り組む形になっている。第2章、第3章、及び補論は京都労働学校の歴史的・同時代的な位置づけを明確するための章であるため、本書の考察の幹の部分は、第1章で構築した枠組みをもとにして、第4・5章で詳述する事例を、終章で分析するという流れになる。関心に応じて、適宜読み飛ばして頂ければと思う。

注

1　ここで用いている「充溢」という用語は、見田宗介がジョルジュ・バタイユの消費概念を〈生の充溢と歓喜の直接的な享受〉と表現したことに由来している。見田（真木悠介）の「生の充溢」のイメージは、バタイユの消費論の他にも、ヤキ族の老人ドン・ファンの語りや（真木悠介『気流の鳴る音』筑摩書房、2003年）、時間観の歴史（同『時間の比較社会学』岩波書店、1981年）を分析するなかでも提示されてきたと思われる、その「生の充溢」像は、金銭的・物質的な充足とは異なり、「その時・その場所が満ちている」というニュアンス（「現時充足」「心のある道」などの表現に表れている）が込められている。

以上を踏まえて、我々が日常的に、経済的・物質的な満足を指して用いる「充実」とはややニュアンスの異なる用語として、本書では労働者の生が満ち足りたものになることを「充溢」と表現する。

2　大田尭『なぜ学校へ行くのか 新版』岩波書店、1995年、165-166頁。

3　中山元『労働の思想史：哲学者は働くことをどう考えてきたのか』（平凡社、2023年）が、労働に与えられてきた意味に関する、思想史的な見取図を提供している。

4　教育や労働の二つの契機は、多くの場合、個人の中に併存している。筆者にとっても、受けてきた教育やそこで得られた〈知〉あるいは労働体験は、喜びの源泉であると同時に、生を抑圧する劣等感そのものでもある。

5　例えば近年の重要な成果に、本田由紀編『転換期の労働と「能力」』（大月書店、2010年）をはじめとする「労働再審」シリーズがある。

6　本書が対象とする「労働者」については後述するが、ここではまず本書におけるその定義について、関連する用語を挙げつつ明確にしておきたい。まず本書の関心に近い、社会教育学での用いられ方を見てみよう。宮坂広作『生涯学習の遺産：近代日本社会教育史論』（明石書店、2004年）は「労働者」を、「ほんらい物質的生産にかかわっている肉体労働者」（labor）のことを指していたものが、「のちには下級事務員層からホワイトカラー一般を含むような賃金労働者」（worker）一般を示すようになったことを指摘する。この指摘に関する、「労働者」概念をめぐる区分は、働く人々に関する、ホワイトカラー／ブルーカラー、社員／工員という分類である。宮坂は働く人々を示す「最も広い概念」として「勤労者」を提示し、具体的な例として①ホワイトカラー、②下級事務員、③肉体労働者、④農民や店員（自営業者）を挙げている。「社員」は①を、「工員」は②と③を含む概念とされる。

「労働者」についての考察を蓄積してきた労働研究の領域では、「労働者」概念の定義に合意は見られない一方、概して宮坂のいう①〜③を含み込んだ概念として用いられることが多い。例えば、熊沢誠『若者が働くとき：「使い捨てられ」も「燃えつき」もせず』（ミネルヴァ書房、2006年）は、「労働者」として「専門・技術職、事務職、販売職、生産工程職、サービス職、労務職」を含みこんでいる。また内山節『戦後日本の労働過程』（農山漁村文化協会、2015年）は、「労働者」が基本的には肉体労働者のことを示しているとする宮坂の見解とは異なり、むしろ日本の「労働者」が「従業員」（すなわち企業に尽くすホワイトカラー）化してきたことを問題視する議論を展開している。内山においても、「労働者」概念は①をも含む、賃労働者全般を指すものとして使用されている。

では、④についてはどうだろうか。第一次産業に従事する人々や自営業を営む人々は、特に歴史的な研究においては、「労働者」のなかに含まれないことが多い。これには、いわゆる戦後歴史学が、労働者と農民を運動の異なる「主体」として位置づけたことも影響しているだろう（代表的な例として、中村政則『労働者と農民』(小学館、1976年)など)。本書においても、「労働者」の教育／学習活動というとき、第一次産業に従事する人々は含まない。これは、本書が対象とした1970年代においても雇用労働者と第一次産業従事者の学びの様相に、大きな相違があったと考えられるためである。

もう一つの論点として、労働基準法上の「労働者」に含まれない「管理職」というカテゴリが存在する(熊沢誠『過労死・過労自殺の現代史：働きすぎに斃れる人たち』岩波書店、2018年)。本書は後述のように"被雇用"という状態にある人々の被抑圧性に関心を向けているため、管理職は定義上「労働者」に含まれるものの、被抑圧性の程度については管理者でない労働者との間で質的な違いがあると考えられるため、本書の主たる対象とはなっていない。

総じて本書では、「労働者」を、ホワイトカラーかブルーカラーか、あるいは私企業や店舗への勤務か公的部門への勤務かにかかわらず、被雇用の状態にある人々を指して使用する。すなわち、農民や自営業者、「主婦」など、被雇用状態にない人々の学びは、本書の主題としては扱わないことになる。なお、労働を賃労働に限定して捉えることが、(社会)教育学という領域に及ぼす影響についての分析は別稿を期したい。

7　ドミニク・メーダ『労働社会の終焉：経済学に挑む政治哲学』(若森章孝・若森文子訳)法政大学出版局、2000年。

8　労働者の生活をめぐる研究動向については、前田信彦『仕事と生活：労働社会の変容』(ミネルヴァ書房、2010年)が詳細にレビューしている。

9　前掲熊沢『過労死・過労自殺の現代史：働きすぎに斃れる人たち』。

10　内山節『半市場経済：成長だけでない「共創社会」の時代』KADOKAWA、2015年。

11　例えば、熊沢誠『新編日本の労働者像』(筑摩書房、1993年)、橘木俊詔『格差社会：何が問題なのか』(岩波書店、2006年)等。

12　大澤真幸『ブルシット・ジョブと現代思想』左右社、2022年、72頁。

13　デヴィッド・グレーバー『ブルシット・ジョブ：クソどうでもいい仕事の理論』(酒井隆史・芳賀達彦・森田和樹訳)岩波書店、2020年。なお訳者の1人である酒井隆史は、「寄り道」の多いグレーバーの議論を的確に整理している(酒井隆史『ブルシット・ジョブの謎：クソどうでもいい仕事はなぜ増えるか』講談社、2021年)。

14　大澤真幸「〈宗教としての資本主義〉の現在：そして未来…」『思想』(1156)、2020年、40頁。

15　本田由紀は、成人が「学び直し」を推奨されることについて、それが必要視されればされるほど、「学び直し」を行うことができる(とみなされる)人々への圧力の強化と、できない人々の排除が同時進行し、「絶えざる自己管理と自己変革が自己目的化」することへの注意を喚起している(本田由紀「世界の変容の中での日本の学び直しの課題」『日本労働研究雑誌』62（8）、2020年、63-74頁）。筆者は、自己教育が、労働者個人の責任の下に、労働者への圧力となることを決して望むものではない。必要なことは、学び続けることを個人の責任における「義務」と捉えるのではなく、人々が学びたいときに学ぶことが可能になるような、財政的・制度的な方途について考察する事であろう。

16　以上のように、本書の焦点は労働者に向けた教育活動の可能性と限界の検討に当っている。そのため、必ずしも個々の研究対象者すべての労働環境をつぶさに検討することはしない。

17　久井英輔は社会教育史研究の目的のあり方を「有用性」と「実践性」という概念を用いて検討している。そのなかで久井は、社会教育史研究の問いの設定は必ずしも現代の教育実践に対して直接有用な示唆を与えるように設定するべきものではなく、「カテゴリーの相対化」や「価値の相対化」を通して現代に支配的な（社会）教育のイメージの再考に寄与する「実践性」を持った歴史研究の意義を主張している。本書は久井の言う「有用性」を志向するものではなく、むしろ歴史的対象の検討を通して現代の労働者に向けた教育／学習活動を相対化する視点を獲得することを目指すものである（久井英輔「社会教育研究における歴史的手法の『有用性』と『実践性』：カテゴリー、価値を相対化する知としてのあり方」『日本の社会教育』60、2016年、62-73頁）。

18　古典的には、パウロ・フレイレが学校教育のあり方を「銀行型教育」と呼び、その特質を、教師が学習者に対して一方的に知識を切り売りするものであるとしたうえで、それによって学習者が社会の「不変性を強調し反動的にな」ったり、「人間の宿命論的知覚を強める」ものになることを批判しているが（パウロ・フレイレ『被抑圧者の教育学』（小沢有作ほか訳）亜紀書房、1979年）、この批判は現代日本においても一定の有効性を持つだろう。

19　牧野篤編著『社会教育新論：「学び」を再定位する』ミネルヴァ書房、2022年、13頁。

20　もちろん個々の学校に目を向けてみると、こうした学校教育システムの特性が打破され、教育者と学習者の間に、あるいは学習者間に、学びあう関係性が構築されている例もまた枚挙に暇がない。

21　前平泰志「解説」エットーレ・ジェルピ『生涯教育：抑圧と解放の弁証法』（前平泰志訳）東京創元社、1983年、255-269頁。

22　社会教育・生涯学習辞典編集委員会編『社会教育・生涯学習辞典』朝倉書店、2012年、616-617頁。

23　残存資料の中には、京都勤労者学園・京都労働学校の前身の一つである京都人文学園の資料が多く含まれており、それらの資料を用いた論考と目録をすでに公表している。目録については奥村旅人・須永哲思・福家崇洋「京都勤労者学園

所蔵京都人文学園関係資料目録」（『人文學報』（122）、2024 年、173-232 頁）を参照。

24　ここでは、野村康『社会科学の考え方：認識論、リサーチ・デザイン、手法』（名古屋大学出版会、2017 年）における研究方法（手法）の分類を用いている。

25　例えば、堀尾輝久『現代教育の思想と構造：国民の教育権と教育の自由の確立のために』（岩波書店、1971 年）、黒沢惟昭「労働者学習・教育試論」（『一橋論叢』66（6）、1971 年、616-623 頁）をその代表的な論考として挙げることができる。

26　小川利夫「社会教育の組織と体制」小川利夫・倉内史郎編『社会教育講義』明治図書出版、1964 年、48-90 頁。

27　例えば、藤岡貞彦「自己啓発と生涯学習」宮原誠一編『生涯学習』東洋経済新報社、1974 年、15-75 頁。

28　この点で注目されるのが、倉内史郎編『労働者教育の展望』（東洋館出版社、1970 年）である。同書は、成人労働者を対象とした教育事業における、成人労働者の学習要求の分析を通して、成人教育の可能性を探ろうとする問題意識を有している。学習の可能性が組合運動との関わりで論じられている点で、現代の視点から見ると限界があることは否めないが、個々の労働者の生活から生まれる要求の分析から、学習の意味や可能性を問う同書の視角は、現代的文脈のなかで改めて問い直されるべきである。

29　土方苑子編『各種学校の歴史的研究：明治東京・私立学校の原風景』東京大学出版会、2008 年。

30　教育史学会 50 周年記念出版編集委員会編『教育史研究の最前線』（日本図書センター、2007 年）、教育史学会 60 周年記念出版編集委員会編『教育史研究の最前線 Ⅱ』（六花出版、2018 年）。

31　例えば、大阪社会労働運動史編集委員会編『大阪社会労働運動史　第一巻』（大阪社会運動協会、1986 年）や黒崎征佑「戦間期の労働者教育：大阪労働学校をおもに」（『帝京平成大学紀要』11（2）、1999 年、1-8 頁）など。

32　津田英二「『場のちから』を明らかにする」『日本福祉教育・ボランティア学習学会研究紀要』19、2012 年、34-43 頁。清水伸子・津田英二「インフォーマルな形態での福祉教育実践におけるデータに基づく評価枠組み形成モデル：個人が体験する変容を生み出す『場のちから』への着目」『日本福祉教育・ボランティア学習学会年報』12、2007 年、94-115 頁。

33　佐藤智子『学習するコミュニティのガバナンス：社会教育がつくる社会関係資本とシティズンシップ』明石書店、2014 年。雲尾周「生涯学習行政」高見茂・服部憲児編著『教育行政提要（平成版）』協同出版、2017 年、173-190 頁。今西幸蔵『協働型社会と地域生涯学習支援』法律文化社、2018 年。

34　日本教育行政学会編『教育財政をめぐる問題群』日本教育行政学会、2016 年。

35　生涯学習概念が日本に導入される前に同様の指摘をしている研究としては、内藤誉三郎『社会教育行政法』（良書普及会、1957年）が挙げられる。

36　前掲市川『生涯教育の理論と構造』。白石裕『分権・生涯学習時代の教育財政：価値相対主義を越えた教育資源配分システム』京都大学学術出版会、2000年。

第1章
教育及び空間概念の再考
――分析概念の構築に向けて――

第1節　自己教育 (autoformation) と他律教育 (hétéroformation)

本章では、本書がどのように「教育」という概念を扱うのかについて考察を深めておきたい。序章でも述べたように、本書は学校教育システムの"外側"に焦点を当てている。そこでの学びには、学ぶ本人が教育機会を選択するというプロセスが存在せざるを得ない。そこで本書では、他者による他律的な教育のみではなく、教育を受ける自己の側に主導権があるような教育にまで視野を広げたうえで、労働者に向けた教育の意味について考えてみたい。このような意図のもとに、本書において教育概念をどのような概念との関わりで扱おうとするのかを、理論的に整理することが本章の目的である。

こうした目的のもと、自己の側に主導権があるような教育のモードについて、生涯教育学の領域で考察した代表的な研究としてガストン・ピノーの"autoformation"――「自己教育」と訳出される――概念をめぐる研究をまず検討したい。そのうえで、ピノーの自己教育に関する議論、及び自己教育概念をめぐって蓄積されてきた研究成果から、労働者の生の充溢と教育との関係を考察するという本書の主題に関する考察に資する概念を析出し、本書の分析枠組みを構築する。

では、ピノーの議論を検討していこう。ピノーは他者からの知識の伝達に依らない教育の様相を表す用語[1]として「自己教育 (autoformation)」を提唱し、その対概念として「他律教育 (hétéroformation)」という概念を提起した[2]。彼は一般的に「教育」という用語から想起される、他者が教育の時間や空間、目的、手段、内容などを他律的に決定するような教育を他律教育と措定し、それとは異なる教育のあり方、すなわち教育の過程を自己が占有するような教育を自己教育と規定することで、教育という用語から一般的に想起される活動とは質的に異なる教育のモードが存在することを示した。

実は、“autoformation”と“hétéroformation”の語をめぐっては、和訳の際に当てられる語に揺れがある。日本においてピノーの議論をいち早く導入した前平泰志は、自己教育／他律教育の語を当てている。対して、末本誠は『人生を創造する：ライフストーリーによる社会教育の理論と実践の探究』の翻訳に際して、自己形成／他者教育という訳語を用いている。ただし、末本はかつて社会教育・生涯学習辞典編集委員会編『社会教育・生涯学習辞典』に「自己教育」の項目を設けてピノーの論を紹介しており、末本の中にも訳語をめぐる揺らぎが見受けられる。以上のように auto、hétéro、formation それぞれの訳出に揺れが見られるという事態は、「自己教育」概念の理解の多様性を表しているように思われる。まずは訳語の揺れから読み取ることができる論点について整理しておこう。

先に述べたように、ピノーが提起した二つの概念は、基本的に対概念である。それを踏まえて両者の訳語を見てみれば、前平訳においては、「自己」は「他律」の対概念として捉えられているのに対し、末本訳では「自己」は「他者」の対概念として捉えられていることが分かる。両者の訳出の差異からも暗示されるように、ピノーの“autoformation”概念は①自律的な教育であることと②自己が自己に対して行う教育であることの少なくとも二つのニュアンスを含んでいるということを確認しておきたい。

さらに末本訳では、同じ“formation”の訳であるにもかかわらず、前者には「形成」、後者には「教育」の語が当てられている。ここには人間形成に関わる語彙としての「教育」と「形成」の混在が認められる。さらに言えば、ピノーは他者からの直接的な働きかけのない人間形成の営みである「独学」を“formation”概念に含めており、「教育」や「形成」と「学習」概念との関係も明確ではないように思われる。この点に関わって、本書におけるこれらの用語の使い分けを定義しておこう。まず、変容する自己から見たときの他者（たち)を主語とする人間形成の営みとして、「教育」と「形成」を用いる[3]。前者は意図的に何らかの価値を実現しようとする営みであるのに対し、後者は事物によるものも含む、無意図的な作用を指し示している[4]。さらに、変容する自己を主語とする人間形成の営みを「学習」と呼ぶ[5]。この意味での学習は、もちろん必ずしも教育に対応して起こるものではなく、教育空間の内外において、他者の意図からはみ出たかたちで、あるいは他者の意図から独立して生じる可能性もある。本書全体を通して見ていくように、本書はこのような偶発的な学習を重視するものである。そして、教育・形成・学習を含む最も広義の概念として「人間形成」を設定しておきたい[6]。

以上のように「自己」と「教育」及びその関係概念について定義したうえで、ピノーの議論が内包する論点を検討していこう。なお以下では前平に依りながらピノーの論点を検討するため、便宜的に“autoformation”と“hétéroformation”の訳語には、前平が用いた「自己教育」と「他律教育」を使用している。

自己教育は、「文化内容を他者から権力的に強制されるのではなく、学習者一人一人に固有な教育を自らが自らによって行う教育のあり方」と定義される。対して他律教育は、「社会的に認知された文化の権力を保持している他者によって行使される一切の教育形態」と定義される。そこでは、教育するもの／されるものの関係性が固定化される[7]。

前平は学校(他律教育)の時間について、それが「時計の針をもとに構成された時間」であり、「均質的、非可逆的、直線的、一次元的、測定可能な時間を表象」していることを指摘する[8]。そしてそのように質的な差異を覆い隠された時間は、「日常生活のすみずみまで管理統制の手段として」[9]すら機能するとされる。次に学校の空間については、「教える空間＝教室は、教えるという一元的な機能に効率よく特化された空間」[10]であり、人々の生活から抽象化されて分離された「どこでもいい」空間である。また前平は、この空間の抽象性・機能一元性といった特質が、そこで伝達される〈知〉と相関関係を持つことを強調する。

> そこで伝達される知それ自体が、知が生み出され、育まれた文脈＝場所から抽象化されて成立しているために、そのような知を学ぶにあたって、被教育者の生活や歴史や経験が不要であるのと同様に、教える空間＝教室は、教えるという一元的な機能に効率よく特化された空間で十分なのである。[11]

そしてそれを「伝達」する形態が、教育者と学習者の関係性を「教育するものと教育されるものが固定的、権力的な関係」[12]にすることを示唆している。

端的に整理すれば、他律教育が主に教室という、その機能を座学に特化した均質的な空間を舞台とし、時間割やそれに類する制度で学習者の時間に外部から意味を与えてきたのに対し、自己教育においては、学ぶ場所の特殊性と学ぶという行為が不可分であることが指摘されている。また、他律教育の〈知〉が多くは「科学」に基づいた抽象的で普遍的なものであり、それを連続的・体系的に教授することを目指す一方で、自己教育における〈知〉は前平が〈ローカルな知〉(後述)と呼び表したような、個人の文脈で(のみ)意味を持つような〈知〉の在り方である。こうした〈ローカルな知〉のあり方を前提としたとき、それを量的に計測することは極めて困難である。それゆえに、多くの"正解"を知っている者と知らない者という階層性を帯びた「教育者と学習者の関係」は成り立たない。むしろ自己教育において教育者は、"最適解"をともに求める存在として立ち表れてくるはずである。

末本誠が言うように、自己教育と他律教育という二つの極は、それぞれに独自の役割を持つものと考えられる。ピノーは他律教育の典型として「学級での教育」を、自己教育の典型として「生活による・経験による」教育を想定しているが、例えば、基礎的な読み書きの能力等の伝達には前者の方が有効な場合もあるだろうし、政治判断を伴うような事柄に関しては、後者の方が望ましい場合があるだろう[13]。

ここで強調しておきたいのは、ピノーは必ずしも、他律教育という極の放棄を目指しているわけではないという点である。ピノーの問題意識は、人々が自己の形成過程から疎外されており、それゆえに他者による教育活動を

「過大評価」しているという現状を相対化したうえで、「自己の形成過程の占有」のための方策を探ることにある。教育における他者への依存と自己の過小評価という状況を組み替え、自己の形成過程のなかに他者を自己によって位置づけるような教育のモードはいかに構想し得るか、ということがピノーの問題構成であると筆者は考えている。こうした問題構成は、ピノーの以下のような言明に見て取ることができよう。

> 関係を自ら占有しながら、父親・両親・先生その他の他者との関係を承認することは、逆説的にではあるが様々な力を増し二つの矛盾の軸を転覆させること、つまりもはや不公平ではなくなった真の交換を成立させること[14]

ここで「不公平ではなくなった真の交換」と呼ばれているもの、すなわち自己の形成過程における他者の絶対的な優越を克服し、自己教育の統御下に他律教育を置くことは、ピノーにとっては生涯教育の目的そのものでもある。本章におけるここまでの議論を踏まえれば、ピノーの言う「自己の形成過程の占有」は、本書では「自己の教育／形成の過程を相対的に認識したうえで望ましい方向性を検討し、自律的に教育・形成・学習の機会を選択すること」と表現できるだろう。以下ではこれを「自己の人間形成過程の占有」と呼んでおく。

ピノーの論では、この「占有」が個人の生の充溢に結びつくということがマリー＝ミッシェルという実在の人物のライフヒストリーを具体的に検討するなかで示されているが、「占有」がいかに可能になるのか、そもそもそれはどのような状況なのかといったことは必ずしも明確にはされていない。そこで本書では、ピノーの論に内在しつつ、そこで論点になっている①学ばれる〈知〉の性質、②教育／学習それ自体への意味づけ、③教育空間の特質に焦点を定めて分析の枠組みを構築したうえで、その視点から「占有」について理論的に考察したい。

第2節 〈知〉と使用価値／交換価値

続けて、ピノーによる自己教育と他律教育の対比を見ていこう。ピノーは、「旧式の古典的区別」たる使用価値／交換価値[15]の概念を用いて、自己教育と他律教育を説明する。他律教育＝「諸制度に基づく形成」は、「普遍的な知識、とりわけ給料やポストの決定に関わる資格の重要性という、強い交換価値」によって特徴づけられている。一方の自己教育は「使用価値によって特徴づけられる」のであり、「得られた知識」は、「個人に有益でも、その人だけの限界の中に留まっている」。そのため、自己教育には「実利面からの過小評価に近い形容語」が与えられる。ピノーはこのように自己教育と他律教育で得られる①知の特質と②教育を行うことの意味や目的を価値概念と結び付けている。加えて、他律教育が支配的な現状に対峙し、自己教育を「目的に据える」ためには「正面から疎外を対象に据え出発条件にするという課題と向き合うこと」、すなわち、「自らを形成する自分自身の時間と空間[中略]を統御することから遠ざけられている」ことを認識する必要があるとする。前章で述べたように、前平も教育が行われる空間の様相を〈知〉のあり方との関係で問題にしており、両者の間では③教育空間の様相が共通の問題関心となっていることが分かる。以下、ピノーが重視する①〜③の論点を筆者なりに掘り下げてみたい。

1 教育／学習の多層性と〈知〉の特質

教育学には、教育や学習の多層性を言い表す概念がいくつか存在する。よく知られているのは、フォーマル（定型）／ノンフォーマル（不定型）／インフォーマル（非定型）な教育という区分であろう。学校教育に代表されるような教育専門家によって組織される教育活動のことをフォーマル教育と規定し、フォーマル教育の「外部で行われている学習活動を援助する組織的な学習活動」をノンフォーマル活動[16]と、そのどちらにも当てはまらないような、主に学習者を中心として組織される教育活動をインフォーマル活動[17]と呼ぶのが一般的である。この場合には例えばノンフォーマル活動の例としては公民館などにおける社会教育事業が、インフォーマル活動の例としては職場サークル運動などが挙げられる。また、この枠組みをよりミクロな次元に適用することも可能だろう。例えば学校教育のなかに、教員が組織する授業(フォーマル)／受験対策としてカリキュラム外に行われる補習(ノンフォーマル)／テスト前の勉強会(インフォーマル)といった多層性を見出すことも可能である。ここでは、組織性の度合いや主たる組織者の違いによって、多層的な教育が存在し得ることを確認できればよい[18]。

一方、学習という営みにも多層性が存在する。上で述べたような教育が行われている場面に限定しても、教育者が伝えようとしていることを意図的に学習するという次元と、教育者の振る舞いなどから無意図的に何らかの知識などを会得する次元が少なくとも存在している。また、多くの学習は教育場面の外で起こっているのであり、こうした学習は偶発的学習と呼び表されている。このような教育場面での意図的／無意図的学習、偶発的学習のほか、遺伝子(生成子)による世代を超えた学習(≒進化)[19]まで視野に入れるのならば、学習にさらなる多層性を見出すことも可能であろう。

こうした教育／学習の多層性を確認したうえで強調しておきたいのは、ピノーが他律教育と呼ぶ教育活動、及びそれに関する学問知が、上記の言葉でいうところの定型的な教育・意図的な学習のみを重視しているという点である。例えば、前章で取り上げたデュルケームによる「成人世代が未熟な世代に行使する行為」という教育の定義の念頭に置かれているのは、定型的な教育、すなわち「座学」である。また、ジョン・デューイが「教育学的な誤りのうちで最大のもの」として「人はその時点で学ぶ特殊な事柄だけを学習しているという考え方」[20]を挙げているという事実は、彼をとりまく教育学が一般に意図的な学習のみを重視していることを照射している。

座学における意図的な学習のみが重視される理由の一つは、カリキュラムに基づいた普遍的な〈知〉の伝達が、教育の主たる役割であると見なされているからであろう。ピノーが他律教育を交換価値という用語によって特徴づけたのは、社会的地位や給与などと「交換」可能な〈知〉の伝達が第一義的に重視されていることによる。他律教育は、〈知〉の使用価値よりも交換価値が重視される教育のモードである。こうした〈知〉のあり方に鋭い批判を投げかけるのが、前平泰志の〈ローカルな知〉概念である。以下、前平によるその定義を引用しよう。

> 人々がそれぞれの生活や仕事、その他の日常的実践や身の回りの環境についてもっている知識。特定の知識や実践の現場の文脈に固有のものであり、①文脈を超えた一般性を持たず、②文脈を共有しない外部の者には通常知られていないという意味で「局在的（local）な知識」と言えるであろう。より一般的に言えば、学校教育で伝達される知識や技術のように外部からもたらされる知識と異なり、ローカルな知は、時間的、空間的に限定された文脈の中でのみ意味をもつ、「そのときその場の特定の事情の知識」であり、人々の生きる状況に依存してのみ意味をもち得る知であり、文化資本や人的資本という機能主義的な概念では説明できない、何もの（例えば富や権力など：筆者）にも還元できない知として存在している。[21]

この定義に則りつつ、前平は、「これまで君臨してきた知」／〈ローカルな知〉の性質を、それぞれ「抽象性、普遍性、連続性、体系性」／「個別性、文脈依存性、不連続性、偶発性」という言葉を用いて対比している。ピノーの用語と関連付けて思い切って図式化するならば、教育の「極」と〈知〉との関係は、“他律教育－「君臨してきた知」－交換価値”／“自己教育－〈ローカルな知〉－使用価値”ということになるだろう。ピノーと前平の論は、〈知〉の交換価値のみが重視される教育のあり方を批判し、〈知〉の使用価値の側面の重要性を再認識しようとする方向性において一致していると考えられる[22]。ここでピノーらの論から抽出した〈知〉の二つの在り方、すなわち〈交換価値で測られる抽象的な知〉と〈使用価値が重視されるローカルな知〉の二極を、一つ目の分析概念として設定する。

2　教育の意味・目的

次に、自己教育／他律教育それぞれが持つ意味・目的について検討する。先述の通り、ピノーは他律教育の特徴を「給料」や「ポスト」「資格」と結び付けて説明している。他律教育は、将来的に有益な何かと交換可能な知識を獲得することを目指すものと考えられている。このピノーの議論を敷衍すると、〈知〉の交換価値と交換可能なものの中には、当然学歴が含まれるだろう。パウロ・フレイレによる「銀行型教育」批判も、この論脈で理解することができる[23]。〈知〉は貨幣のごときほとんど交換価値のみを持つ商品であるかのようにして蓄積され、将来の学歴やポスト、給与と交換される。他律教育の持つ意味の特質は、それが多くの場合、あくまでも将来に何かを――多くの場合には資本を――得るための手段として位置づけられているということである。

ここで想起されるのは、見田宗介＝真木悠介が「あらたな命を吹き込んだ」[24]用語、現時充足的（コンサマトリー）とその対義語である手段的（インストゥルメンタル）である[25]。後者は何かが別の何かのための道具になっている状態のことを、前者はそうではなく、何かがそれ自体で充足的な価値を持っている状態のことを指している。

ピノーの論に表れている他律教育は、まさに手段的な教育であると言えるだろう。教育活動それ自体が充足的な価値を持っているわけではなく、学歴やポストなどを獲得するための手段として位置づけられているからである。学習者は現在を犠牲にして、未来にその犠牲より大きな利益を得ようとする。大澤真幸が論じるように、この手段的な行動のあり方は資本主義社会において特徴的に見られるものであり（投資という行動はその典型であろう）、経済の領域のみならず、文化や科学の領域をも規定している[26]。自己教育に「実利面からの過小評価に近い形容語」が与えられるというピノーの分析は、資本主義社会において手段的な在り様のみが着目され、現時充足的な行動の意味が忘却されがちな現状をよく言い当てている[27]。

なお、現時充足的な教育の意味を重視してこなかったのは、資本主義に適合的な教育論のみではない。むしろ、資本主義に対抗的な言説においても、教育の手段的な意義を追求する語り方は一般的に見られる。社会教育学における「自己教育」研究はその典型であると言って良い[28]。代表的論者の1人である小川利夫は、「国民の自己教育」を「労働者階級としての自己」を自覚させるための教育と定義している。また同じく代表的論者である藤岡貞彦は、「自己」を「個々バラバラの孤立した自己ではなく、自己の組織化のプロセスにある自己」であるとしたうえで、「自己教育」は「集団的・組織的・運動論的にしか存在しない」とする。ここで価値化されているのは、個人としての「自己」が「階級」や運動体に同一化していくことであろう。(社会)教育の意味は、「階級」や「運動」の拡大に求められている。このように対抗的な価値を広めることに教育の意義を見出し、そのための方途を模索した両者の研究は今でも顧みられるべき論点を多分に含んでいるが、一方で教育の手段的意味のみに焦点を当てるという点では、彼らが打破しようとした資本主義的な思考と構造的な類似が見られる。その意味で、小川や藤岡の研究意図に沿うならば、投資のイメージを教育にも当てはめる(新自由主義的)資本主義や、国家の発展を至上の目的とする国家主義的な思考のモードを乗り越えるためには、教育それ自体が持つ、生の充溢における意味をも重視しつつ、対抗的な価値を追い求める教育のあり様も合わせて考察していく必要があるのではないだろうか。反資本主義を謳う社会運動体による教育活動であっても、「革命」や「問題解決」の“ための”教育である限りにおいては、手段的な教育であることに変わりはない。本書では詳しく論じないが、教育を手段的なモードのみが支配することは、(新自由主義的)資本主義の価値観の前提となるエートスを人々のなかに育むことで、そうした価値観を相対化することを困難にしているとも考えられる。

それでは、真木悠介の概念を前項と同様に分析概念化しておこう。現在を未来のために「投資」するような教育の〈手段的な意味〉と、教育それ自体に充足感を覚えるような教育の〈現時充足的な意味〉の二極を分析概念として設定しておきたい。

以上、自己教育と他律教育それぞれの①意味・目的と②〈知〉の特質について検討してきた。ピノーと前平が示した主な論点のうち、残るのは教育が行われる空間に関するものである。この論点は、①や②に比べると教育との関係で分析されることは少ない。そこで、やや迂遠になるが次節では、(社会)空間を主題とする主な研究領域において、学校をその代表格とする、近代社会における空間がいかに論じられてきたのかを概観したい。

第3節　近代空間に関する概念整理――都市社会学・建築学・地理学と教育学

建築学や都市社会学などにおける空間に関する議論は、社会が近代化を推し進めるとともに、空間が均質性を帯び始めたことを指摘してきた。

建築学の領域では、原広司が「均質空間」という概念を提唱している[29]。原は事物と事物との関係性―機能性に基づいた空間のあり方を「近代建築」の特質として抽出したうえで、1970年代には既に、建築を創る人や使う人自身にとっての「関係―機能が絶たれた」空間、すなわち均質空間が、世界各国の都市を覆っていることを看取する。原が均質空間に見出したのは、建築のどの部分も同質の環境条件を持っていること、建築内を自由に領域編成できること、生産、使用に合理的であること、という特質であった。そしてこのような建築のあり方は、「建築者」や「使用者」に機能を捨てさせ、その機能の決定権を、建築を創る人・使う人とは違う人々に委ねさせるという帰結を招いていることを指摘する。

都市社会学の領域には、アンリ・ルフェーヴルの研究がある。ルフェーヴルは近代世界における空間の「均質化」と「断片化(細分化)」、そしてその先にある空間の「商品化」を指摘した[30]。これらの議論は、近代空間の「均質性」という特質を指摘したにとどまらず、その「一見すると均質に見えるものの、いささかも均質ではない」ことがらに潜むある種の権力性をも看破している。すなわち、空間は均質性を与えられることによって、場所の履歴[31]や気候等の条件から人々を解放し、その空間を自由に編成する条件を整えられるが、その空間を領有し、自由に編成する権利は、一部の人々――ルフェーヴルの表現では「資本や当局」――にしか与えられない。均質化によって使用用途・機能と建築のあり方が切り離され、その機能の決定権は使用者ではない誰かが領有するという論理構成は、原とルフェーヴルにおいて共通していると言えるだろう。

地理学の領域においても、イーフー・トゥアンやエドワード・レルフら人文主義地理学者が、近代空間に関する研究を蓄積してきた。そうした研究においては概して、まず「貨幣を媒介とした交換価値の次元」にある「空間」(space)と「日常的な経験の直接性に基づく個別性」を特徴とする「場所」(place)が対置される。そのうえで、「場所」を個人のアイデンティティ形成の基盤として捉える立場から、近代に生きる人々が「真正な場所」から疎外されていること、その疎外を回復する必要があることが主張されてきた。

こうした議論を受けて、近現代社会における「為政者・資本による土地に対する実践、空間的実践」の「思考様式」を端的に整理したのは、丹羽弘一である[32]。丹羽は「思考様式」として、以下の5点を挙げている。

(i)本来連続的な土地に線を引く＝ゾーニングを行う。
(ii)区切られたゾーンの機能を、いくつかの箇条書きができるような機能に還元する。
(iii)上の還元主義的なまなざしが捉え得ぬものを排除する。
(iv)使用価値よりも交換価値の論理に従っている。
(v)土地に対する強い支配—監視の意思を持っている。

丹羽においても、空間を均質化したうえで、ある人々がその均質空間に意味を外部から与えることへの問題意識は共有されている。そのうえで丹羽が鋭く見抜くのは、空間の機能を一元的に還元し、一つずつあるいは少数の機能を空間に与えるという思考様式である。

さしあたって、ここまで述べてきたような建築学・社会学・地理学の諸先行研究が近代の空間に見出した特質を、①均質化、②細分化・分節化、③機能一元化、④機能外部決定性と整理しておきたい。丹羽はこうした特質を持つ空間に対して、行政が「雑木林」や「原っぱ」を「体験型森林レクリエーション利用」という機能を持たせた「ゆとりの森」に変えた事例を引き合いに出しながら、「子供たちはもう十分に遊びに対する想像力を育む」ことができなくなったことを怒りにも似た口調で批判しているが、筆者の近代空間に関する認識は丹羽と軌を一にするものである。

ここまで述べてきたような近代的特質を持つ空間について、教育や学習と結びつけて論じたものとして前平による一連の研究を参照しよう。第1節でも述べたが、前平は学校の時間について、それが「時計の針をもとに構成された時間」であり、「均質的、非可逆的、直線的、一次元的、測定可能な時間を表象」していることを指摘する[33]。その質的な差異を覆い隠された時間は、「日常生活のすみずみまで管理統制の手段として」[34]すら機能するとされる。そのような時間観のもとに創られた学校の空間は、「教える空間＝教室は、教えるという一元的な機能に効率よく特化された空間」[35]であり、人々の生活から抽象化されて分離された「どこでもいい」空間であると指摘する。いわば、近代社会の空間観は他律教育のそれと同型であると言えるだろう。

また宮本健市郎は、19世紀後半からのアメリカ「新教育」思潮による学校の時間や空間の変容を、時間割編成と学校建築思想の分析を通して検討している[36]。そこで宮本は、学校の空間や時間は「細分化」されたもので、明確な機能を与えられたものであることに言及している。宮本が検討の題材とした時間割は、教室の時間と空間に意味を外部から付与するものであることに着目するべきであろう。

これらの研究においては、教育空間、とりわけ学校が、先に示した上に述べたような四つの特質を有することを明らかにしていると言える。丹羽の言う「ゾーニング」という概念は、こうした特質を動的なプロセスとして捉えることにも役立つ。すなわち「ゾーニング」とは、空間を均質化して細分化したうえで、そこに一元的な機能を外部から付与するプロセスである。

教育学の文脈では、山名淳が教育と保護による「包囲」という言葉を用いながら世紀転換期ドイツ田園教育舎の空間を分析しているが、山名がいう「包囲」も、「ゾーニング」と同様に学校をはじめとする近代空間がたどったプロセスを捉えた用語であると言って良いだろう[37]。「ゾーニング」「包囲」を経た教育空間では、学習者はその空間に外部から与えられた機能に沿ってそこでの時間を過ごさなければならない。

このように近代空間と学びの関係を捉えたうえで最後に参照したいのは、社会学の領域で蓄積されてきている、空間の意味の多層性に着目した研究である。デヴィッド・ハーヴェイは、土地の使用価値のあり方を分析するなかで、「土地およびその改良の成果」が「多数のさまざまな用途をもっており、使用者にとっては、ある用途が他を排除するものではない」ことに言及している。例えば、家屋は「自然からの避難所」であると同時に「プライバシーの保護」に資する空間でもある[38]。

こうした空間の意味の多層性に着目する研究の中でも、とりわけ近年では「家庭」や「職場・学校」以外の空間に関する議論が盛んになっている。古くは磯村英一によって「第三空間」という概念が提唱されており、磯村は職場と家庭の間に拡がる交通機関やレクリエーション施設などの空間に、「金銭さえ払えば」平等性を得られる空間という意味を見出した[39]。

こうした空間について、近年議論を深めたのがレイ・オルデンバーグによる「サードプレイス」論である[40]。オルデンバークは、人々が充実した生涯を送るためには「インフォーマルな公共生活」が必要であるという立場から、アメリカ市民が「充実の日常生活」を送るためには「サードプレイス」が必要であると主張した[41]。この議論のなかで着目したいのは、オルデンバーグが空間自体の意味や可能性を考察する中で、空間の意味に多層性を見出していることである。例えばオルデンバーグは、カフェや「居酒屋」などに、本来の飲食店という役割を超えて、会話や文化発信の拠点といった役割を見出し、それによって生活の充実や文化の発展などの帰結が生じることを指摘する。以上を踏まえて、現代の教育空間を分析する際に重要だと考えられる視点の一つとして、空間が持ち得る「意味の多層性」を挙げておきたい。

空間に関する議論の最後に、ここまで混在させて用いてきた「空間」と「場所」という用語の使い分けについても言及しておきたい。なお本書では、両概念とも実在の空間を指し示す用語として用いている。人文地理学や都市社会学の領域では、「空間」と「場所」の概念はときに明確に区別されている。吉原直樹は「幾何学的な空間」と「生きられた空間」を対置したうえで、前者を「空間」と呼び、他方、「五感を駆使し意味を編む『主体』の経験の記憶がこもっている、それゆえにまた差異と局地化を伴っている『生きられた空間』」を「場所」と呼び表している[42]。本書はこうした議論を踏まえ、空間一般のことを指すときには「空間」と、また人々の主観によって捉えられた具体的で固有の空間のことを「場所」と表記する（以下、「空間」・「場所」の「」を外して表記する）。また「空間の役割」・「場所の役割」というとき、単に空間・場所が果たす役割のみならず、そこでの人間関係や人間の活動などが果たす役割も含んで指し示すものとする。またここまで見た議論がいずれも、一定の区切りを持つ空間・場所を念頭に置いていることに鑑みて、本書では特に、「比較的長期間にわたって常設されている空間」のことを主に指して、空間や場所という用語を用いる。

以上、先行研究が見出してきた近代空間の特徴を、①均質化、②細分化・分節化、③機能一元化、④機能外部決定性の四つに整理した。そして、先行研究群が「近代」として扱っている時代に発達した教育システムこそ学校教育にほかならない。このことからも示唆されるように、学校は上に述べたような特質を持つ近代空間の典型であると言えるだろう。授業を行う空間として機能的に誂えられた教室は、少なくとも日本の公立小中学校に関する限り、原則的には全国的な規格化がなされている。これは原広司が取り上げた都市のビル群と比べても、さらに徹底した①均質化であると言えるだろう。さらに教室は学級というシステムに合わせて細分化され、先述のように外部から授業に特化した機能を付与される。

第1節で見てきたように、他律教育の典型は「学級」における座学である。このことに鑑みれば、近代空間と他律教育の空間は同型であると言うことができるだろう。そして、特に人文主義地理学者たちが主張してきた命題は、近代空間に暮らす人々が「日常的な経験の直接性に基づく個別性」に根差した場所から疎外され「アイデンティティ」が危機に陥っているがために、「真正な場所」を取り戻す必要があるというものであった。このことは、空間からの疎外状況を克服することが、「アイデンティティ」の獲得などの生に対する肯定的な意味を持つということを示唆している。

以上の先行研究における主張を合わせれば、自己教育と空間／場所との関係は次のように規定できないだろうか。他律教育が行われる空間は近代空間の典型であり、学習者はその空間から疎外されている。空間から疎外されることは、生の充溢に否定的な影響を与える。他律教育は教育課程を他者が決定する教育の極であり、近代空間はその機能を他者が決定する空間である。そうであるならば、教育空間の意味を自ら決めること――ルフェーヴルの用語を借りれば領有すること――と他律教育を相対化し、自己教育者になりゆくことは相互規定的なもの、並行的なものである。

以上を踏まえて、教育空間に関する分析概念を設定しておきたい。〈ゾーニングに従う空間〉、〈使用者が意味を決定する空間〉の二極を、三つ目の分析概念として設定する。

なお本章の冒頭でも述べたように、自己教育と他律教育は「極」として設定された概念である。そのため、以降の分析で三つの分析概念は、何らかの教育活動を二者のいずれかに割り振るためではなく、あくまでも教育活動の性質の相対的な傾向や移行を析出するための分析概念として用いられることになる。これらの軸を用いた分析は、主に終章において行おう。

注

1　末本誠「自己教育」社会教育・生涯学習辞典編集委員会編『社会教育・生涯学習辞典』朝倉書店、2012年、208頁。

2　ピノーの議論は近年邦訳された。ガストン・ピノー／マリー＝ミッシェル『人生を創造する：ライフストーリーによる社会教育の理論と実践の探究』(末本誠訳、福村出版、2022年)を参照。

3　G.H. ミードなどの自我論や(『精神・自我・社会』(山本雄二訳、みすず書房、2021年)など)それらを踏まえた「対話的自己」に関する議論を踏まえれば、自己が自己を教育するという考え方も成り立つだろう。こうした考え方については今後の検討課題として、本書ではあくまでも、他者から自己への働きかけによる人間形成に限定して「教育」という用語を使う。対して、自己のみで成立する人間形成にはすぐ下で述べるように「学習」の語を当てる。

4　木村元・汐見稔幸編著『教育原理』ミネルヴァ書房、2020年、7-10頁。なお、ここでの「教育」をさらに細分化して、個人にとって望ましい価値を実現しようとする意図的な働きかけを〈教育〉、共同体の再生産のための意図的な働きかけを「教化」と呼ぶ語法もあるが、本書では〈教育〉／「教化」の区別は主たる論点にならないので、煩雑さを避けるために意図的な働きかけは統合して「教育」と称することにする。

5　広田照幸『教育学』岩波書店、2009年、9頁。

6　同上、10頁。

7　前平泰志「時間と生涯自己教育：ボランティアの隠れた次元」『日本の社会教育』(41)、1997年、69頁。

8　前平泰志「学校の時間・生涯学習の時間」『教育学研究』56 (3)、1989年、21頁。

9　前掲前平「時間と生涯自己教育：ボランティアの隠れた次元」、73頁。

10　前掲前平「序〈ローカルな知〉の可能性」、9-23頁。

11　同上。

12　前掲前平「時間と生涯自己教育：ボランティアの隠れた次元」、69頁。

13　「読み書きの能力」との関係では、無論、「国語」の伝播は国民国家の形成という政治的判断を伴う事柄と深く結びついていることには着目しておかなければならない (西川長夫『国民国家論の射程：あるいは「国民」という怪物について』(柏書房、1998年)。特に巻頭の表を参照)。他律教育が果たす「べき」役割については、そこで伝えられる「文化」や「国語」などの暴力性を踏まえて考察される必要がある。

14　前掲ピノー／マリー＝ミッシェル『人生を創造する』、107頁。

15　デヴィット・ハーヴェイは、アダム・スミスの定義を引用しながら、二つの価値を定義している。使用価値とは「特定の対象の効用」であり、交換価値とは「その特定の対象を所有することによってもたらされるところの他の財に対する購買力」である (ダヴィド・ハーヴェイ『都市と社会的不平等』(竹内啓一・松本正美訳) 日本ブリタニカ、1980年、202頁)。

16　同上、482頁。

17　同上、28頁。

18　フォーマル・ノンフォーマル・インフォーマルな教育／学習という用語に関しては、前平泰志が詳細に検討し、その問題点を指摘している (前平泰志「インフォーマルな学習と〈場〉の理論をめぐって (1)」日本社会教育学会第56回研究大会自由研究発表、2009年9月19日)。

　前平は、インフォーマルな学習はそもそも学習という営みの中心的な存在であるにもかかわらず、「インフォーマルな学習は、フォーマルな学習とノンフォーマルな学習との対比でしか自己を概念化づけられない、否定的な残余の学習として位置づけられてきた」ことを指摘し、インフォーマルな教育／学習という用語に否定的な見解を示している。また、「インフォーマルな学習は、せいぜいフォーマルな学習と対比させるなかで、フォーマルな教育よりも経験的で、非制度的であるという程度が最大公約数的な理解の仕方である」と述べ、その定義の曖昧さを指摘している。同時に「インフォーマルな学習は、『経験』による学習、『自然の』学習、『自発的な』学習、偶発的な学習などと親和性を持っている」ことを指摘しており、本書においても、非定型教育／学習活動に対するオルタナティブな用語の使用を検討する必要はあるだろう。にもかかわらずここでフォーマル／ノンフォーマル／インフォーマルという区分を用いているのは、この区分が生涯教育学をはじめとする教育学の領域においていまだに一般的なものであるため、筆者と読者の間に共通した理解を得られやすいと考えたためである。今後、Marsick と Watkins の「インフォーマルな学習は、偶発的な学習（incidental learning）と区別されるものであり、前者は、ネットワーキング、コーチング、メンターリングを含むものであり、後者は参加からの学習、誤りや試行錯誤からの学習、仮説、信念、価値、隠れたアジェンダ、他者の行為などを含む」という指摘にも留意しつつ、教育／学習の分類について再考する必要がある（Marsick, VJ・& Watkins, K・E, Informal and Incidental Learning in the Workplace, London, Routledge, 1990）。

19　真木悠介『自我の起原：愛とエゴイズムの動物社会学』岩波書店、1993 年。

20　ジョン・デューイ『経験と教育』（市村尚久訳）講談社、2004 年、72 頁。

21　前平泰志「序〈ローカルな知〉の可能性」『日本の社会教育』52、2008 年、10 頁。

22　ピノーはこの論点について、「実践的使用価値」と「常人の実存的価値」との「二つの価値の階梯を発展させる」必要があると述べている（前掲ピノー／マリー＝ミッシェル『人生を創造する』、126-127 頁）。

23　パウロ・フレイレ『被抑圧者の教育学』（小沢有作ほか訳）亜紀書房、1979 年。

24　今福龍太「解説 二つの井戸、二つの風」真木悠介著・河出書房新社編『うつくしい道をしずかに歩く：真木悠介小品集』河出書房新社、2023 年、157 頁。

25　真木悠介『時間の比較社会学』（岩波文庫版、岩波書店、2003 年）及び真木悠介『気流の鳴る音』（筑摩書房、2003 年）。真木＝見田宗介は、特に「ニヒリズム」の問題系と呼ぶ自身の実存と関わる問題意識に論及する際に（見田宗介『社会学入門：人間と社会の未来』（岩波書店、2006 年、特に「序」）など）、現時充足的な生という観点を前面に押し出している。自らの死や人類の死滅が未来の避けようのない事実であることから必然的に生まれてくる虚無感に苛まれる生（おそらく、若き見田をも苛んだ）に対して、真木＝見田が見出した生のあり様が、現時充足的な生であったと考えられる。真木の「現時充足」のイメージがわかる文章を、やや長くなるが引用しておく。

　経済や政治や教育や科学といった、近代生活の日常性により密着した分野においては、このような〈現在に対する愛の不在〉は、より多く未来に向けられる。資本と賃労働とはすでに、それぞれ対象的富および主体的活動性の、未来に向けて手段化された現在そのものの極限的な形に他ならない。（真木『時間の比較社会学』岩波文庫版、250頁）

　われわれの意識が未来を獲得し、われわれの生が未来に向かって組織化されているばあいにも、われわれが同時に現在それじたいへのコンサマトリーな意味の感覚を喪わないかぎり、そして未来への関心が有限な具象性のうちに完結する構造を喪わないかぎり、死はわれわれの生をむなしいものとはしない。（同上、314頁）

　われわれの現在の時が、未来に期待されている結果のうちにしかその意味を見出せないほどに貧しく空疎になるのは、われわれが人間として自然を疎外し、個我として他者を疎外し、いいかえれば現在の時にそれじたいとしての充足を与える一切の根拠を疎外し［中略］存在のうちに交響する能力を疎外しているからだ。（同上、315頁）

　ここには、真木が教育や賃労働に見出した手段的な生のあり様とともに、彼が「現在の時の充足」に見出した生の充溢の可能性がよく表れていると思われる。

26　大澤真幸『資本主義の〈その先〉へ』（筑摩書房、2023年）の特に第3章。

27　もちろん、ピノーが他律教育を棄却すべきではないと考えているのと同様に、手段的な思考のモードはそれ自体として放棄されるべきものではない。むしろ、未来志向の手段的な思考のモードは、「解放的な側面」を有している。人種差別や環境問題等の問題は、そもそも手段的な思考抜きに認識することができず、解決に向かうこともできない（大澤真幸・斎藤幸平『未来のための終末論』左右社、2023年）。人間は「長期にわたる未来への時間的展望」をもってはじめて、「長期にわたる闘争ののちに実現可能な目標がそもそも目標として設定」し得る（前掲真木『時間の比較社会学』、95-96頁）。ここでの力点は、教育の語られ方が手段的なものに限定されている現状に鑑みて、その対極に現時充足的という価値を置くことで、教育の可能性をより広い文脈の中で考えたいということにある。

28　なお社会教育学においては、近年「自己教育」概念それ自体が検討されることがそもそも少なくなっている。「自己教育」概念をめぐっては、原田彰「社会教育における『自己教育』概念の検討（一）：ことばの使用法の実態」（『人文學』（129）、1976年、93-133頁）を嚆矢として、同概念の「思想史」を網羅的に紹介した労作、社会教育基礎理論研究会編著『自己教育の思想史』（雄松堂出版、1987年）や、堀尾輝久や持田栄一ら社会教育学会外の研究者にも目配りしながら「自己教育」概念を検討した岩本俊一「戦後日本における自己教育概念に関する一考察：自己教育と自己教育運動」（『東京大学大学院教育学研究科紀要』39、2000年、69-76頁）、及び中俣保志「自己教育論における自己形成の課題」（『社会教育研究』20、2002年、13-23頁）などの重要な研究がある。こうした研究では、「自己教育」概念の用法をめぐる潮流や、社会教育学における「自己」概念の独特の用法などが検討されてきた。しかし、これらの研究において「自己教育」概念の定義に関する合意が形成されたわけではないにもかかわらず、これ以降「自己教育」概念に関する理論的な研究は見られなくなる。その一方で、2024年現在においてなお「自己教育」概念は社会教育研究のキーワードではあり続けており、その内実に言及することなく、それを記述の柱にするような研究（近年の研究では、例えば大串隆吉・田所祐史『日本社会教育史 改訂版』（有信堂高文社、2024年）など）は後を絶たない。本書が分析概念として「自己教育」を明示的に用いないのは、同概念が検討なく乱用される研究状況においては、かえって「自己教育」の語を用いることで論旨が曖昧になることを恐れたためである。

29　原広司『空間〈機能から様相へ〉』岩波書店、1987年。

30　アンリ・ルフェーヴル『空間の生産』（斎藤日出治訳）青木書店、2000年。

31　桑子敏雄『環境の哲学：日本の思想を現代に活かす』講談社、1999年。

32　丹羽弘一「支配―監視の空間、排除の風景：『住むこと』から『居住地』へ」荒山正彦ほか『空間から場所へ：地理学的想像力の探求』古今書院、1998年、77-79頁。

33　前掲前平「学校の時間・生涯学習の時間」、21頁。

34　前掲前平「時間と生涯自己教育：ボランティアの隠れた次元」、73頁。

35　前掲前平「序〈ローカルな知〉の可能性」、9-23頁。

36　宮本健市郎『空間と時間の教育史：アメリカの学校建築と授業時間割からみる』東信堂、2018年。

37　山名淳『ドイツ田園教育舎研究：「田園」型寄宿制学校の秩序形成』風間書房、2000年、64、93頁。

38　ダヴィド・ハーヴェイ『都市と社会的不平等』（竹内啓一・松本正美訳）日本ブリタニカ、1980年、208-210頁。

39　磯村英一『人間にとって都市とは何か』日本放送出版協会、1968年、54-64頁。

40　レイ・オルデンバーク『サードプレイス』（忠平美幸訳）みすず書房、2013年。オルデンバークは、「第一の家、第二の職場」以外の「インフォーマルな公共生活の中核的環境」のことを「サードプレイス」と総称している。

41　筆者が関心を持つ現代日本の労働者のなかには、職場によって生活や生涯を充実できない人々が多数存在し、また職場に起因する諸課題（薄給や労働時間の長さなど）を要因として、家庭を持つことも困難な人も多く存在していると考えられる。その点、オルデンバークの「人は何らかの〈場〉に帰属し、そこで充実した生活を送ることによって、充実した生涯を展望することができる」という指摘を踏まえれば、サードプレイスとしての労働者の教育／学習の空間のあり方を考えることには意義があることと思われる。

42　吉原直樹『時間と空間で読む近代の物語：戦後社会の水脈をさぐる』有斐閣、2004年、81頁。この「空間」と「場所」に関する議論は、イーフー・トゥアン（『空間の経験』（山本浩訳）筑摩書房、1993年）やエドワード・レルフ（『場所の現象学』（高野岳彦・阿部隆・石山美也子訳）筑摩書房、1999年）、山崎孝史（『政治・空間・場所：「政治の地理学」にむけて』ナカニシヤ出版、2013年）、ジョン・アーリ（『場所を消費する』（吉原直樹・大澤善信監訳）法政大学出版局、2003年）らによっても概ね同様のものが展開されている。

第2章
労働者教育の全体像と現状

第1節　「戦後」日本における労働者教育の形成と展開

前章では、本書において京都労働学校という事例を分析するための枠組みを構築した。本章では、【課題②】(労働者に向けて行われてきた教育活動の全容を概観し、その担い手の教育的意図はどのようなものかを検討すること) に関する検討を行う。

社会教育学や教育史学の領域において、労働者を意識的に対象とする教育事業は「労働者教育」と呼ばれてきた。その主な担い手は労働組合や労働運動に関与した知識人、行政機関、企業であった。本節では、敗戦後の日本において労働者教育がいかに行われてきたのか、その展開過程をまず概観する。

1　1940年代

敗戦後の行政による労働者教育は、労働省と文部省を担い手として再編された。次節で詳しく検討するが、教育刷新委員会による提言や労働省・文部省の共同通達を経て、戦後行政の労働者教育に関する体制が整備されていく。1940年代後半から1960年前後までは、労働省労政局による労働問題や労働法などによる教育、労働省職業安定局・労働基準局による職業に関する教育、文部省社会教育局による教養などに関する教育の三系統の教育政策が存在した。

他方、同時期の労働組合や知識人は、次章で述べるように戦前来の「労働学校」を再興していく。

2　1950年代～1970年代

敗戦後に再編された労働者教育政策のうち、労働省労政局による教育政策は、地方行政の労政部局と連携しつつ、1950年代後半に至るまで継続される。だが、1958年に労政局労働教育課が廃止されたことに伴って労働省の所管業務から外れることになり、この領域は、同年に設立された日本労働協会（現・労働政策研究・研修機構）に引き継がれる形で行政からは外部化された。

文部省社会教育局による労働者教育は、同じく社会教育局が所管した「勤労青年」に向けた「青年学級」などとも併存しつつ、1950年代になっても継続する。しかし1960年に「勤労文化講座」が終了すると、以降文部省社会教育局が教育対象として「労働者」を設定することは無くなる。

労働省職業安定局・労働基準局が所管することとなった職業に関する教育は、その後独自の展開を遂げたと言えるだろう。1958年の職業訓練法制定によって「職業訓練」として制度・設備が整備されると、1969年には同法の改訂に伴って職業訓練校が制度化、1985年の改訂では法律・制度が「職業能力開発」と改称されて現在に至っている。ただし、この過程でこの系統の施策は「教育」の文脈で語られることがなくなっていく。この点について佐々木輝雄は、この共同通達があくまでも労政局と社会教育局の間で交わされた合意であったために、職業安定局や労働基準局が主に所管していた「技術教育は全く無視された」ことを指摘し、職業に関する教育が教育行政の範疇から外れるきっかけを共同通達に求めている[1]。また佐々木享も、共同通達の作成に労政局以外の部局が関与した形跡が見られないことを指摘している[2]。

以上のように、三つの領域はそれぞれの文脈において、1958年から1960年にかけて行政による労働者教育としては行われなくなる。

行政による労働者教育政策が活発でなくなっていくのと入れ替わるように、1950年代には、労働組合や企業による教育活動が隆盛する。現在でも活動を続けているのは、1952年に労働運動に関与した知識人によって組織された労働者教育協会や、本書が取り上げる京都労働学校（1957年創立）などである。その他にも1955年に日本労働組合総評議会を中心として国民文化会議等が設立されるなど、労働運動に関する労働者教育が拡大した。また同時期には、職場でのサークル活動を通した労働者の自己形成も活発に行われている。

対して1955年には日本生産性本部が設立され、労使協調思想を基調とした企業内教育が本格化していく。以降、1970年代半ばにいわゆる高度経済成長期が終焉するまで、労働組合と企業による教育が対抗関係を持ちつつ活発に行われた。

3　1980年代〜現在

高度経済成長期とともに隆盛した労働組合や企業による教育活動であったが、それぞれ現在では決して活発とは言えなくなっている。労働運動は、1970年代後半から80年代にかけて停滞を見せ始める。高度経済成長期の間30%から40%の間であった労働組合の組織率は、現在では16.3%にまで低下しており[3]、労働組合による教育活動が持つ影響力は小さくなっていると言わざるを得ない。

一方の企業については、バブル経済の崩壊を経た1990年代後半に企業がいわゆる「日本型雇用」を縮小するという大きな変化があった。非正規雇用の拡大や終身雇用が一般的でなくなったことを背景として、企業内教育はその活発さを失っていく。

こうして、行政、労働組合、企業のいずれもが、労働者に向けて活発な教育活動を提供しなくなっているのが現状である。そのなかでも現在営まれている活動を挙げておこう。

まず行政によっては、2013年の「教育振興基本計画」以降、文部科学省や厚生労働省によって、「社会人の学び直し」や「リスキリング」といった名称で教育訓練政策が進められている。また、先述の職業訓練は教育の文脈で語られることこそ少ないものの、失業者や転職希望者にとっての有効な教育機会であり続けている。また労働組合・知識人によっては、京都労働学校をはじめとする常設教育機関が運営されているほか、上記の労働者教育協会も活動を続けている。

第2節　行政労働者教育における教育的意図

本章の以下の部分では、京都労働学校の教育活動の比較対象として、行政による戦後労働者教育の特質を検討したい。まず、戦後労働者教育の形成期に当たる1940年代後半に、教育刷新委員会（以下、教刷委）がどのような労働者教育を展望したのかを検討し、そこからみたときに、先に挙げた、2024年現在進行中の「社会人の学び直し」政策がどのような特質を有しているのかを検討したい。同様に第4章では、京都労働学校の教育的意図がどのような特質を持っているのかを検討する。両者の比較を通して、行政による労働者教育と知識人たちが創った京都労働学校それぞれの特質を明確にすることができるだろう。

まず本節では、教刷委の議論を検討する。教刷委に関しては、主に教育史研究において占領期教育改革に関する研究がなされてきた。そこではGHQ/SCAP特にCIEの教育改革構想やその教刷委との折衝に関する重要な知見が蓄積されてきた一方で、研究の焦点は学校教育法や教科書検定制度などに当てられており、「労働者教育」を含む社会教育はほとんど取り上げられていない[4]。そこで本節では、「労働者教育」に関する教刷委（特に社会教育関連事項を担当した第七特別委員会）における議論を検討する。

1　教育刷新委員会における議論と報告

教刷委は1946年8月に設置された委員会で、文部省やGHQ/SCAP（CIE）からの独立性を確保するために内閣総理大臣の直属とされた。教育改革の基本方針に関する議論と総理大臣への報告を主たる任務としており、「政府の発した新しい教育法令の基本的な方向は、これらの建議によって決定された」[5]とされるほどの影響力を有していた。「労働者教育」を含む社会教育についても影響力の大きさは例外ではなく、例えば社会教育法は同委員会の報告に基づいて制定されている[6]。

教刷委は全構成員が参加する「総会」と、構成員が専門性を活かして個別のテーマについて議論する「特別委員会」から成っていたが、「労働者教育」

については「社会教育に関する事項」[7]を審議する第七特別委員会で主に議論がなされた。以下では、第七特別委員会での議論とそれを経た総会での報告の内容を検討する。

「労働者教育」に関する議論が始まるのは、1948年に入ってからであった。まず総会での議論から、教刷委において「労働者教育」の現状がどのように捉えられていたのかを見ていく。

1948年1月30日の第54回総会では、第七特別委員会のメンバーである関口泰（第七特別委員会主査）と淡路円治郎が次のような発言をしている（引用内番号「①〜③」及び下線は筆者による、以下同様）。

> 関口泰　①労働者の労働問題に対する理解、或いは労働法規に対する知識の普及というようなことを目がけた、いわゆる①労働教育だけをやっていくというようなこともありまして、そのいわゆる①労働教育、②職業教育の方法、特に③公民として必要なる社会的知識の習得、或いは人間に値する文化的教養の向上、そういうことを労働者教育においては重んじなければならん。[8]

> 淡路円治郎　従来労働者に対する教育としましては、①労働問題についての理解、労働関係諸法規に対する知識の普及、狭い意味の労働教育の範囲に限られておる。甚だしい場合には、単に①労働組合運動の技術、或いは労働闘争の戦略、戦術と言った、一種の労働士官教育[9]に偏するものさえあるのでありまして、これを正しい労働者の社会教育の立場から見ますと、非常に偏頗なそしりを免れないと思うのであります。労働者に対する教育としましては、そう言った教育も、もとより必要でありますけれども、②職業教育及び③一般的、文化的教養を授けるということも、決して閑却すべきではないのでありまして、特にそう言った最後の一般的、文化的な教養が、とかく従来軽視せられ勝でございます[10]

続く1948年2月6日の第55回総会では、再び淡路が「労働者教育」の現状に触れている。

> 淡路円治郎　従来労働者に対する教育としましては、②技術教育を中心としましての職業教育を、産業復興の必要上、最近相当協力に実施せられつつございますし、又①労働教育に関しましては、労働省に労働教育諮問委員会があり、文部省に労働教育委員会がございまして、それぞれ担当分野を決めて、又この方面の教育の自主的普及にお努めになっていらっしゃるようであります。ところがそういう方面の教育に比べますと、③公民教育、一般的教養の面が、現在少くとも労働者に関する限り、見劣りがせられておる様子でございます［後略］[11]

両者の発言からまず指摘できることは、「労働者教育」が三つの領域に区分されて分析されているということである。三つの領域を、それぞれ《①労働教育》／《②職業教育》／《③教養・公民教育》と名づけ、以下の分析のための概念としたい。

《①労働教育》とは、関口の言葉では「労働問題に対する理解、或いは労働法規に対する知識の普及」に関する領域である。淡路の「労働教育」概念も同様の内容を含んでいるが、淡路の場合には「労働組合運動の技術、或いは労働闘争の戦略、戦術」を含んでいる。両者を包括すると、労働問題、労働法規、労働組合運動についての知識に関する領域であると定義することができる。

《②職業教育》については言及が少ないが、淡路の発言からは、「技術教育」を中心とした「産業」に関わる教育であることが分かる。この領域は、「技術」を中心とした、職業のための能力増進に資する教育を指し示している。

《③教養・公民教育》に関しては、「公民としての教養」「一般的教養」「文化的教養」がその内容として想定されている。必ずしも具体的な内容は定かではないが、《①労働教育》、《②職業教育》の領域に収まらない内容を指し示しているものと考えられる。

このように三つの領域に分けて「労働者教育」を理解したうえで両者が主

張しているのは、従来の「労働者教育」が《①労働教育》に偏っているために、他の二つの領域、特に《③教養・公民教育》が振興されなければならないということである。

こうした議論を受けて、教刷委総会は1948年2月28日、内閣総理大臣への報告「労働者に対する社会教育について」を決議する。行論に必要な限りで同報告を以下に引用する。

> 労働者に対する社会教育の実施に際し、特に左の諸点が要望される。
>
> 1. 労働者に対する社会教育としては、①労働問題並びに労働関係諸法規に関する理解の促進と②職業知識及び技術的熟練の修得と、更に③社会的、文化的教養を高め人格の陶冶を期する教育とを有機的総合的に実施すること。
>
> [中略]
>
> 5. 文部、労働両省は相互の了解を進め、労働者教育における所管事務の限界を明らかならしめて、それぞれの責任において、担当分野の教育を遂行するのみならず、具体的に協力事項を定めて両省はもとより、地方関係部局においても積極的に相互協力をなし得る方法と組織を設けること。
>
> これ等協力の妨げとなる予算経理その他制度上の不備については、これが改善に努め運用を適切ならしめること。[12]

最終的な報告においては、「労働者教育」の目的を規定している第1項（1.）で《①労働教育》、《②職業教育》、《③教養・公民教育》の三つの領域が併記され、それらを「有機的総合的」に実施することが求められている。それに関して、第5項において文部省と労働省の協力を求める旨が敢えて明記されている点に着目したい。

2　「三つの領域」の拡散——労働省労働教育局・文部省社会教育局「共同通達」

この後の展開については前節で述べた通りであるが、労働者教育の内容が拡散していく様子をより詳しくみておきたい。教刷委の報告第5項において、文部省と労働省の協力を求める旨が敢えて明記されていることに注目を促しておいた。ここではその背景について考察したうえで、「労働者教育」の三つの領域がその後どうなるのかを検討する。

「労働者教育」をめぐる文部省と労働省の関係については、1948年1月16日の教刷委第52回総会において、関口が以下のような発言をしている。

> 関口泰　今までの勤労者教育というものを、一方文部省でもやっておるが、労働省でもやっておる、その間の協力の問題と申しますか、対立の問題と申しますか、とにかく両方が競合しておるために、色々具体的の実際問題も起っていたようでありまして、[後略][13]

ここからは、関口らが労働者に対する教育という領域をめぐって文部省と労働省の対立・競合関係を認識していたことが分かる。関口のこの発言に先立って、1947年12月12日の第10回第七特別委員会では文部省職員（詳細不明）が、1947年12月19日の第11回第七特別委員会では、出席した労働省労政局長がそれぞれ関連する発言をしている。

> 文部省　実際問題としては、予算等が立案の場合に非常に問題になります。同様な予算が両方から出てお互に喧嘩になって、労働者教育が粗略になるという虞があります。[14]

> 労政局長　[前略]労政課の方でやりました教育講座と、それから社会教育課でやりました労働大学と聴衆の奪い合いといいますか、そういうことになりましたり、講師が三日前に秋田へ行って、又秋田へ呼ばれたり、非常に困ったのであります。[15]

これらの発言が特別委員会でなされたという事実からは、文部省と労働省による「労働者教育」をめぐる「予算」や「聴衆」の奪い合いという事態は単なる懸念ではなく、実態として関口らに認識されていたことが分かる。関口や淡路がその教育理念上、《①労働教育》、《②職業教育》、《③教養・公民教育》の「有機的総合的」な実施を不可欠と考えていることを踏まえれば、文部省と労働省のセクショナリズムは懸念の対象だったに違いない。そのため、教刷委の報告では敢えて文部省と労働省が「具体的に協力事項を定め」ることを要求したものと考えられる。

そのような思惑が込められた教刷委の報告を踏まえて、1948年7月28日、労働省労政局長と文部省社会教育局長の連名で、「労働者教育に関する労働省（労政局）、文部省（社会教育局）了解事項について」という共同通達が出される。《①労働教育》、《②職業教育》、《③教養・公民教育》を分断しかねないと関口らが判断した文部省と労働省のセクショナリズムは、この共同通達においてどのように対処されたのだろうか。以下は共同通達の原文である。

> 労働者の教育に関する労働省（労政局）及び文部省（社会教育局）の行政事務所間の限界について疑義があり、そのために地方庁における右に関する事務執行上円滑を欠くおそれがあるように思われるので、両局において協議の結果左記の通り了解を得たので、左記御了承の上当該教育行政の進行に努められたい。
>
> 記
>
> 1. 労働省（労政局）の所管する労働者に対する教育行政（以下甲とする）と文部省（社会教育局）の所管する労働者に対する教育行政（以下乙とする）とは次のようにその重点を異にする。
>
> 目標甲　健全中正な労働組合運動の発展を図り、あわせて合理的平和的且つ迅速な労働関係の調整に資する。
>
> 乙　公民教育の一環としての社会の一員たる労働者が健全なる社会人ないし公民として必要とする教養の向上、知識のかん養、人格の陶やに資する。
>
> 内容甲　1　労働関係諸法令の普及徹底に関する事項。2　内外にわたる

労働組合、団体交渉、労働委員会等労働諸事情に関する公正な情報の提供に関する事項。3　その他労働問題の観点よりする諸問題の紹介及び解説に関する事項。

乙　1　一般公民として必要な知識の向上に関する事項。2　科学技術の原理及び応用に関する事項（工場内において行われる技術訓練を除く）。3　情操陶やに関する事項（芸術、文学、音楽に関する教育、視覚教育等を含む）。4　その他公民としての資質向上に必要な事項。

2. 右のように甲と乙はその目標及び内容におのずからその重点を異にするが、実際問題として、例えば労働者のレクリエーションの省令に関する事項の如く両者の間に明確な一線を画することは困難な場合が多いと思われるので、両者の持つ機構と機能等を最大限に活用し相互にその短を補い相協力して労働者教育の振興を図ることが必要であり、そのためにはそれぞれの主管局部課において緊密な連絡を取り臨時必要な調整をなすよう努めなければならない。[16]

本共同通達が「労働者教育」のその後に及ぼした特筆すべき影響は、まず《①労働教育》と《③教養・公民教育》が別の領域であることを明記し、かつその担い手の棲み分けを明確にしたことである。共同通達では、両省の「労働者に対する教育行政」はその「重点を異にする」ことが確認されたうえで、《①労働教育》は労働省が、《③教養・公民教育》は文部省が担当することが明記されている。本通達をもって、「労働者教育」に関する両省の棲み分けが初めて明文化された。

本節の検討からは、教刷委が《①労働教育》／《②職業教育》／《③教養・公民教育》の三領域を労働者教育の内容として想定していたことが分かった。彼らは三つの領域が「有機的・総合的」に教育されることを期待したが、教刷委が存在した1940年代、50年代の文部省や労働省によってはついに果されることはなかった。ではこの視点から現在の「社会人の学び直し」政策を見たとき、それはどのような特質を有していると言えるだろうか。

第3節　「社会人の学び直し」政策の教育的意図

1　先行研究

まず、2024年現在における労働者に向けた教育活動の実施状況と研究状況について概観したい。近年経済的格差の拡大を背景として、経済的困難のために高等教育や後期中等教育へ進学できず、やむを得ず職業に就く青年が増加している[17]。大学進学率が50%を超え、また民間の学習機会が充実するなど、人々が生涯にわたって学習する機会が拡充している一方で、学習機会を得たいという希望を経済的要因によって絶たれる青年が、数多く存在しているという現状がある。進学を断念した青年は、その多くが周縁的な労働に就き、非正規労働あるいは「名ばかり正社員」などといった形態で働いていることが想定される。このような労働形態のなかでは、企業による教育／学習機会が保障されていないことが多く、また厳しい労働環境のせいで、学習ニーズを持っていても学ぶ時間、費用がなく、学習を継続できないことが多い[18]。こうした状況に対して、行政機関や民間団体はどのような教育施策、教育活動を展開しているのだろうか。

国家行政のレベルで労働者に対する教育活動を主に担ってきた文部科学省の生涯学習関連政策では、「特別支援教育の生涯学習化プラン」「キャリア教育・職業教育の充実」「リカレント教育・職業教育の充実に取り組む大学・専修学校等への支援」[19]を目指すとされてきた。具体的な事業として、「生涯学習施策に関する調査研究」「大学開放」「人材認証制度」「民間教育事業の振興」「障害者の生涯学習の推進」「全国生涯学習ネットワークフォーラム」[20]などが行われている。しかしそこでは、学齢期を過ぎた成人一般の学ぶ機会の保障が、直接的に目標とされてきたわけではない。そのなかで、2013年6月14日に閣議決定された第2期教育振興基本計画以降、「社会人の学び直し」が政策課題として設定され、学齢期を過ぎた成人一般の学ぶ機会を保障するための様々な施策が開始された。当該計画では、「再就職」を目指す人々、「多様なニーズ」を持つ人々、「挫折や困難を抱えた子ども・若者(若年無業者、ひきこもり、高校中退者など)や非正規労働者・早期離職者」らの「社会的・職業的自立」を主な目的として、学齢期を過ぎた成人が学ぶ機会の保障が本格的に政策課題として位置づけられた。「社会人の学び直し」関連施策はその後、2018年6月15日に閣議決定された第3期教育振興基本計画（以下、「計画」）に引き継がれ、2023年までさらに5年間施策が続くことになった。「計画」は、放送大学の拡充や教育訓練給付金の給付といった第2期の中心的な事業の継続と発展を企図しつつ、その目的としては、「産業界」などと連携し、職業に関連するスキルについて「社会人」が学ぶことができる機会の増加を意図するようになる。「計画」において、「社会人の学び直し」政策の骨格が示されたと言って良いだろう。同政策は、さらに第4期教育振興基本計画に引き継がれ、現在に至っている。

地方行政は都道府県レベル、市町村レベルそれぞれに施策を展開しているが、総じて国家行政とその方向性を同じくしている。例えば東京都の場合、「TOKYOはたらくネット（キャリアアップ講習等）」「都区市町村実施のIT（パソコン）講習」などの生涯学習事業を行政主導で実施しており、職業能力の涵養に重きが置かれている点で国の施策と共通している。

ではこれらの施策・活動について、どのような研究が蓄積されてきたのだろうか。「社会人の学び直し」政策に関する先行研究は、全体として、「学び直し」に関する大学の役割を問おうとするものがほとんどである。それらの研究は、岩崎久美子や塚原修一・濱名篤[21]による研究のように大学側の役割を考察しようとするものと、今津孝次郎らや内山淳子による研究[22]のように、働く人々側のニーズや学習状況を考察しようとするものの二つの潮流に分けられる。概して先行研究は、「社会人の学び直し」が推進されるなかで、大学の果たすべき役割を再検討しようとし、またそれにあたって社会人が大学などの高等教育機関に対して持つ学習要求を明らかにしようとしてきた。学齢期を過ぎた人々の学習機会の保障に関する政策の現状を問おうとする本書の問題意識からすると、これらの先行研究は以下のような課題を残している。

一つは、研究の焦点が高等教育の役割に絞られ、「社会人の学び直し」政策自体の分析はされてこなかったことである。もう一つは、「学び直し」の主体である「社会人」を一括りに扱っており、「社会人」の内実を問う視点がなかったことである。このことで、「学び直し」政策が全体としてどのような属性を持つ人々を主な対象としており、それによって誰に学習機会が行き届かないのか、といった論点について検討する視点が抜け落ちてきたと考える。

このような研究状況に対して本章では、行政による事業経営や助成の具体的な事例自体が内包する教育的意図の現状を検討することを試みる。

行政機関による労働者に向けた教育事業を検討するのに先立って、本書における教育行財政の捉え方について述べておきたい。本書においては、教育行財政の機能を、「助成」と「事業経営」に区分して捉える。助成とは、「国民や地域住民」一般の「自由な活動の助長・援助」を、事業経営とは、行政機関が自ら(教育)事業を行うことを指し示している[23]。

以下、現在労働者に対して展開されている中心的な教育政策である「社会人の学び直し」政策を具体的な分析対象とするが、当該政策は基本的に国家行政による助成で構成されている。のちに詳述するが、同政策は「職業実践力育成プログラム」・「職業実践専門課程」、放送大学、「教育訓練給付」を具体的な事業内容としており、全て民間団体(大学や専門学校など)が行う教育事業に対して助成を行うか、そこに参加する労働者に対して助成を行うものである。本節ではこれらの事業の策定過程を分析することを通して、国家行政が当該政策を通していかなる教育的意図を果たそうとしているのかを検討する。以下ではまず、「計画」の策定が行われた教育振興基本計画部会の議事録の分析を行う。その後、「計画」が想定する「社会人」の内実と、「計画」がその「社会人」をどのように変容させることを目的としているのかを検討する。次に「計画」のなかで「社会人の学び直し」関連政策として挙げられている主な事業を概観し、それらの対象と目的を検討する。最後に「計画」とそれに基づいて展開される各事業の対象と目的の分析を踏まえて、「社会人の学び直し」政策における教育的意図の特質についての考察を行う。

2　第3期教育振興基本計画における「社会人の学び直し」

(1) 第3期教育振興基本計画における「社会人」

まず、閣議決定された「計画」における「社会人の学び直し」に関連する箇所について略述しておく。「社会人の学び直し」は、「計画」が掲げた21個の「目標」のうち、「目標(12)職業に必要な知識やスキルを生涯を通じて身に着けるための社会人の学び直しの推進」に位置づけられた。ここでは、「刻々と変化する社会に対応し、職業に関して必要な知識やスキルを身に付けて、『学び』と『労働』の循環につなげることができるよう、社会人が大学等で学べる環境の整備を推進する」ことが目標として掲げられ、具体的に四つの施策が挙げられている。

一つ目は、「教育機関における産業界と連携した実践的な教育カリキュラムの編成・実施」である。「職業実践力育成プログラム」や「職業実践専門課程」(次節以降で中心的に扱う事業に下線を付している。以下同様。)などの認定制度の活用を促進し、大学や専門学校において、「社会人のニーズに応える教育プログラム」を開発・実施することが目指されている。二つ目は、「社会人が働きながら学べる学習環境の整備」である。放送大学などの活用によって、「時間的制約の多い社会人」でも学びやすい環境を整備することが目標とされる。三つ目は、「経済的な支援の実施」である。「教育訓練給付」などの利用促進を図るとされる。四つ目は、「労働者の学びに関する企業側の理解促進」である。関係府省が連携し、社会人学生の就職支援の強化、企業や業界における職業能力の評価制度の導入などを通して、「学んだ成果の活用や仕事への接続を推進」するとされる。

以上のように、「計画」のなかでは、具体的な施策は挙げられているが、「社会人」としてどのような人々を想定しているのか、またどのような能力を身に着けさせようとしているのかは読み取りにくい。

では、「計画」の策定過程においてはどのような人々が対象として想定されていたと言えるのか。以下では、中央教育審議会の教育振興基本計画部会が「計画」について議論した議事録の分析を通して、「社会人」として想定されている人々の内実について検討していく。当部会は教育振興基本計画の策

表2-1　教育振興基本計画部会の主な参加者（筆者作成）

氏名	職業（当時）	備考
委員		
北山禎介	三井住友銀行特別顧問	部会長
無藤隆	白梅学園大学大学院特任教授	
菊川律子	放送大学特任教授、九州電力株式会社社外取締役	
永田恭介	筑波大学学長	
宮本みち子	放送大学副学長	
臨時委員		
大橋弘	東京大学大学院経済学研究所教授	
中井敬三	東京都教育委員会教育長	
文部科学省		
内田広之	生涯学習政策局政策課教育改革推進室長	
里見朋香	生涯学習政策局政策課長	

定を目的とする部会であり、「計画」については、2015年6月から2018年2月までに21回の部会を開催した。なお、当部会のなかで、「学び直し」に関して特に多くの発言をしている委員を**表2-1**に挙げている。委員は8名、臨時委員は2名から構成され、臨時委員を含めて3回の入れ替わりを経ている。表1-1に出てくる委員、臨時委員のうち、宮本みち子委員は1回目の委員入れ替え（2017年3月～）から参加している（それ以前は臨時委員として参加していた）。

教育振興基本計画部会の議事録からは、「計画」にある「社会人」が指し示す具体的な人々として、大きく以下の四点が読み取れる。

一つ目は、職業上の能力向上や資格習得によって「キャリアアップ」を目指す正規労働者である。例えば、2016年3月29日の第3回部会で、無藤委員が以下のように発言している。

> 特にこの社会人のニーズに対応した教育の機会、あるいはキャリアアップやより専門性の高い資格を得ることなど、そのようなことを強調していってほしいなという気がします。

> 私は代案がないのですが、学び直しという言葉は分かりやすいと思いますが、学び直しというと、素朴な感覚だと、大学に行けなかった人がもう一度学ぶみたいなところが、ややあると思います。今キャリアアップなどで広がっているのは、例えば4年制大学を卒業したけれども更に学んだり、資格を得たりすることなどだと思うのです。
> 私は、特に幼稚園、保育園の養成に関わっておりますけれども、そこで例えば東京の専門学校などは、専門学校によっては半分ぐらいが社会人なのです。学歴はいろいろですけれども、高い学歴の方は、かなり有名な4年制大学を卒業した方が多いです。[24]

ここでは、「社会人の学び直し」政策が「大学に行けなかった人」のようなノンエリート層ではなく、「4年制大学を卒業した」人々を対象とすべきだということが強調されている。

二つ目は高齢者である。これは例えば、2016年5月17日に行われた第4回部会における菊川委員の発言に見られる。

> 高齢者も含めまして成人の能力アップのための成人自身の覚悟と、施策が必要ではなかろうかと思っております。[25]

三つ目は、近年増加傾向にある離職者である。これは、2016年7月25日に行われた第6回部会における無藤委員の発言などに見られる。

> 人生、労働期間が今や50年になろうとしておりますが、その中で一つの職業、一つの仕事で通す人は少なくなっていきますので、当然職業再訓練が必要になる。別な言い方をすれば、学び直しの機会を増やしていかなければいけないわけですが[26]

四つ目は、高校や大学の中退者などの、社会の周縁的な位置にいる青年である。このことは、放送大学の現状に触れながら青年の学習ニーズに言及した、2017年8月8日の第15回部会における菊川委員の発言に見られる。

> 高校を中退して、多少家に引きこもっていた、あるいは大学を中退してしまって、働いているけれども、やはり学位が欲しいという方々がいらっしゃいます。
> そして、初めて学ぶことの楽しさに触れられて、中には卒業研究等にチャレンジされる方もいらっしゃいます。そうしますと、初めて大学の先生から教えていただくということで、非常に伸びる方がいらっしゃいます。そのような方は卒業した後、大学院を目指したり、あるいは就職に向けて本気になっていったりといったことがございます。
> 〔…〕高校中退者や、大学中退者といった方々の学び直しのチャンスの最大化のようなものを制度としてお願いできたらと思います。個別の各論に入っているかもしれませんが、よろしくお願いいたします。[27]

総じて、正規労働者を対象としつつ、高齢者や離職者、中退者も視野に入っていることがわかる。では「計画」は、これらの「社会人」をいかに変容させようとしているのだろうか。

(2) 第3期教育振興基本計画における「社会人の学び直し」の目的

「計画」における「社会人の学び直し」の目的を、(1)で述べた、「計画」で想定されている「社会人」の類型に即して整理すれば、以下のようになる。

(a) 正規労働者

正規労働者の「学び直し」の目的に関して、第4回部会で北山部会長は次のように述べる。

> 実践的な職業教育を行う新たな高等教育機関の制度化について検討されておりまして、これには社会人の学び直しも含めた学びの複線化という観点が含まれています。また、検定の充実という、一億総活躍に関係するテーマも同時並行的に議論されており[28]

また、2017 年 8 月 28 日の第 16 回部会では、内田教育改革推進室長が次のように述べている。

学士課程や修士課程を修了した社会人が、自らの能力を更に向上させて博士号を取得するなど、国際的にも競争力がある人材へ向けた学び直しを促進していくことの重要性[29]

これらの発言を踏まえると、「実践的な職業教育」や「検定」の取得などを通して、経済的な競争力を担う人材を育成しようとしていることがわかる。

(b) 高齢者

高齢者に関しては、菊川委員が第 4 回部会で以下のように発言している。

リタイア後の高齢者の自立促進や能力の維持向上のためにも、それに見合った福祉政策ではない教育政策が考えられて良いのではなかろうかと思っております。[30]

また、里見生涯学習政策局政策課長は 2016 年 10 月 4 日の第 8 回部会で以下のように述べる。

民間の様々な検定試験の質の保証、あるいは社会的な活用、そしてその学習成果を活用した新たな学習機会や様々な活動を結び付ける[31]

高齢者に関しても、「検定試験」などを通して、「自立」すなわちリタイア後にも職業に就き、経済的活動をする能力を身に着けることが期待されている。このことは、上の北山部会長の発言に見られる「一億総活躍」という文言にも示されていると考えられる。

(c) 離職者・中退者

離職者に関しては、無藤委員が第6回部会で次のように述べている。

> 職業再訓練が必要になる。別な言い方をすれば、学び直しの機会を増やしていかなければいけないわけですが、そういうものについて、学校のスタイルでどこかに呼んで、学部、どの大学院でやるということの限界がありますので、インターネットその他を介したかなり広い形での学習機会と、また民間の学習の場を含めた学習歴によるポイント制みたいなものを考える必要があると思います。[32]

また離職者・中退者に関しては、内田教育改革推進室長が2017年7月24日の第14回部会で、「求職者又は潜在的な求職者の再就職支援につながるよう取り組む」[33] 必要を主張している。

離職者・中退者に対しては、職業訓練による就職支援が企図される。またその際には、「学習歴によるポイント制」によって、学習活動を数値化し、企業に示すことが提案されている。

概して「計画」は、それぞれの対象に対して、職業能力すなわち経済的な競争力を身に着けさせることを目指していると言える。そこでは「学びの複線化」が意図されており、正規労働者に対しては「国際的な競争力」を、高齢者や離職者、中退者に対しては、福祉的な支援を受けなくても経済的に自立するための、職業に就くための能力を獲得させようとしている。

3 「社会人の学び直し」関連事業の対象と目的

ここでは、「計画」のなかで「社会人の学び直し」に関連する施策として位置づけられた主な事業（60頁の下線部参照）を概観し、その対象と目的を検討する。具体的には、「職業実践力育成プログラム」・「職業実践専門課程」、放送大学、「教育訓練給付」を分析対象とする。

(1) 職業実践力育成プログラム・職業実践専門課程

職業実践力育成プログラム(以下、BP)は、「大学等における社会人や企業等のニーズに応じた実践的・専門的なプログラムを『職業実践力育成プログラム』(BP)として文部科学大臣が認定」する制度である[34]。教育再生実行会議の第6次提言「『学び続ける』社会、全員参加型社会、地方創生を実現する教育の在り方について」が掲げた「大学等における実践的・専門的なプログラムを認定し、奨励する仕組みを構築する」という目的を基に、2015年から実施されている。

当プログラムの目的は、「プログラムの受講を通じた社会人の職業に必要な能力の向上を図る機会の拡大」であり、そのために大学などに職業実践的・専門的なプログラムを増加させることを意図している。

BPに認定されたプログラムの受講者は基本的に大学が定める学費を負担するが、BPのうち、「専門実践教育訓練」として厚生労働大臣の指定を受けた講座を受講する際には、「訓練費用の一定割」や「基本手当日額の50%」などの「専門実践教育訓練給付金」が支給される。

職業実践専門課程は、「専門学校のうち、企業等と密接に連携して、最新の実務の知識・技術・技能を身につけられる実践的な職業教育に取り組む学科を文部科学大臣が『職業実践専門課程』として認定」する制度である。認定されている学科の特徴として、①「企業等が参画する『教育課程編成委員会』を設置してカリキュラムを構成している」、②「企業等と連携して、演習・実習等の授業を実施している」、③「企業等と連携して、最新の実習や指導力を習得するための教員研修を実施している」、④「企業等が参画して、学校評価を実施している」、⑤「学校のカリキュラムや教職員などについてHPで情報提供している」ことが挙げられている。

BPと同様に、職業実践的・専門的な内容を提供するプログラムの拡充が目的であると考えられる。上記の「特徴」に見られるように、企業のニーズに応じた教育活動を提供させることが意図されている。

以上を踏まえると、BPと職業実践専門課程は企業で働く人々を主な対象としており、その目的は、企業からのニーズに応えて、職業実践的な能力を向上させることであるとまとめられる。

(2) 放送大学

放送大学は、放送大学学園法に基づいて1981年に創立された、文部科学省と総務省所管の通信制大学である[35]。提供する教育内容としては、専門科目が大きく「生活と福祉コース」「心理と教育コース」「社会と産業コース」「人間と文化コース」「情報コース」「自然と環境コース」の六つに分かれており、哲学や歴史、宗教、社会学、教育学など教養や学問に関わる科目や、プログラミングや簿記などの職業実践的な科目など、多様な科目が提供されている。また、特別支援学校教諭免許状や学芸員などの資格を取得することもできる。放送大学での学習の形態は、大学卒業の学位取得を目指す「全科履修生」と、特定の科目のみを履修する「選科履修生」(1年間在学)、「科目履修生」(半年間在学) に分かれる。いずれも入学試験はなく、全科履修生のみ、入学には満18歳以上、高等学校卒業・高等学校卒業程度認定試験合格等の大学入学資格が求められる。

費用はすべての学習形態で1単位5500円であり、全科履修生が学位を取得するには、706000円を要する。授業の形態には三つのものがあり、BS放送やケーブルテレビで授業を放送する「放送授業」、インターネット上で授業を視聴する「オンライン授業」、放送大学の学習施設「学習センター」などで、講師から直接授業を受ける「面接授業」である。総じて、教育／学習の方法に関しては、社会人が学ぶための時間上の制約を緩和するための方策がとられている。

以上を踏まえると、放送大学は (学費を払うことができる) すべての人々を対象としており、幅広い教育目的を持ち得ると考えられる。「計画」が意図したような職業能力の向上や資格の獲得のほか、教養や科学的知識の涵養、学歴の獲得など、幅広い学習ニーズに対応している。

(3) 教育訓練給付

教育訓練給付制度とは、「働く方の主体的な能力開発の取組み又は中長期的なキャリア形成を支援するため、教育訓練受講に支払った費用の一部を支給するとともに、専門実践教育訓練を受講する45歳未満の離職者の方に対しては、基本手当が支給されない期間について、受講に伴う諸経費の負担についても支援を行うことにより、雇用の安定と再就職の促進を図ることを目的とする雇用保険の給付制度」である[36]。厚生労働省所管の事業であり、一般教育訓練給付金と専門実践教育訓練給付金に大別される。一般教育訓練給付の対象は以下の通りである。

> 受講開始日現在で雇用保険の支給要件期間[37]が3年以上（初めて支給を受けようとする方については、当分の間、1年以上）あること、受講開始日時点で被保険者でない方は、被保険者資格を喪失した日（離職日の翌日）以降、受講開始日までが1年以内（適用対象期間の延長が行われた場合は最大20年以内）であること、前回の教育訓練給付金受給から今回受講開始日前までに3年以上経過していることなど一定の要件を満たす雇用保険の被保険者（在職者）又は被保険者であった方（離職者）が厚生労働大臣の指定する教育訓練を受講し修了した場合に支給。[38]

専門実践教育訓練給付金の対象は基本的に一般教育訓練給付と同様であるが、初めて支給を受ける際に求められる支給要件期間が「2年以上」になっている。支給額は以下の通りである。

> 1. 教育訓練施設に支払った教育訓練経費の50％に相当する額となります。ただし、その額が1年間で40万円を超える場合の支給額は40万円（訓練期間は最大で3年間となるため、最大で120万円が上限）とし、4千円を超えない場合は支給されません。
> 2. 専門実践教育訓練の受講を修了した後、あらかじめ定められた資格等を取得し、受講終了日の翌日から1年以内に被保険者として雇用された方又はすでに雇用されている方に対しては、教育訓練経費の20％に相当する額を追加して支給します。[39]

要するに教育訓練給付制度は、厚生労働大臣の認可を受けた職業訓練を受講した場合にその費用の50％を、「資格」を取得するなど職業能力の向上を示した場合には、70％を補助する制度である。厚生労働大臣の認可を受けた職業訓練とは、主に厚生労働省が管轄する「ハロートレーニング」のことを指していると考えられる。その主な事業は、離職者を対象とした「離職者訓練・求職者支援訓練」と、「中小企業で働く」[40]人々を対象とした「在職者訓練」である。以上を踏まえると、教育訓練給付制度は、中小企業で働く人々と離職者を対象としていると考えられ、その主な目的は、就職のための職業能力の向上であると言える。

4　国家行政による助成における教育的意図の特質

以上の検討からは、「計画」が「社会人」として、主に正社員層を想定しつつ、高齢者や離職者、中退者といった経済的競争力が低いと考えられる人々も念頭に置いていることが明らかになった。「社会人の学び直し」を通して、これらの「社会人」をいかに変容させようとしているのか、という点については、基本的に職業能力、経済的な競争力の向上を意図しているとまとめることができる。具体的には、前者に対しては、「国際的な競争力」を身に着けさせるために大学や大学院において高度な職業能力の開発が目指されており、そのためにBPなどによって大学に企業のニーズを満たす科目を設置させるとともに、社会人がそこで学ぶことに対して企業側の理解を促そうとしている。後者に対しては、福祉的な支援に依存せず経済的に自立するために、職業に就くための能力を身に着けさせることが意図されていると言える。そのために、例えば教育訓練給付制度によって、厚生労働省管轄の職業訓練の受講を推進している。このように、いわばエリート層である正社員とその他の対象とでは、想定されている教育目的・内容が異なっており、このことは「学びの複線化」として明確に意図されている。

上に見たような、実際に展開されている「学び直し」関連事業の目的は、概して「計画」が示した同政策の趣旨、すなわち「産業界」と連携しつつ、「社会人」の職業的スキルを向上させるという目的と一致すると言える。議事録に見える「計画」策定過程での委員の発言も、基本的には職業的スキルの涵養という目的を政策の趣旨と同じくしているが、例えば菊川委員の発言のように、中退者の学位取得や「学ぶ楽しみ」といった学習ニーズのために、「学び直し」の機会を位置づけようとする意見も見られる。しかし実際に展開された事業は、そのほとんどが実践的な職業能力の向上を目指している。学歴取得や「学ぶ楽しみ」を「学び直し」の目的として位置づけるべきという発言は事業にほとんど反映されず、現状では「産業界」と連携した職業的な能力の向上に、「学び直し」政策の目的は限定されていると考えられる。

5　本章の小括

本章で検討してきたことを整理しておこう。まず国家行政による労働者に向けた教育／学習活動は、「社会人の学び直し」政策という形でほとんど完全に助成として展開されている。教刷委の《①労働教育》／《②職業教育》／《③教養・公民教育》という分類を念頭に置けば、《②職業教育》に重点が置かれていることが分かる。そのうえで特徴的なのは、「学びの複線化」という方針のもと、エリート層正社員の経済的競争力の涵養を主な目的としていることであろう。また他の経済的競争力の低い「社会人」に対しても、「自立」に向けた職業能力を身に着ける支援が中心的な目的となっている。「学びの複線化」と《②職業教育》への偏重――より具体的には、経済的競争力と経済的自立の推進――の二点を、現代日本における国家行政による労働者に向けた教育／学習助成の特質としておきたい。

注

1　佐々木輝雄『佐々木輝雄職業教育論集 第2巻 学校の職業教育』多摩出版、1987年、279頁。

2　佐々木享「『教育を受ける権利』と職業訓練：能力の問題によせて」『教育学研究』39(4)、1972年、317頁。

3　厚生労働省「令和5年労働組合基礎調査」2023年、3頁、https://www.mhlw.go.jp/toukei/itiran/roudou/roushi/kiso/23/dl/01.pdf（最終閲覧：2024/8/10）

4　GHQ/SCAPと日本の国家行政とを扱った主な研究としては、鈴木英一『日本占領と教育改革』(勁草書房、1983年)や久保義三『対日占領政策と戦後教育改革』(三省堂、1984年)などを挙げることができる。また米軍地方軍政部と地方行政に関しては、阿部彰や大矢一人らが詳細な検討を加えているが、いずれも社会教育が分析の俎上に載ることはほとんどない。

5　寺﨑昌男「教育改革者としての南原繁：真理・創造そして平和の探求者」山口周三『資料で読み解く南原繁と戦後教育改革』東信堂、2009年、293-294頁。

6　小川利夫・新海英行編『GHQの社会教育政策：成立と展開』大空社、1990年。

7　日本近代教育史料研究会編『教育刷新委員会教育刷新審議会会議録 第13巻』岩波書店、1998年、37頁。

8　日本近代教育史料研究会編『教育刷新委員会教育刷新審議会会議録 第3巻』岩波書店、1996年、320頁。

9　原資料には「史観」とあるが、前後の文脈から「士官教育」の誤記であると考えられる。

10　前掲日本近代教育史料研究会編『教育刷新委員会教育刷新審議会会議録 第3巻』、320-321頁。

11　同上、325頁。

12　前掲日本近代教育史料研究会編『教育刷新委員会教育刷新審議会会議録 第13巻』、72頁所収。

13　前掲日本近代教育史料研究会編『教育刷新委員会教育刷新審議会会議録 第3巻』、277頁。

14　日本近代教育史料研究会編『教育刷新委員会教育刷新審議会会議録 第9巻』岩波書店、1997年、23頁。

15　同上、33-34頁。

16　労働省労政局長・文部省社会教育局長「労働者教育に関する労働省(労政局)、文部省(社会教育局)了解事項について」(近代日本教育制度史料編纂会編『近代日本教育制度史料 第27巻』大日本雄弁会講談社、1958年、305-306頁所収)。

17　イノベーション・デザイン&テクノロジーズ『社会人の大学等における学び直しの実態把握に関する調査研究報告書』文部科学省、2016年。

18　同上。

19　文部科学省「平成31年度予算(案)主要事項」文部科学省、2019年、http://www.mext.go.jp/component/b_menu/other/__icsFiles/afieldfile/2018/01/16/1400422_2.pdf(最終閲覧：2019/9/25)。

20　文部科学省「生涯学習の推進」http://www.mext.go.jp/a_menu/01_g.htm(最終閲覧：2019/10/15)。

21　岩崎久美子「『社会人の学び直し』における放送大学の役割」『日本生涯教育学会年報』(38)、2017 年、3-20 頁。塚原修一・濱名篤「社会人の学び直しからみた大学教育」『日本労働研究雑誌』59 (10)、2017 年、27-36 頁。

22　今津孝次郎ほか「大学への社会人入学に関するニーズ」『静岡大学教育実践総合センター紀要』28、2018 年、220-231 頁。内山淳子「大学における社会人の学び直しの現状と課題」『日本生涯教育学会年報』(38)、2017 年、21-37 頁。

23　高見茂「教育財政」高見茂・服部憲児編著『教育行政提要（平成版）』協同出版、2016 年、193 頁。高見は、教育行政を教育政策の実現を目指すものとして位置づけたうえで、まずそれを「権力的作用」と「非権力的作用」に区分している。前者は「国民一般の自由、財産を『規制』する『侵害行政』」であり、後者は「国民生活一般およびその福祉の向上のために積極的な役割を担う『給付行政』」であるとされている。本書が採用する助成 / 事業経営という区分は、高見が「非権力的作用」の下位区分として設定したものである。

24　文部科学省「教育振興基本計画部会（第 8 期～）（第 3 回）議事録」文部科学省、2016 年、http://www.mext.go.jp/b_menu/shingi/chukyo/chukyo14/gijiroku/1383357.htm（最終閲覧：2019/09/28）。

25　文部科学省「教育振興基本計画部会（第 8 期～）（第 4 回）議事録」文部科学省、2016 年、http://www.mext.go.jp/b_menu/shingi/chukyo/chukyo14/gijiroku/1383443.htm（最終閲覧：2019/09/28）。

26　文部科学省「教育振興基本計画部会（第 8 期～）（第 6 回）議事録」文部科学省、2016 年、http://www.mext.go.jp/b_menu/shingi/chukyo/chukyo14/gijiroku/1397653.htm（最終閲覧：2019/09/28）。

27　文部科学省「教育振興基本計画部会（第 8 期～）（第 15 回）議事録」文部科学省、2016 年、http://www.mext.go.jp/b_menu/shingi/chukyo/chukyo14/gijiroku/1400437.htm（最終閲覧：2019/09/28）。なお、〔…〕は「中略」を意味する。以下同様。

28　前掲文部科学省「教育振興基本計画部会（第 8 期～）（第 4 回）議事録」。

29　文部科学省「教育振興基本計画部会（第 8 期～）（第 26 回）議事録」文部科学省、2016 年、http://www.mext.go.jp/b_menu/shingi/chukyo/chukyo14/gijiroku/1400438.htm（最終閲覧：2019/09/28）。

30　前掲文部科学省「教育振興基本計画部会（第 8 期～）（第 4 回）議事録」。

31　文部科学省「教育振興基本計画部会（第 8 期～）（第 8 回）議事録」文部科学省、2016 年、http://www.mext.go.jp/b_menu/shingi/chukyo/chukyo14/gijiroku/1397660.htm（最終閲覧：2019/09/28）。

32　前掲文部科学省「教育振興基本計画部会（第 8 期～）（第 6 回）議事録」。

33　文部科学省「教育振興基本計画部会（第 8 期～）（第 14 回）議事録」文部科学省、

2016年、http://www.mext.go.jp/b_menu/shingi/chukyo/chukyo14/gijiroku/1400436.htm（最終閲覧：2019/09/28）。

34　文部科学省「『職業実践力育成プログラム』（BP）認定制度について（概要）」文部科学省、2015年、http://www.mext.go.jp/component/a_menu/education/detail/__icsFiles/afieldfile/2015/07/31/1360257_3.pdf（最終閲覧：2018/10/29）。以下、BPに関する引用は本文献をからのものである。

35　放送大学学園「放送大学改革プラン」2015年、2頁。

36　厚生労働省職業安定局「ハローワークインターネットサービス」、厚生労働省、https://www.hellowork.go.jp/insurance/insurance_education.html#kyouiku（最終閲覧：2018/10/29）。

37　支給要件期間とは、「受講開始日までの間に同一の事業主の適用事業に引き続いて被保険者として雇用された期間」のことを指す。

38　前掲厚生労働省職業安定局「ハローワークインターネットサービス」（最終閲覧：2018/10/29）。

39　同上。

40　厚生労働省「ハロートレーニング」厚生労働省、https://www.mhlw.go.jp/stf/seisakunitsuite/bunya/koyou_roudou/jinzaikaihatsu/hellotraining_top.html（最終閲覧：2018/10/29）。

補論　労働者教育活動の財政基盤

第2章では、敗戦以後の労働者教育政策を概観したうえで、現在の労働者に向けた教育政策の特質について検討した。その結果として、国家行政による労働者教育施策がほとんど助成という形で実施されていること、その内容が《②職業教育》に偏重しており、かつそこにはエリートホワイトカラーと経済的「自立」が困難な人々との間で「学びの複線化」が企図されていることを見出した。

このような特質を踏まえると、労働組合員養成機関としての側面を持ち、かつ「大学」「学校」のオルタナティブたることを志向してきた労働学校は、《①労働教育》・《②職業教育》・《③教養・公民教育》の教育内容を統合的に提供し得る機関として位置づけられる。だが、現実的には3つの領域を含みこむような労働者に向けた教育実践はほとんど見られない。少なくとも理念的には、幅広い領域にわたる教育内容を有機的に統合させ得る教育機関が構想されてきたにも関わらず、なぜそのような実践は拡がらないのだろうか。

この補論では、学校外の教育活動に共通する困難の一つである財政基盤の問題を取り上げ、労働者教育実践の存立基盤に関する考察を深めたい。戦前期においてすでに、大阪労働学校（1922-1937）の中心人物であった講師の森戸辰男や「主事」の井上良二は、「労働学校運動」衰退の要因として講師難、校舎難、財源難などを挙げている[1]。財源難はこれらの「難」の基底をなす、最も根源的な困難であったと考えられる。多くの労働学校にとって、あるいはより広範に、労働者に対する教育活動を行おうとする民間団体にとって、財政基盤の構築に関する困難は今なお深刻なものであろう。序章で述べたように、学校外の教育事業が財政学的観点から分析されることは少ない。本論はその本格的な分析に向けた一礎石として、民間団体の側から、行政の助成金受諾を含めた、財政基盤の方策について試論的に考察する。

以下、第1節では非営利団体の財政基盤を類型化するための枠組みを設定する。第2節では地方行政（京都市による労働者への教育／学習事業）による助成の財政的特質を検討する。第3節ではその結果を踏まえて、社会教育行政・生涯学習行政の原則とされてきた「サポート・バット・ノーコントロール」という理念について再考する。そのうえで第4節では、教育／学習事業を実際に担う民間団体が、行政からの助成を受けつつ、自ら財政基盤を構築する方策についていくつかの可能性を提示する。第5節では本論の小括を示す。

第1節　類型化のための枠組みの設定

ここでは、非営利団体の財政基盤はどのような構造によって成り立っているのかという民間団体側の視点からの類型をまず示し、第2節以降の分析の軸とする。

山本圭三は、「NPO組織の『典型的なパタン』」を見出すという問題意識のもとに、非営利団体の財政基盤の構造の類型化を試みている[2]。山本はNPOの主たる収入源として、寄付金、自主事業、受託事業、行政からの助成金・補助金、行政以外からの助成金・補助金、その他資金の六つを想定し、神奈川県のNPO団体1140ケースの財政基盤がこれらの財源のどのような組み合わせで構成されているのかを検討した。その結果、上の六つのうちほとんど単一の収入源で財政基盤を構築している五つのクラスタ（「受託事業型」、「行政資金型」、「自主事業型」、「会費型」、「その他資金型」）と、寄付金、行政以外からの助成金・補助金収入の役割が多く、かつ会費や自主事業収入の割合も10%を超えているクラスタ（「寄付金等複合型」）の計六つのパターンを見出した。このうち「その他資金型」は一つのクラスタとはなっているものの数は少ないことから、山本は「受託事業型」、「行政資金型」、「自主事業型」、「会費型」、「寄付金等複合型」の五つをNPO団体の主な財政基盤の構造としている。山本が扱ったのはあくまでもNPO団体であり、非営利団体全体の財政基盤の構造を検討したわけではない。しかし一般社団法人も非営利組織の場合には税法上の優遇措置にNPOとの差はなく、また一般社団法人への寄付金や行政からの委託や補助金の支出が禁止されてはいないことから、本書では以下、山本が見出した五つのパターンが、非営利団体の財政基盤の主たる構造であると想定して議論を進める。

また岩田憲治は、宮城県、新潟県、東京都、愛知県、京都府、大阪府、兵庫県のNPO法人を対象として、その財政基盤構造をNPOの活動目的（保健医療福祉、社会教育、まちづくり、学術文化芸術スポーツ、環境、国際協力、子どもの健全育成の6分野をさらに細分化して分析している）ごとに分析した[3]。その結果、本書の対象に関係する非営利団体については、学術文化芸術スポーツのなかでも「学術等分野」は自主事業収入（47.9%）、会費（16.8%）、寄付金（13.6%）の順に財政基盤を構成している収入が多く、「社会教育」分野は自主事業収入（55.4%）、受託金（17.7%）、会費（10.1%）の順に多いことを明らかにしている。

次節以降では、行政による様々な形態の助成がどのような特質を持ち、その助成を受けている民間団体の財政基盤がそれぞれどのような構造を有しているのか、そしてその基盤構造によってはどのような利点や問題点が生じるのかを、京都市の事例を中心に検討する。

第2節　地方行政による助成の財政的特質——京都市を事例に

第2章では、国家行政による労働者教育政策について検討して来た。それに加えてここでは、地方行政による労働者教育政策について、京都市を事例として検討する。この作業を通して、民間団体が取得し得る助成の内実をより詳細に示すことを目指す。京都市を分析対象として選定したのは、まず一つの自治体における事例の全枚挙を試みることにより、現状の網羅的な把握が可能であると考えたこと、次に、京都市が他の地方自治体にはあまり見られない、教育機関との「共催」という財政的拠出方法をとっていることによる。

まず、京都市における労働者に向けた教育／学習事業の全体像を見ておこう。教育や学習、学びを意図した事業を教育／学習事業とすると、京都市による労働者を主な対象に含む教育／学習事業は、教育委員会、子ども若者はぐくみ局、文化市民局の3つの部局によって事業経営、助成されている[4]。

まずその全体像を以下に示しておく（**表補 -1**）。

表補 -1　各部局の生涯学習事業（京都市の資料[5]をもとに筆者作成）

担当部局	事業名・事業内容
教育委員会	生涯学習市民フォーラム
	生涯学習情報ネットワークシステムの運営
	京都市内博物館施設連絡協議会との連携による博物館ネットワークの充実、京都ミュージアムロードの開催
	学習活動家庭教育・子育て支援の充実
	障害のある市民のための講座
	障害のある方の文化芸術運動の推進
	社会運動団体研修事業
子ども若者はぐくみ局	青少年育成の推進
	若者サポートステーション
	子ども・若者総合支援事業
	はたちを祝う記念式典及びはたちプロジェクト
	児童養護施設退所者等支援
	ひきこもり支援
文化市民局	勤労者福祉対策（京都勤労者学園）

下線を付したものが労働者を対象に含んでいると考えられる主だった事業である。このうち、生涯学習市民フォーラムは事業経営、勤労者福祉対策と若者サポートステーションは助成の形で実施されている。まずここでは、生涯学習市民フォーラムの内実を検討する。

生涯学習市民フォーラムは、「市民のもつ活力と英知を結集し，市民感覚に根差した市民ぐるみの生涯学習社会づくりを推進するため，市内の生涯学習関係団体からなるネットワーク組織として平成６年１月に設置されたもの」[6]であり、「総会」と「一般市民の参加の下で生涯学習に関わるシンポジウム等」の開催を主な活動としている。だが、「主な取組」として挙げられているうちいわゆる教育事業と呼び得るのは「シンポジウム等の開催」のみであり、かつその対象は労働者を含みながらも「市民一般」であることから、このフォーラムが、京都市が提供する働く人々に対する教育／学習機会として中心的な役割を果たしているとは言い難い。京都市においても、国家行政と同様に、労働者に対する教育／学習活動の行政による主要な展開方法は、事業経営ではなく助成であると言えるだろう。

教育委員会によるものに限定せず、京都市が行っている事業のなかに労働者に対する教育／学習機会を提供しようとするものを探すと、それは子ども・若者はぐくみ局が助成している若者サポートステーション（以下、サポステ）と、文化市民局が助成する勤労者福祉対策（京都勤労者学園、本書の主たる対象）であることがわかる。まず、京都市に存在するサポステの運営団体である、京都市ユースサービス協会の財政基盤を検討する。

同協会の 2021 年度の貸借対照表によると、経常収益 419,267,820 円のうち 342,965,000 円が「京都市青少年活動センター受託料」である。上の類型で言うと「受託事業型」に該当すると言える。では、「受託事業型」財政基盤を持つ民間団体による事業運営の特質はどのようなものだろうか。

サポステの関係者によって多く語られるのは、事業運営の柔軟性に関する問題である。京都市の事例ではないが、論の補強として、同じ「受託事業型」でユースサービス事業を展開している NPO の職員へのインタビュー結果を引用しよう[7]。

> サポートステーションのところに関しては、サポートステーションの委託費で人件費は賄っていて、私たちのところは複合的にやりたいので、今お話したプログラムのなかにはサポートステーションとしては行いにくい、厚労省としては認めにくいプログラムもあったりするので、それに関しては別事業で例えば自治体のお金を、いただいて。ホームページを作るプログラムなどというのは、自治体のお金をいただいてやっているということですね。

またその他、「委託費」によって行えない事業は、NPO の「持ち出し」によって賄われているという。

保護者の相談なんかも結構がっちり乗ってたりするんですけど、そういうのは自治体のお金で保護者の相談に乗れていたりということですね。[都道府県名]の事業に関しては、お金としては[都道府県名]から出ないので、NPOの持ち出しです。

当該NPOの場合、基本的にはサポートステーションなどに対する厚労省と市町村からの委託金によって運営されている。しかし、NPOの事業として展開されている多様な他のプログラムにはその資金を使用することができず、その事業に対してはNPOの内部資金が充てられる、という構造になっている。

このことからは、「受託事業型」という財政基盤構築の方策は、非営利団体が本来有している、事業の柔軟性を欠く原因となり得るという問題が見える。受託事業には委託元の施策の目的があり、その目的に沿っているかどうかの評価を毎年度受けることになるため、民間団体独自の事業を行うことは難しい。

それでは次に、京都勤労者学園の財政基盤について検討する。京都勤労者学園が公開している最新の情報である2016年度の財務諸表によると[8]、京都勤労者学園の経常収益121,377,845円のうち、51,803,735円が「事業収益」、35,766,000円が「受取補助金」すなわち京都市からの補助金・負担金である。一見事業収益が最も多いようにみえるが、京都勤労者学園全体の事業のうち、本書が関心を向ける京都労働学校の事業収益は多く見積もっても19,516,000円であり、補助金・負担金の大半が京都労働学校の運営に充てられていることに鑑みると、京都勤労者学園（京都労働学校）は上の区分で言うところの「行政資金型」に近い（ただし、事業収益も10%を上回っている）。

サポステと異なるのは、京都労働学校が委託事業ではないために、民間団体すなわち京都勤労者学園の裁量によって事業内容を決めることができるという点である。ではこのような費用は、どのような契約によって京都市から京都勤労者学園にわたっているのだろうか。京都市の職員A氏は以下のように述べる[9]。

A 氏：覚書っていう立場で、こういったことを共催事業で一緒にやりますと。そのために必要なお金は払うとか、それを覚書っていう形でかわしてまして、それを京都市と勤労者学園かわしてて、毎年それでいくら払いますっていう契約をしていると。

このような「覚書」による「共催」という契約形態が、京都市と京都勤労者学園に特徴的なものである。この「覚書」は、1957 年の創立時から現在まで 1 年ごとに交わされ続けているという。

この「共催」による負担金の拠出という財政拠出の形態は、事業内容の柔軟性に関して、委託とは異なる様相を見せる。さらに京都市職員のインタビューを見てみたい。

A 氏：実際教育内容とか、講座をどうするとかは、基本的には、勤労者学園の話を聞いていただいた方が、企画立案されるんですけど、もちろん京都市長も顧問に入ってるのと、あと、私どもの上司が理事で入ってますので、意見を言う場はあるんですけど、基本企画立案はあちらでやっていただくと、そういう携わり方です。

〔…〕共催っていうのは京都市がお金を負担しているっていう意味で共催なんでしょうけど、授業を考えるとか講座を考えるというのは、正直僕ら人事異動で結構変わったりするんで、何十年もいない、スキルもないしノウハウもないし、共催で一緒に考えましょうって言ったら、僕らが追い付けないんですよね。

ここでは、「共催」における役割分担が意識されている。それはすなわち、民間の教育機関である「勤労者学園」は「実際教育内容」を「企画立案」し、地方自治体は「お金を負担」するという役割分担である。先に見たように「受託事業型」においては民間団体が事業決定の柔軟性を確保することは難しいが、「共催」という形態はその柔軟性を民間団体が持ち得る方策であると言える。

一方で、委託金と比較するとき、京都勤労者学園の財政基盤は不安定性をより強く有していると考えられる。岩本陽子は非営利団体の事業継続に関して、「トップが代わる等の要因で方向性の転換があった場合、いつ[…]縮小や廃止につながるのか分からない」[10]という現状分析を行っている。京都勤労者学園と京都市の「共催」契約は、まさに「トップ」＝市長と単年ごとに交わされる契約書のみを根拠としているため、岩本の行政機関の方向転換によって財政拠出に影響が出かねないという指摘はそのまま当てはまるものと考えられる。京都市の「共催」の場合には、その開始と存続がほとんど市長の「一存」で開始・継続しており、それが個人の意思決定に依存しているという点で、機関による意思決定よりも安定性を欠くという見方も可能だろう。総じて、財政基盤の安定性については「受託事業型」の方が「行政資金型」よりも強く有しており、逆に事業内容決定の柔軟性については、「行政資金型」の方が「受託事業型」よりも強く有していると考えられる。

ここまで、「受託事業型」と「行政資金型」非営利団体における財政基盤の安定性と事業内容決定の柔軟性について検討してきたが、残りの3類型すなわち「自主事業型」、「会費型」、「寄付金等複合型」については、労働者に向けた教育／学習事業を展開する非営利団体には、管見の限り事例があまり見当たらず、その可能性が高い団体も財務情報を公開していない。数少ない「自主事業型」あるいは「会費型」の事例としては、例えば現存する労働学校の一つである大阪労働学校・アソシエ（大阪市：以下、アソシエ）が挙げられる。京都市の事業ではないが、京都市の労働者に向けた教育事業に「会費型」の例が見られないため、ここではその財務状況を知るための事例としてアソシエを取り上げたい。

2021年3月2日、アソシエの教員を務める人物に対し、電話でのインタビューを行った。そのなかで財源として挙げられているのは、「一回500円くらい」[11]という受講料である。その回答からは、アソシエが「自主事業型」あるいは「会費型」であることが窺える。しかし同時に、この受講料だけでは事業を存続させることが困難であるとも述べられている。

> それ（500円の受講料：引用者）だけで支えるっていうのは難しいんで、サポーター制度っていう、学校の趣旨を理解して、支えてくれる人の、サポーター制度というのを作って、できるだけそれを恒常化していきたい。サポーターになることのメリットっていうのをできるだけ、アピールして、恒常的に関わってくれる人を増やしていきたい。戦前の場合には、大口の資産家がいたわけですよね。賀川豊彦なんかが、入ったりとかね。そういうのはなかなかあてにできないんで、できるだけそういう賛同者を増やしながらやっていけたらと。[12]

「自主事業型」あるいは「会費型」については、上の回答に見えるような、財政基盤の存続が危ぶまれるような状況が起こり得ることが想定される。

ここまでの議論を整理しておこう。「受託事業型」（サポステ）は事業を実施する民間団体の、事業内容決定における柔軟性を欠いており、「行政資金型」（京都勤労者学園）は事業内容決定の柔軟性を有しているものの、財政基盤の安定性を欠いている。柔軟性の欠如は、第1章で検討した、地方行政による教育／学習事業の教育的意図が広範な学習ニーズを包摂し得る、という理念に反するものであろう。また、「自主事業型」や「会費型」など、民間団体が実施する事業の対価によって財政基盤を構築する型（アソシエ）においては、柔軟性は当然担保されるものの、安定性は著しく損なわれている。地方行政の助成、あるいは事業の対価のみによる財政基盤構築では、柔軟性と安定性が両立していないという現状を窺い知ることができる。

第3節　生涯学習・社会教育の財政に関する「理念」の限界

民間資金を用いて財政基盤を構築する方策、すなわち寄付や投資の可能性を検討するのに先立って、ここまで見てきた「受託事業型」と「行政資金型」の現状から、行政による労働者に向けた教育活動、ひいては社会教育・生涯学習事業への財政支出の理念と実態の乖離について考察しておきたい。その作業を通して、事業実施団体自らが民間資金を用いつつ財政基盤を構築する方策について検討する意義を浮かび上がらせたい。

まず、学校外の教育事業への行政による財政拠出の理念について検討しておこう。日本においては、1959 年の社会教育法改訂以来、「サポート・バット・ノーコントロール」が、民間の社会教育事業に対する行政のあるべき関わり方であるとされてきた[13]。「サポート」とは公費による財政拠出のことを、「コントロール」とは教育事業の内容を決定することを指している。要するに、社会教育の実践に対する公的拠出においては、政府には「金は出すが口を出さない」ことが求められてきた。その背景には、政府の意向を受けた戦前期の青年団や処女会が「思想善導」に大きく貢献し、結果として戦争協力に社会教育が加担したことへの批判と反省がある。それゆえ筆者は、理念として「サポート・バット・ノーコントロール」を主張することには反対の余地がないものと考える。ここで問題にしたいのは、国家財政ならびに多くの地方自治体の財政が逼迫する中で、「サポート・バット・ノーコントロール」という理念がどこまで現実的か、という点である。

そもそも、労働者に向けた教育事業は、公財政支出＝「サポート」の対象となり得るのだろうか。教育財政論において、教育一般に対する公財政支出の根拠は、マスグレイブの言う「価値財」としての教育財・サービスがもたらす外部経済効果に求められている[14]。この点を踏まえて市川昭午は、生涯教育が公財政に基づく公共政策として実施されることの根拠として以下の 3 点を挙げている。

> 第一に学習ニーズの不充足が明白に国民の福祉を大きく損ない、各種の社会的コストが生ずることが、かなりの確実性をもって予想されること。第二に、そのニーズが市場の需給調節力では充たしきれず、公共政策の実施が不可欠とされること。第三にニーズの不充足から生ずる社会的コストが、公共介入に伴うコストを上回ると判断されること[15]

この議論からまず確認しておきたいのは、労働者に向けた教育／学習活動に対する公財政支出が、財政学的な視点から正当化され得るということである。労働者に向けた教育／学習事業は、公財政支出＝「サポート」の対象になる根拠を有している。村上祐介・橋野晶寛は、教育目的としての「労働者の形成」について、福祉国家においては「教育を通じた稼得能力向上が、個人の経済的自立と社会全体の経済成長に結びつき、またその果実としての税収増が教育を含めたさまざまな福祉サービスの原資になる」という「構図」が想定されていることを指摘している[16]。ここまで述べてきたように、労働者に向けた教育／学習活動は職業能力の向上という目的を多分に有しており、それを行うことが「経済成長」や「税収増」、「福祉サービス」の向上という外部効果を伴うことは疑いを得ない。労働者に向けた教育／学習活動は、公財政の支出対象としての要件を備えていると結論づけることができるだろう。

それを踏まえたうえで、公財政を用いて労働者に向けた教育／学習活動を展開するに際して留意すべき点を2点挙げておきたい。一つは、公財政支出の根拠、すなわち外部経済の基底としての職業能力の向上に収まらない教育目的を持つ事業に対しては公資金を拠出する根拠がないために、そうした教育目的を持つ事業が淘汰される可能性である。第4章、第5章で詳述するが、労働者に向けた教育／学習活動の意味は、決して職業能力の向上のみに限定されるものではなく、またされるべきではない。この点を、公財政「のみ」を財源として財政基盤を構築することの限界性としてまず指摘しておきたい。

もう一つは、教育財・サービスの便益やコストを、数値化されたエビデンスとして示すことが可能であるという前提を再考する必要があるということである。基本的にその数値化は、現実的には困難であると言わざるを得ないだろう。例えば「職業と生涯の関係について考えたい」というような学習ニーズを満たすことの便益など、どのように数値化することができるのか、あるいはそれは便益なのかコストなのか、といった判断を「客観的に」行うことはほとんど不可能に近い。一方で、国家行政においても、地方行政においても、財政状況の窮状の中で政策決定にエビデンスが求められる傾向は強まっており、それは行政担当者のみならず、納税者からも、政策決定に際しての説明責任としても求められているものである。

筆者がここでまず主張しておきたいのは、端的に言えば、教育財・サービスとしての労働者に対する教育／学習事業の外部経済効果・社会的便益を数値化されたエビデンスとして示すことが困難であり、かつ財政逼迫の現状において、行政担当者や納税者に対してエビデンスを示す必要性が高まっている以上、「サポート・バット・ノーコントロール」という理念の即時的な達成は、現実的には展望できないということである。

そして上で述べたように、公財政を基盤とした教育／学習事業はその教育目標を狭めてしまう可能性があることと考え合わせるならば、事業実施団体自身が、行政による助成や実施している事業からの収益に加えて、民間資金（事業の受益者以外からの投資や寄付）を用いながら、財政基盤を構築する方策について検討する必要があると考えられる。労働者に対する教育という、多様でかつ数値化されづらいニーズを満たすべき施策は、その資金源も多様化、複合化させることが理にかなっていると言える。現実性を欠いた理念の主張でもなく、また行政目的の現状追随に終始することもない財政基盤に関する考察は、公財政と民間資金の双方を用いた財政基盤構築の方策を探ることで可能になるだろう。

労働者に向けた事業を含む生涯学習事業は、原義上学習者の個別具体性への対応の必要性を有している。しかし上で見たように、「受託事業型」はその拠出元が国家行政においては文部科学省であるか厚生労働省であるかに関わらず、地方行政においては教育委員会であるか首長部局であるかに関わらず事業内容決定の柔軟性を欠いており、行政による拠出に依る財政基盤構築では、個別具体性への対応には困難が伴うことが想定できる。実際のところ、上記のサポステの例ではその困難がすでに生じている。また「行政資金型」による財政基盤構築は、その安定性を欠く。では、具体的にはどのような方策があり得るのだろうか。民間資金の寄付や投資の可能性について若干の検討を試みておこう。

第４節　民間資金の可能性——社会貢献を志向する投資・寄付活用の展望

教育事業に活用し得る投資・寄付などの方法としては、例えば社会貢献債

(Social Impact Bond) やクラウドファンディングなどの可能性が検討されてきた。ここでは、社会貢献債の導入は基本的に行政の意思決定によって行われるものであり、民間団体の意思のみで開始できるものではないことに鑑みて、民間団体自身によって行うことができる財政基盤構築方策としてクラウドファンディングを取り上げ、その可能性と課題を検討する。

1　クラウドファンディングの分類と現状

まず、クラウドファンディングの概要を示しておく。クラウドファンディングとは、インターネット上のプラットフォームやSNSなどを利用して、不特定多数の人から資金を調達する方法である。クラウドファンディングという用語の定義は厳密に定まっているわけではないが、概して、事業の実施者と出資者の間で価値観が共有されたうえで、小口の資金を多数の人々から調達する方法であるという点は先行研究の間でも共通して認識されている[17]。クラウドファンディングは一般に、出資者に対する報酬の有無や形態によって、寄付型、購入型、投資型の三つに分類される。寄付型は出資者への報酬がないもので、慈善事業や災害復興などに主に用いられる。購入型では、出資者に対して、出資を受けた事業を優先的に享受する機会が与えられる。例えば事業によって開発された新商品を購入する権利や、あるいは事業によって提供されるサービスの無料提供といった見返りが与えられるのが一般的である。投資型はクラウドファンディングを投資の機会とみなす在り方であり、未公開企業への株式投資などがこれに当たる。この場合の報酬は、未公開株の優先的な購入権などということになる。

近年日本ではクラウドファンディングが活発になっており、インターネット上には約200件のプラットフォームサイトが開設されている。市場規模は2020年時点で1800億円を上回っているとされ[18]、2016年以降、その規模を大きく増大させている。では、このようなクラウドファンディングは、生涯学習事業にどのように利用されているのだろうか。

2　NPO 法人本と人とをつなぐ「そらまめの会」の概要

現時点で、民間主導の教育事業がクラウドファンディングを導入した事例は多くない。数少ない事例の中で、目標額の資金調達に成功しかつ現在でも継続的に事業を存続しているのが、鹿児島県指宿市の NPO 法人・本と人とをつなぐ「そらまめの会」(以下、そらまめの会)による移動図書館の運営である。

そらまめの会は図書館の運営活発化を目標として、2006 年に特定非営利活動法人として発足した。元々は指宿市を拠点とした「公共図書館サポーター」というボランティアの団体であり、児童書コーナーなどの設営に携わることを主な活動としていた。その後、指宿市の公立図書館に指定管理者制度が導入されるのに伴い、それへの応募のために 2008 年に NPO 法人格を取得、翌年から指宿図書館・山川図書館の運営を受託し、現在までその運営を存続している[19]。2021 年現在のそらまめの会の純資産は 500,000 円程度で、ここ 5 年の収支は 60,000,000 円規模であり、その 9 割以上は「公の施設の管理運営に関する事業」すなわち図書館運営の「委託金／受託金」に関する収入とその運営にかかる費用である。本書の分類に当てはめると、そらまめの会は典型的な「受託事業型」であると言える。

そらまめの会がクラウドファンディングを開始したのは、指宿図書館・山川図書館の運営という枠にとどまらない、移動図書館の運営を企図したことによる。この試みは、2017 年にインターネット上のクラウドファンディングプラットフォーム、「Readyfor」を利用して行われた。その趣旨を以下に引用する (「／」は改行を意味する)。

> これまで、図書館内でのおはなし会や駅前の足湯での紙芝居など、書籍の貸し出しだけではない、多くの取り組みを行なってきました。しかし、図書館から離れたところで暮らしている方や、車を運転できない子どもたちや高齢の方々は、図書館になかなか来ることができないという現実に直面しました。／「だったら、こっちから図書館を飛び出そう」／「本と人をつなぎ、人と人とのつながりが生まれるような場をつくろう」／そう思い、私たちは移動式のブックカフェをつくりたいと考えました。

／車両を購入・改装し、〈走るブックカフェ〉をつくり、本を通じたさまざまな出会いと体験を生み出したいと考えています。／プロジェクト実施のためには、車体の購入費と改装費をはじめとした多くの資金が必要となります。みなさまと一緒に、このプロジェクトの実現を目指したいと考えております。どうかお力添えいただきますようお願いいたします。／［…］平成17年まで市内には「つまべに号」という移動図書館号が走っていましたが廃止になってしまいました。／移動図書館車がなくなったことで「図書館車が来なくなったら、本当に子どもたちが本を読まなくなってしまった」という声を聞きます。／公共の図書館でできることには限りがある中、NPOとして挑戦することで、公共サービスでは届かないところをカバーしていきます。[20]

受託金の用途は二つの公共図書館の運営に限定されており、移動図書館に利用できる費用をそらまめの会は持っていなかった。そこでクラウドファンディングによって初期設備投資費用と当面の運営費の確保を試み、結果として目標とした750万円をはるかに上回る11,785,000円の資金調達に成功する。この出資は487人から寄せられたものであり、平均すると1人当たり約24,200円の出資となる。

このクラウドファンディングは、上の分類で言うと購入型に相当する。出資者には、出資金額に応じて報酬が与えられる[21]。なお、報酬は出資金が5,000円、10,000円、20,000円、50,000円、100,000円、150,000円、300,000円、1,000,000円、1,500,000円、2,000,000円を超える毎に追加されていくシステムとなっている。このクラウドファンディングはすでに終了し、現在はそらまめの会のホームページにおいて、寄付・賛助会員の呼びかけがなされている[22]。

3　事例の応用可能性と限界

(1) クラウドファンディング後の財政基盤

このクラウドファンディングによって移動図書館事業は実際に開始され、

現在までその運営は続けられている。また現在では運営資金の募集は「寄付・基金のお願い」と「賛助会員の募集」にとどまっており、再びクラウドファンディングを行ってはいないことから、資金難に陥ることなく事業の存続がなされていることが分かる。ただ、寄付や賛助会員費がクラウドファンディング以降に増大した形跡は見られない。二つの収入は合わせても2017年度以降30,000円強で推移しており、移動図書館の運営費を賄えているとは言えないだろう[23]。そのため、そらまめの会の事例は、クラウドファンディングによって向上した知名度が事業運営資金の継続的な確保につながるという事例として捉えることはできない。

一方で、10,000,000円もの自由に運用できる財源を確保したことはやはり特筆に値する。例えば先に挙げた京都勤労者学園の年間予算規模は3,000,000円前後であることからも、少なくとも生涯学習事業を始めるための予算確保の方策としては、クラウドファンディングが有力な手段であることが分かる。公共図書館を運営するそらまめの会とは異なり、事業によっては受益者から費用を受け取ることも可能である。またそらまめの会は実施していないが、当該事業の価値が一般に認められているのであれば、複数回のクラウドファンディングを行うこともさらなる財源確保の方策として有効である（なお、クラウドファンディングのためのプラットフォームの利用には一般に手数料がかかり、「Readyfor」の場合には「手数料7%＋決済手数料5%（＋税）の計12%（＋税）」が出資金から引かれることになる）。継続的な財源確保の方策については今後検討する余地があるだろう。

(2) クラウドファンディングの「成功」要因

「Readyfor」を利用して呼びかけられている事業の中には、出資金が目標金額に満たない場合も少なくない。にもかかわらず、なぜそらまめの会は目標金額をはるかに超える金額を集めることができたのか。そらまめの会の代表理事、下吹越かおるはその要因を以下のように語っている。

ファンドレイジングに関して心配はしていませんでした。なぜなら、そらまめの会が市民の方々に受け入れられていたからです。身内だからという理由ではなく、地元に帰ると本当にまちの方々に支援されている空気を感じます。ですから寄付は、そらまめの会に対する市民の方々からの評価が現れる場だと思っていました。

50日目ほどでぴたりと寄付が止まり、遅々として進まなくなりました。ですがありがたいことに、58日目に200万円を寄付してくれた方がいた。この時点で達成率が41%から78%に上昇し、その急激な上昇を見たネットユーザーがどんどん寄付をし始め、そこから10日ほどで750万円を達成しました[24]。

58日目の出資者は指宿市民であり、下吹越とも面識のある会計事務所員であった。その会計事務所員が自ら出資を呼びかけるという行動をとったことで出資金額が向上、それによってプラットフォーム上での注目度が向上してネットユーザーによる出資が増大し、結果として想定より大きな金額の財源確保に成功した。

下吹越がそらまめの会によるクラウドファンディングの「成功」要因として語るのは、端的に言えば、彼女が「地縁」と表現するような、利用者や地域住民との顔の見える関係性である。クラウドファンディングは不特定多数の人々から出資を募る方策であるが、例えば薬品開発などといったある種普遍的な事業とは異なり、指宿市近辺に在住する図書に関心のある人々のみが恩恵を受けることになる事業の場合、図書館などの教育事業の振興に関心を寄せる不特定多数の人々のみならず、「顔の見える」利用者や地域住民による出資や知名度の向上が、クラウドファンディング「成功」の鍵であるとみなされている。

(3) 応用可能性と限界

それでは、そらまめの会の事例が、労働者に向けた教育／学習事業を含む、民間主導の生涯学習事業一般にどの程度応用できるのかについて考察してみよう。まず、クラウドファンディングで集め得る財源の大きさについては、他の生涯学習事業の初期費用あるいは数年間の運営費として十分な金額であると言える。第 4 節で見た京都市の拠出を受けている生涯学習事業の年間財政規模は、いずれも 10,000,000 円をはるかに下回っている。また、クラウドファンディングという方策の特質上、得た資金の用途が限定されることは当然なく、既に得た資金を使って事業を行う場合には、当該事業の内容は自由に決定することができる。集め得る財源の大きさと事業内容決定の柔軟性という点では、クラウドファンディングに生涯学習事業の財源確保方策としての可能性を見出すことができる。そこで、そらまめの会の場合には成功した 10,000,000 円規模の財源確保が、他の事業にも可能なのかどうかを考えたい。

先に述べたように、そらまめの会は指定管理者としてすでに指宿市で図書館を運営しており、いわば「地域のために活動している団体」としての知名度を獲得していたと考えられる。また、下吹越が述べるところによると、そのような地域住民による出資なくしては、このクラウドファンディングが成功したかどうかは疑わしい。当然のことではあるが、地縁を持たない状態で生涯学習事業の財源を獲得しようとする場合には、①多くの人々の共感を得ることのできる事業内容を設定すること、②地縁を創出することの 2 点が必要となる。

①は、クラウドファンディングによって不特定多数の人々から資金を集めるのに際して、教育／学習事業を行う民間団体が行うべき努力であると言える。事業の社会的意義、あるいは受益者個人の生活に対する意義を、社会貢献を志向する人々に向けて理解しやすい形で提示することは、資金源を不特定多数の人々に求める際に重要な営みであると言える。

②は、不特定多数の人々に加えて、地域住民などの「顔の見える人々」から資金提供を受けようとするにあたって重要な要素である。序論で見たように、生涯学習事業の空間は「どこでもいいどこか」ではなく、人々が生活を営んでいる地域、場所との関連性を保つことが望まれる。その意味で、生涯学習事業は事業を起こす人の思想と地縁、地域性、地域住民との関連性の中から立ち上がってくるものであるとも言える。クラウドファンディングに先

立って、生涯学習事業を展開する空間＝場所の中で具体的な対象を想定し、地縁を獲得しておくことは、そらまめの会の事例のようにクラウドファンディングを成功させつつ、生涯学習事業の特質を満たすことができる営みであると考えられる。

以上に概観してきたクラウドファンディングは、ICT の進展によって登場した財政基盤の構築の方策であり、その特質は生涯学習事業の担い手と「地縁」を持たない民間の人々から資金を得ることを可能にする。下吹越が強調する「地縁」の重要性に加えて、いわば社会貢献への志向性を有する全国の（あるいは全世界の）民間の人々から資金を得る手段としてクラウドファンディングを認識しておくことは、今後情報化が進むと考えられる社会においてますます重要になるのではないだろうか。

最後に確認しておきたいのは、先述の「行政資金型」では実現が難しい資金供給の安定性・継続性の担保が、クラウドファンディングにおいても実現可能かどうかが明確でないということである。もちろん安定性の補強につながることは確かであるが、投資や寄付の可能性は、未だに検証するに十分な事例数を持たず、また十分な時間を経ていない。生涯学習事業によるクラウドファンディングの「成功例」に見えるそらまめの会の場合にも、事業は現在まで 4 年余りしか継続しておらず、その間安定的な財政供給基盤が構築されたわけではない。今後、同事業の継続的な観測や生涯教育事業以外の事例検討を行うことで、財政的基盤の安定性・継続性に関する考察を続ける必要がある。

4　本論の小括

本章では、京都市における労働者に向けた教育事業の現状を特にその財政状況に着目して分析してきた。そこでは、非営利団体の財政基盤の形態として「受託事業型」、「行政資金型」、「自主事業型」、「会費型」、「寄付金等複合型」の五つを想定したうえで、「受託事業型」は事業実施団体による事業内容決定の安定性を欠くこと、「行政資金型」は財政基盤の安定性を欠くこと、「自主事業型」や「会費型」に関しては、財政基盤が著しく不安定であることを明らかにした。以上の結果からは、地方行政の助成のみ、あるいは事業関連収益のみによって財政基盤構築を図る限りにおいて、柔軟性の限定、あるいは安定性の欠如は免れ得ないという結論を得た。この結論からは、地方行政に対して柔軟性を損なわないような財政拠出を求めるか、地方行政や事業収益以外に依る財政基盤構築の方策を考えるかという、今後の財政基盤構築の展望に向けた二つの方向性が浮かび上がる。

本書は、一つ目の方向性、すなわち行政の助成の範疇で柔軟性を確保することを理念的に主張しようとする立場はとらず、地方行政や事業収益以外の資金源、すなわち投資や寄付の可能性を検討する方向性をとった。なぜなら、教育財・サービスとしての労働者に対する教育／学習事業の外部経済効果・社会的便益を数値化されたエビデンスとして示すことが困難であり、かつ財政逼迫の現状において、行政担当者や納税者に対してエビデンスを示す必要性が高まっていることから、民間主導で事業内容を決定し、それに対して行政機関が助成を行うべきであるとする「サポート・バット・ノーコントロール」という理念の即時的な達成は現実的には展望できないと考えたからである。

そこで本論の後半部分では、事業実施団体の主体性によって民間団体の財政基盤を構築する方策としてクラウドファンディングを取り上げ、その可能性と課題を検討した。教育事業、特に学校システム外の教育事業に関する財政学的研究が立ち遅れている現状において、事業を実施する民間団体の財政基盤の現状と今後の展望を一定程度示すことができたと考える。労働者の教育／学習という、ニーズが多様で数値化されづらい事業においては、財政基盤構築の方策も複合化するべきだろう。行政資金によって安定性を確保しつつも、行政目標の枠に収まらない教育／学習活動に関しては民間資金（投資・寄付）を活用する事例が増加すべきであるということを、本論の検討は示している。

注

1　森戸辰男「我国に於ける労働者教育について（中）」『月刊大原社會問題研究所雑誌』1（3）、1934年、6頁。

2　山本圭三「財政基盤情報に基づくNPO組織の類型化の試み：計量組織調査データを用いて」『経営情報研究：摂南大学経営学部論集』28（1・2）、2021年、13-32頁。
3　岩田憲治「NPO法人における収入構造の多様性：活動分野の細分化からのアプローチ」『ノンプロフィット・レビュー』19、2019年、61-75頁。
4　なお京都市は、12の首長部局（環境政策局、行財政局、総合企画局、文化市民局、産業観光局、保健福祉局、子ども若者はぐくみ局、都市計画局、建設局、消防局、交通局、上下水道局）と6つの委員会（教育委員会、市選挙管理委員会、人事委員会、監査委員、農業委員会、固定資産評価審査委員会）によって構成されている（京都市情報館「京都市組織図」、https://www.city.kyoto.lg.jp/gyozai/cmsfiles/contents/0000286/286781/R3sosikizu.pdf（最終閲覧：2022/2/20））。
5　京都市「教育委員会予算の概要」、https://www.city.kyoto.lg.jp/gyozai/cmsfiles/contents/0000290/290208/kyoiku.pdf（最終閲覧：2022/2/20）。同「子ども若者はぐくみ局予算の概要」https://www.city.kyoto.lg.jp/gyozai/cmsfiles/contents/0000290/290208/kowaka.pdf（最終閲覧：2022/2/20）。同「文化市民局予算の概要」、https://www.city.kyoto.lg.jp/gyozai/cmsfiles/contents/0000290/290208/bunshi.pdf（最終閲覧：2022/2/20）。
6　京都市教育委員会「京都市生涯学習市民フォーラムとは」、https://www.city.kyoto.lg.jp/kyoiku/page/0000215428.html（最終閲覧：2019/2/22）。
　以下、同フォーラムの基本情報については上記URLを参照している。
7　このインタビューは、2019年初頭に半構造化面接の形式で実施した。研究倫理上の配慮により、ここでは匿名化している。
8　京都勤労者学園『第5回（通算第61回）園員総会議案書』京都勤労者学園、2017年、50頁。
9　2019年2月20日、京都市の京都勤労者学園関連事務に携わる職員2名（A氏、B氏）に半構造化面接によるインタビュー調査を行った。
10　岩本陽子「事業分析から見るユースサービスの課題と可能性：公益財団法人京都市ユースサービス協会演劇ビギナーズユニットの事業から」『龍谷大学大学院政策学研究』（2）、2013年、42頁。
11　アソシエ教員A氏「インタビュー」より（本書末尾に掲載）。
12　同上。
13　植田健男「第八章　社会教育行政」村山英雄・高木英明編著『教育行政提要』ぎょうせい、1987年、233-234頁。藤田秀雄「第二章　社会教育法の制定」碓井正久編『社会教育』東京大学出版会、1971年、18頁。なお、植田は「サポート、ノーコントロール」、藤田は「サポート・バット・ノーコントロール」の語を同様の意味で用いている。本書においては、後に用いた「サポート・アンド・コントロール」という語との対比を明確にするため、後者の語を用いている。

14　高見茂「教育財政」高見茂・服部憲児編著『教育行政提要（平成版）』協同出版、2016 年、199 頁。

15　市川昭午『生涯教育の理論と構造』学術出版会、2013 年、308-309 頁。

16　村上祐介・橋野晶寛『教育政策・行政の考え方』有斐閣、2020 年、23 頁。

17　長谷川清「ソーシャルレンディング（日本版 P2P レンディング）の現状と課題」『成城大学経済研究所研究報告』(86)、2019 年、2 頁。

18　矢野経済研究所「国内クラウドファンディング市場の調査を実施（2021 年）」、https://www.yano.co.jp/press-release/show/press_id/2727（最終閲覧：2021/12/21）。

19　本と人とをつなぐ「そらまめの会」編著『私たち図書館やってます！：指定管理者制度の波を越えて』南方新社、2011 年。

20　下吹越かおる「指宿から全国へ！：本のある空間を届けるブックカフェプロジェクト」、https://readyfor.jp/projects/ibusuki-bookcafe（最終閲覧：2021/12/23）。

21　例えば、2,000,000 を支出した場合、「走るブックカフェに好きな本を置ける権利」「走るブックカフェの一日店長を務めることができる権利」「〈走るブックカフェ〉企画会議への参加権」「〈走るブックカフェ〉の命名権」などが与えられる。報酬の多くは、「地縁」のある対象を想定して設定されているように思われる。

22　そらまめの会「READYFOR コミュニティ終了のお知らせ」、https://www.sorako.net/blank-4（最終閲覧：2021/12/22）。

23　なお、これらの会計情報についてはそらまめの会が公表している賃借対照表を参照しているが、会計法上財務諸表の公表が義務づけられている株式会社等の企業とは異なり、外部監査等を受けているかどうかは定かではない。

24　小口正貴「移動図書館に約 1200 万円の寄付、指宿の NPO が支持される理由」、https://project.nikkeibp.co.jp/atclppp/PPP/report/120600097/?ST=ppp-print（最終閲覧：2021/12/23）。

第3章
「労働学校」の史的展開
——特に京阪地域に焦点を当てて——

第1節　労働学校がおかれた文脈

第2章では、本書の【課題②】(労働者に向けて行われてきた教育活動の全容を概観し、その担い手の教育的意図はどのようなものかを検討すること)に関する検討を行ってきた。続いて本章では【課題③】(労働学校が知識人と労働者によってどのように創られてきたのか、その史的展開を明らかにすること)に関する考察を行う。

1920年代から現在に至るまで、本書が対象としている労働学校をはじめ、「自由大学」や「農民学校」、「常民大学」、「市民大学」などと名乗る組織的な教育空間が、学校教育システムの外部に設立されてきた。こうした教育空間は「学校型」などと総称されることも多く、カリキュラムや教育内容、教育方法などの点で学校を模してはいるが、いわゆる一条校として教育制度上に位置づいているわけではない。学校教育システムに組み込まれていることそれ自体が存立の基盤・理由となる一条校とは異なり、これらの教育空間はそれぞれに存立の理由をもって設立されてきたと言えるだろう。

多くの労働学校は、同時代の学問が「ブルジョアのためのもの」であることを批判し、学問を「プロレタリア」に資するものに創り変えようというような教育や学問の変革を志向するのと同時に、労働運動によって労働を変革する「主体の養成」を志向していた。いわば労働学校は、同時代の学校教育システムに対する批判的思考、学校教育の対象拡大、あるいは高等教育機関で主に生産・伝授される「学問」の担い手の創造などといった「教育」の変革を志向する思想（＝〈教育の文脈〉）と、同時代の労働や政治、文化に対する批判的思考に基づいた労働運動・政治運動・文化運動の担い手の養成や、それに対抗する労使協調主義的な教化運動など、社会運動の要請（＝〈運動の文脈〉）との交差点上に形成されてきた。これらの教育空間は、〈教育の文脈〉と〈運動の文脈〉を合わせ持っており、また二つの文脈は相互に規定し合っていると言えるだろう。

本章ではこの二つの文脈に注意を払いつつ、労働学校なる教育空間がいかにして形成され、また京都労働学校がそのなかにどのように位置づけられるのか、その史的展開を跡づけつつ検討する。特に、1920年代から、地方行政や協調会（内務省の「外郭団体」[1]）・労働組合・知識人団体・大学・宗教団体など様々な運営主体によって活発に労働学校が展開され、かつ戦後においても「再興」の動きが多くみられた京阪地域の労働学校に焦点を当てる。

先述の通り、労働学校には一般に①労働者を主な対象とした、②正規の学校外で開かれた、③また職場からも独立して開かれた、④「学校型」の教育機関の総称という定義が与えられている。ここでは、その形式を持った空間を掘り起こし、編年的に羅列する作業よりはむしろ、知識人と「労働者」「大衆」「民衆」によって、都市においてネットワーク構築を伴いながら運営されてきた教育のための常設的な空間がどのように連続性を持ち、そして変容してきたのかを検討するように努めたい。

具体的な作業として、大阪労働学校（1922-1937、以下、大労校）に始まり、京都勤労者学園が運営する京都労働学校（1957-現在、本書でいう京都労働学校）へと連なる京阪地域の労働学校史を整理しつつ、それらにおける意思決定の中心にいた知識人たちの史資料の分析を通して、戦前・戦後に労働学校に関わった知識人集団の特質がいかに連続し、そしてどのように変容してきたのかについて、歴史的な検討を行いたい。

第2節　戦前期の労働学校とその担い手——関西労働学校連盟を中心に

初期の労働学校の主な創立主体は、労働組合であった。まずは労働学校が設立され始める1920年代前後の労働運動について略述しておこう。1911（明治44）年の大逆事件の後、息を潜めていた労働運動・社会主義運動を再び活発にしたのは、1912（大正元）年に鈴木文治を中心として結成された友愛会であった。設立当初は労働者の親睦団体であった友愛会は、1910年代後半から近代的な労働組合の体裁を整えていく。併せて、1919（大正8）年に大日本労働総同盟友愛会、1921（大正10）年に日本労働総同盟（以下、総同盟）と改名した。

こうした労働運動の隆盛に対して、内務省を中心とした官庁、及び資本家の動きも活発になってくる。その最たるものは、1919（大正8）年に結成された協調会であろう。同会は資本家渋沢栄一と内務大臣床次竹二郎らによって結成された半官半民の組織で、労使協調思想のもとに調査研究や社会事業を行った。

戦前期の労働学校は、その多くが総同盟との（対立関係を含む）関係をもって形成されており、一方では労働運動による労使の対立を防ごうとする協調会や地方行政などが、もう一方では共産主義や国家社会主義を掲げる社会運動体などが、1920年代に労働学校を相次いで設立した。

上に示した定義に該当し、かつ一定程度継続的に運営された労働学校は、1921（大正10）年、東京に創立された日本労働学校をその嚆矢とする。同校は日本労働総同盟の影響下に創設されたものであったが、その創立を皮切りに、おおよそ1925（大正14）年までの5年ほどの間に、全国各地に60校ほどの労働学校が様々な運営主体によって創立される[2]。その中で関西地域にも、総同盟やその前身である友愛会大阪連合会、同神戸連合会の中心人物として活動していた賀川豊彦[3]を中核として、1922（大正11）年に大労校が創立された。その後、堺、京都、神戸、尼崎、岡山に、大労校と多くの講師を共有する労働学校が相次いで創立され、大労校を含めた6校は、「関西労働学校連盟」という連合体を設置するに至る。また同時期には協調会大阪支部によっても「労働学院」が設立されるなど、関西地域には多くの労働学校が創られた。しかし労働学院やその他行政機関、宗教団体によって設立された労働学校は少なくとも3年以上にわたって継続的に教育活動を展開したことが確認できず、資料上の制約もあって、活発に活動した様子を知ることはできない。そこで以下では、「関西労働学校連盟」に参加した各労働学校を戦前期の関西地域における中心的な労働学校であると措定したうえで、そこに関わった知識人たちの言説からその目的などを検討する。

1　戦前期関西地域の社会運動

はじめに、関西地域で展開されたものを中心に、戦前期、特に社会運動が全国的な展開を見せるに至った大正期以降の労働運動や無産政党運動を整理しておこう。先述の通り 1920 年代には友愛会が総同盟と名を変えて労働運動を活発化していくが、それに伴って関西でも、大阪や京都、舞鶴、神戸などに友愛会＝総同盟の支部が設立されている。しかし、活発になった労働運動も 1920 年代半ば以降には、幾度にもわたって分裂を繰り返すようになる。1925（大正 14）年には共産主義を主たるイデオロギーとする日本労働組合評議会（以下、評議会）が、1926（大正 15）年には日本労働組合同盟が、1929（昭和 4）年には労働組合全国同盟がそれぞれ総同盟から独立し、最右派を総同盟、最左派を評議会とする四つの連合体が並立する状況となった[4]。なかでも 1925（大正 14）年の評議会誕生は関西地域の労働運動に大きな影響を及ぼしており、特に総同盟京都連合会が評議会側に加盟し、大阪連合会と袂を分かったことは、労働学校の運営にも少なからぬ影響を及ぼしているものと考えられる[5]。

この時期にはいわゆる無産政党が設立され、労働運動にかかわった人々が政治運動を展開してもいる。1926（大正 15）年 3 月に労働農民党が設立、同年 12 月には社会民衆党（顧問：吉野作造）と日本労農党が離脱して三派が鼎立した[6]。その後分裂を繰り返した無産政党は、1928（昭和 3）年 12 月、当時大労校の中心人物であった高野岩三郎を委員長に据えて単一政党・日本大衆党を結党、1932（昭和 7）年には「統一戦線」として社会大衆党が設立されている。

こうした無産政党は労働学校の運営も行っており、日本労農党は現在の大阪府淡路に、日本大衆党は兵庫県明石に労働学校を設立している[7]。では、こうした関西地域の労働運動・政治運動の機運のなかで、いかにして関西労働学校連盟は創立されたのだろうか。

2 関西労働学校連盟の概要と担い手の教育観

このような社会運動の動きの中で、関西に初めてできた組織的な労働学校が大労校であった。本章に必要な範囲で大労校の概要を述べることから始めたい。大労校は1922(大正11)年、当時総同盟の関係者として関西の労働運動の中心にいた賀川豊彦らによって創立された。創立後すぐに賀川が学校から遠ざかったために不安定になった運営を、1925(大正14)年からは高野岩三郎、及び森戸辰男ら高野研究室出身の知識人たちが1925(大正14)年に「経営委員会」を組織し、担うようになった。

関西地域では、大労校に続いて、神戸(1923年4月)、岡山(1924年1月)、京都(1924年4月)、堺(1924年4月)、尼崎(1924年4月)にも労働学校が設立され、大労校と講師を共有しながら運営を始めた。そして、大労校に関わった人々を中心として労働学校が次々に創立されていく機運のなかで、それら労働学校の連携機関の設立が模索された。「関西労働学校連盟」という名で設立を見たその連携機関は、結局のところ「僅かに連盟の会報を発行したのみで有名無実に終つた」[8]ようだが、当時の関西地域で政治運動に携わっていた知識人たちが、労働学校での活動を媒介として、緩やかに連帯の可能性を見出していたことには注目しておきたい。同時に、1920年代後半における労働組合や無産政党の分裂と、関西地域の多くの労働学校の閉校がほとんど時を同じくしていることにも着目しなければならない。

1920年代後半には関西労働学校連盟に参入していた労働学校のほとんどが活動を停止したが、その中心にあった大労校は、財政的な困難と講師不足という困難を一旦は克服し、1937(昭和12)年まで16年間にわたって運営を続けた。慢性的に講師不足という問題を抱えていた大労校は、いかにして知識人が集う教育空間になったのだろうか。下の表は、「経営委員会」が設立された第10期以降に、3期以上講義を行った講師の一覧である(**表3-1**)。

高野らが関わり始めた後の大労校では、東京帝国大学の高野研究室に集った人々（大原社研所員)、ならびに高野らが東京帝国大学で教鞭をとっていた時期に東大新人会に入会した人々が大きな役割を果たしたことが分かる。大

表 3-1　大阪労働学校の主要講師（1925 年～ 1937 年）[9]

大	新	大かつ新	どちらでもない
高野岩三郎	住谷悦治	林要	村島帰之
森戸辰男	河野密	細迫兼光	賀川豊彦
後藤貞治	阪本勝	山名義鶴	河上丈太郎
笠信太郎	小岩井浄		上条愛一
大内兵衛	松沢兼人		

労校は、「大正デモクラシー」の時期に東京帝大で学び、のちに政治運動のなかに身を置いた人々の緩やかな繋がりのうえに運営されていた。それでは彼らは、当時の「教育」をどう捉え、労働学校で何を為そうとしたのだろうか。

大労校に集った知識人たちの問題意識を、同校の「創立宣言」（賀川豊彦や山名義鶴ら、大労校創設に関わった知識人たちが起草したものと考えられる[10]）と創立者・賀川豊彦の文章に見てみたい。[一] は「創立宣言」、[二] は賀川が大労校創立に当たって総同盟の機関新聞に寄せた文章である。

> [一] 我等は有産階級の独占から教育を解放すべき事を要求する、夫れが有産階級の独占に帰してゐる間学問は遂に去勢された馬の如くであらう。[11]

> [二] 教育されるものは、常に心の世界に住む。それは教へるものと、教へられるものゝ二つの群に分かたれるが、それは階級であつてはならぬ筈である。[…] 学校はたゞ金持ちだけが、金をもつて行くべき筈のものではない。それは、金の多少によつて大中小学の区別をつけるべきものではない。それは個性の才能によつて大学教育まで受けられ得べきものであらねばならぬ。
> […] 労働学校は、此処に生まれ出づる必要があるのである。[…] 教育による改造運動は暴力による改造運動と、その本然に於て性質が違つて居ることに、気がつかねばならぬ。教育改造は急いではならぬ。[12]

ここに見られるのは、まず「教育」が「有産階級」に独占されているという認識である。[二]に照らせば、賀川においてその「教育」は「大学教育」を主に示していることが分かる。大労校は、金のない「労働者階級」の人々も「個性の才能」によっては大学教育を受けられるようにしなければならないという主張の先に創立されたということをまず指摘できる。もう一点着目したいのは、「教育」が「改造運動」の一部として位置づけられていることである。「暴力による改造運動」とは異なる位置づけを与えつつも、大労校の目的は「改造運動」、すなわち総同盟による社会運動を担う人材の養成に置かれている。

同様の視点は、大労校後期の中心人物である森戸辰男によっても共有されており、森戸は有産階級の大学に対して、労働者階級への「社会科学的知識の系統的教育」を実施する機関として「労働学校」の必要性を説くと同時に、「労働学校」を「運動員養成機関」として位置づけている。森戸は戦後に日本社会党右派の中心的存在となり、片山哲、芦田均内閣で文部大臣を務めることになる人物で、戦前期にも総同盟や社会大衆党に関与していることに鑑みれば、ここで養成されようとしている「運動員」は、労働運動や政治運動の担い手であると考えられる[13]。担い手となった知識人たちのこのような問題意識の上に大労校は、その教育内容と教育対象において、従来の大学と対照をなす教育空間として構想された。すなわち、労働者階級の発展に資する「学問」を、「無産階級」に提供することが目指された。

賀川や森戸は、「大学教育」を受ける基準が「金の多少」で決まっているという学校教育システムへの批判を視野に入れつつ(〈教育の文脈〉)、労働学校の目的を「改造運動」「運動員」の養成に置いている(〈運動の文脈〉)。大労校をはじめとする関西地域の労働学校は、確かに社会運動の要請のなかから形成されていた。

第3節 「戦後」における労働学校の再興

関西では大労校の閉校を(1937年)、関東では日本労働学校の閉校(1938年)

をもって戦時期には関西地域から姿を消した労働学校は、敗戦後、知識人たちによって様々な形で再建される。章末の表は、占領期に創設された労働学校の一覧である[14]。

戦前期の労働学校は、少なくとも量的には、労働組合あるいは労働運動に参画した知識人たちによって創立されたものが主であった。戦後期にも、その流れの延長線上において労働組合が知識人と結びつく形で多くの労働学校を創立している。そのうえで戦後期に特徴的なのは、地方庁によって運営される労働学校が増えたことである。これは1947年に労働省が新設され、そのなかに労働教育課が設置されたことの影響によるもので、多くの地方自治体において、労働省の委嘱を受けた労政関係部局が労働学校を開催した。だがその教育内容については、資料の制約上不明な点が多い[15]。

社会運動に参画した知識人に関しては、労働学校以外にも様々な教育空間を設置する動きが見られた。例えば、「鎌倉アカデミア」(1946年)、「庶民大学三島教室」(同)、京都人文学園(同)などが、各地に相次いで創られている。こうした「学校」は「文化運動」とも結びつきつつ、主として教育や学問のあり方を批判的に再検討しようとする問題意識に立って創立されたものであった。

以上が、敗戦後の労働学校及びその他各種学校の概況である。それでは、本書が主な対象としている京阪地域では、労働学校はどのように展開したのだろうか。実は、本書の主たる対象である京都労働学校は、上記の京都人文学園をその前身の一つとしている。労働学校とはやや異なる文脈において設立された学校教育外の「学校」と、労働学校(章末表2にある京都労働学校のこと。京都労働学校とは別の組織)に参画した知識人たちが結びつくことで、現在の京都労働学校は形作られてきた[16]。以下では、京都における知識人たちの動きを追いながら、京都労働学校がいかに創立されたのかを明らかにしておきたい。

1　戦後関西地域の社会運動とその教育活動

まず、戦後の労働運動史を概観しておこう。敗戦後、合法組織として「復興」した労働組合は、まず1946年に全日本産業別労働組合会議(産別会議)や日本労働総同盟(総同盟)といった連合体を結成し、全国的な労働運動を開始する。しかし、1947年2月1日の「二・一ゼネスト」が未遂に終わったことをきっかけに連合体の再編が進み、共産主義の勢力を弱めた日本労働組合総評議会(総評)が1950年に創立され、産別会議や総同盟に替わって労働運動の代表的な連合組織となる。

その後、レッド・パージやサンフランシスコ条約の締結などを経るなかで、1954年の全日本労働組合会議(全労会議)の成立など分裂を繰り返しながらも、1956年の「春闘」の開始など、労働運動は全体として隆盛していく。しかし、1959年のいわゆる三井三池争議に敗北したことでその勢いを喪失、一度は分裂した総評と全労会議(のちに全日本労働総同盟(同盟))などが1989年に日本労働組合総連合会(連合)を創立して統一の動きを見せるも、組合組織率は低下の一途をたどっている[17]。

概して、日本の戦後労働運動史はこのように整理されてきた[18]。京都府でもこうした動きに連動した労働運動が展開され、政治運動を展開した左派政党運動(日本共産党、日本社会党)とともに、労働者に対する教育活動を行っている。戦前から戦後にかけて、文献史資料によって存在が確認できる労働学校(に定義上当てはまる場所)の一覧を以下に示しておこう(**表3-2**)。

このうち、特に活発だった活動を二つ挙げておこう。一つ目は1940年代後半のもので、「総同盟、K・K・R、産別、全官公」[19]の4組合の連合体である京都地方労働組合協議会が、1947年から翌年まで展開した「京都労働学

表3-2 京都における労働学校の全体像(筆者作成)

学校名	開校年	運営主体	中心的知識人
京都労働学校 (関西労働学校連盟に参加)	1924	総同盟京都連合会 →京都無産者教育協会	山本宣治
総同盟労働学校	1929	京都労働者教育協会	中島重
労働組合全国同盟労働学校	1929	不明	不明
京都労働学校	1947	京都地方労働組合協議会	
京都労働学校	1957	京都勤労者学園	住谷悦治、 渡部徹

校」という名の講座である。もう一つは1950年代に入ってからのもので、上記した総評と島恭彦、前川嘉一ら知識人が1953年に結成した、京都勤労者教育協会（以下、勤労協）による教育活動である。

実のところ、両者に参加した知識人は多くが重なっている[20]。後者の中心人物として名前を挙げた島恭彦は前者でも講師を務めているし、住谷悦治や岸本英太郎、末川博、渡部徹など京都の大学に勤務する知識人が両者で講師を務めている。両者の講師陣は重なり合っていたと言ってよいだろう。

こうした労働組合に関する教育活動と同時期に、京都の知識人によって展開されていた教育空間に京都人文学園がある。同学園は、1946年に開校した三年制の各種学校である。試験を行わない、出席を取らないなど、「新しい教育と学問の構築」[21]を目指した昼間制の教育機関であった。その講義内容は倫理学、世界史、哲学、芸術学といったいわゆる人文科学を中心としつつ、社会学や政治学、数学、物理学など社会・自然科学を含んだ広範なものであった。1946年には100名を超える入学者を迎えた同校も、次第に学生の欠席や講師による休講、財政難などの問題を抱えるようになり、1949年には昼間制の学習者を迎えることなく、1950年からは夜間制の各種学校へと運営形態を変化させる。

本書の主な研究対象である京都労働学校は、勤労協と京都人文学園との合併によって誕生したものであった。次項では、それぞれの教育活動がいかなる目的のもとに行われたのかを検討しよう。

2　京都労働学校の概要と担い手の教育観

石田良三郎によると、勤労協の結成は、1953年の関西勤労者教育協会の誕生に刺激されてのことだったようだ。総評京都地評を中心とする労働団体と、島恭彦、前川嘉一ら京都の大学に籍を置く知識人たちは同年10月京都勤労者教育協会を創立し、京都府とも連携しつつ、労働者に向けた講座を開始した[22]。その設立趣意は以下の通りである。

　今日ほど勤労者の教育活動に対する必要性が痛感されている事はない

と思います。周知の通り、勤労者の教育に奉仕し、援助する事を目的として先に関西勤労者教育協会が設立されました。京都に於きましては、幸い多くの文化人が居られますので、その様な教育活動を行う上で、非常に恵まれた条件にあり、かつ勤労者の文化人に対する期待も、それだけ大きいものがあると思います。ここに京都地区におきましても教育活動を飛躍的に充実発展させるために、勤労者、文化人相よって「京都勤労者教育協会を設立する事になりました。[23]

この設立趣旨で述べられている「必要性」は、以下の「事業内容」と考え合わせると、労働組合や農民組合の発展との関係で「痛感」されていることがわかる。

①労組、農組その他の団体で行う講演会、座談会、労働学校、教育講座、研究会などの企画・開催に対する援助、或は共催、及び労組などの機関誌その他への執筆者の斡せん[後略][24]

端的に言えば、運動の発展という「必要性」に応じて、労働者に向けた教育活動を組織したのが勤労協であったと言うことができるだろう。勤労協は、〈運動の文脈〉における必要性に〈教育の文脈〉において応えるべく、知識人たちが結集した組織であった。

次に、京都人文学園の創立宣言からその目的を読み取ろう。同学園創立の中心となったのは、戦前期には労働運動に近い立場にいた関西在住知識人たちによる「文化団体」、「友山荘」に集まった人々と、戦前期に『世界文化』『土曜日』を発刊して反ファシズムを基調とした文化運動を行っていた人々であった。前者の中心人物だった住谷悦治とその「義弟」堀江友広が組織的基盤を構築し、後者の中心人物である新村猛が事業内容に具体性を与えたものと考えられる。以下の「創立宣言」は、新村の起草によるものである。

[…]従来の学校教育は立身出世の具に供せられ勝ちとなり、延いては

> 観察と推理との力の涵養はおろそかにせられ、暗記力がおのづと重視せられる結果を招き、学校に於ける教科目も徒に細分される傾きがありましたが、私たちは右のやうな弊風を打破し、早くから学問をあまたの分野に区切ることなく、基本的な諸学科について、その対象と成立と発達の跡とを懇ろに説き、またその研究方法を教えつゝ、自主的な思考人、しかも単に思考に秀でた知識人ではなくて、「行動の人として思考し思考の人として行動する」やうな近代人を養成したいと意図するもので[…]私たちの学校は教育すると云ふよりもむしろ学び究めようとする後進を先進が掖導することに本旨が存し[後略][25]

このなかで新村が批判しているのは、細分化された「学問」を暗記させる学校教育の方法のなかで「観察と推理の力」がないがしろにされたことであり、またその結果として「自主的な思考人」が養成されなかったという事実である。そこで京都人文学園は、「後進を先進が掖導する」ということを活動の軸として、試験の撤廃、生徒自治などといった方法を採用し、そのために学校としての認可を受けず各種学校であり続けた。この「京都人文学園規約」には、上の文章のほかに講師の選定や財政的な援助者からの独立が盛り込まれており、学校教育機関の財政的拠出者である国家によって「偏向」させられた学問の暗記や、「自主的な思考」の能力涵養を疎かにする態度によって、「平和と自由」に寄与する人々を育てることができなかった戦前の学校教育への批判的な態度を見て取ることができる。いわば新村は、反ファシズムの立場からの学校教育のあり方に対する批判という〈教育の文脈〉に基づいて、京都人文学園の方向性を決めている。この時点では、もう一方の創立主体であった住谷らが身を置いていた、労働運動・政治運動などの〈運動の文脈〉の影響は看取できない。

勤労協との対比を敢えて単純に行うならば、京都人文学園は元々、教育や学問の変革を〈教育の文脈〉の内から行うために作られた「学校」であった。

しかし、新村がその理想を体現しようとして運営を開始した京都人文学園も、主な対象とした働く青年たちが日中の労働を開始し始めるのに伴って、昼間の運営に困難をきたし始める。1948年の入学生は前年、前々年の「一〇〇名前後」に比べて「三〇名」という少なさであり、創立時に堀江から寄付された資金以外は事業収入に依存している同学園は、財政危機に陥ることとなる（なお、補論の区分で言えば「自主事業型」に該当する）。学園は存続の手段を夜間部への移行に求め、夜間部設置委員会を設けて協議を始める。そしてついに1949年4月、京都人文学園は昼間部を廃止し、夜間の各種学校へと移行する。

京都人文学園夜間部は主な対象を青年一般から労働者に移すことになり、受講者を集めることには成功したものの、再び財政難に陥った。そこで同学園の中心にいた京都大学人文科学研究所教授・渡部徹が提唱したのが、勤労協との合併である。1957年にこの案は実行され、新たに社団法人京都勤労者学園が設立、各種学校京都労働学校の運営を開始した。本書が京都労働学校と呼んでいるのは、この各種学校のことである。〈教育の文脈〉の大胆な変革を視野に入れて戦後すぐに誕生した京都人文学園は、同時代の〈運動の文脈〉と折衝するなかでその性格を変え、組織的には一定の連続性を保ちつつ、1950年代後半に労働学校として新たに出発することとなった。

第4節　労働学校史における京都労働学校の位置

では、両者の合併によって誕生した京都勤労者学園の目的はどのようなものだろうか。以下に「設立趣意書」を引用しよう。

> [前略] 戦後勤労者の自覚はめざましく組合ごとの教育活動、各種の労働講座など極めて盛んに行なわれ、これにこたえる勤労者の教育機関として戦後10年の歴史をもつ「京都人文学園」と40数組合の参加による、「京都勤労者教育協会」とが、それぞれ [中略] 成果をあげてきました。
>
> しかし、この一両年らい勤労者教育に対する熱意と要望が非常にたかまって参り、これまでのように同種の事業を別々の組織でいとなんでいるのでは単に無駄が多いだけではなく、たかまる要望に充分にこたえき

れないことの多いことが関係者の間に強く反省され全勤労者を対象とする綜合的教育機関樹立の必要性が痛感されて参りました。[後略][26]

ここでは、京都勤労者学園が京都人文学園と勤労協の成果の上に創立されていることが強調されている。京都人文学園は、そもそも〈教育の文脈〉において教育や学問の変革を成し遂げようと設立され、次第に〈運動の文脈〉との折衝によって労働組合に参画した知識人との関係を深めた教育空間であった。勤労協は、〈運動の文脈〉における必要性から創立された教育団体であり、当初から〈教育の文脈〉に比して〈運動の文脈〉を前面に押し出していた。この両者の合併によって誕生した京都勤労者学園及びその運営による京都労働学校は、その創立当初から、〈教育の文脈〉と〈運動の文脈〉との複雑な絡み合いの中に誕生した「学校」であったと言えるだろう。

以上、労働学校の史的展開を跡づけつつ、京都労働学校の特質を模索してきた。労働学校史における京都労働学校の特質は、以下の3点にまとめることができる。

一つ目は、比較的短期間で活動を停止することが多い労働学校にあって、極めて活動期間が長いということである。1957年から現在まで存続していることに着目しても、歴代の労働学校で最も長い歴史を持つものと言える。さらに、京都人文学園や地労協の「京都労働学校」にその始点を遡るのならば、京都労働学校は、敗戦後からの日本社会の歴史と並行して存在していることになる。

二つ目は一つ目ともかかわるが、多くの知識人や労働団体、地方行政が関わったがために、〈教育の文脈〉と〈運動の文脈〉との間に複雑な相互規定が見られることである。本章冒頭にも述べたが、労働学校はその存立基盤を必然的に社会運動との関係の中に求めざるを得ないものであり、両文脈によって相互規定されるということは、教育空間としての労働学校がそもそも有する特徴であるとも言える。京都労働学校はそのなかでも、複数の〈運動の文脈〉や地方行政までもが関わったがために、その揺れ動きがより複雑に現れているものと位置づけられる。

三つ目に、現在最も活発に活動している労働学校であるという特質がある。上で述べたように、様々な団体・期間が運営主体となっていた京都労働学校は、高度成長期における〈教育の文脈〉と〈運動の文脈〉それぞれの激動にもかかわらず、現在までその命脈を保っている。もちろん、創立時までと同様、その間の京都労働学校の教育内容は、両文脈に強く規定されて揺れ動いている。この点に関しては、次章で検討することにしよう。

第5節　労働学校の連続性と変容――労働学校に関わり続けた知識人・住谷悦治の生涯

以上本章では、京阪地域を中心として戦前から戦後にかけた労働学校の展開を概観してきた。労働学校の歴史は1930年代後半に一度断絶するものの、その後戦後すぐの京都を中心として、一定の人的な連続性を持って「再興」されたと言って良いだろう。もちろん本章で労働学校の史的展開を明らかにできたわけではなく、東京など他に労働学校が活発に創られた地域も合わせて、その人的なつながりを改めて検証する必要がある。

1　住谷悦治の学生時代と戦前期の労働学校

実は、本章で取り上げた京阪地域の労働学校の多くに参画し、講師を務めた知識人が存在する。同志社大学元総長、住谷悦治がその人である。住谷がその生涯の中で築いてきた人脈は、労働学校を担った知識人たちと多く重なり合っているものと考えられる。そこで本節では、住谷悦治の生涯を労働学校への関与を中心として辿りつつ、労働学校の史的展開を知識人個人の視点から記述してみたい。

住谷の略歴は**表3-3**の通りである。住谷が主に1920年代前半、学生生活を送る間に形成した人的なネットワークから述べていく。東京帝国大学に入学した住谷が大きく学的な影響を受けたのは、入学当時教授職にあった吉野作造であった。吉野のもとで政治学を学び始めた住谷は、入学してほどなく帝大新人会に入会する。

帝大新人会とは、吉野作造の影響を受けた東京帝国大学の学生、赤松克麿

表 3-3　住谷悦治略年譜

西暦	事項
1895	群馬県群馬郡国分村に生誕。
1916	叔父・住谷天来からキリスト教の洗礼を受ける。
1919	東京帝国大学法学部入学、帝大新人会入会。
1922	同大学卒業、同志社に講師として入職。
1926	大阪労働学校で初めて講義。以降 1935 年まで継続。
1933	治安維持法違反容疑で逮捕、同志社を退職。
1934	留学（～ 1936）。
1936	『土曜日』の創刊に携わる。
1937	松山高等商業学校教授に就任。
1942	松山高等商業学校を退職。
1945	夕刊京都新聞の論説部長、次いで社長に就任。
1946	京都人文学園の創立に携わる。
1949	同志社大学に復帰。
1957	京都勤労者学園の初代学園長に就任。
1963	同志社大学総長に就任。
1975	同志社大学を退職。
1987	死去

や宮崎竜介を中心として 1918（大正 7）年に結成された団体である[27]。住谷が新人会に入会した正確な年月は定かではないが、後年住谷が 1919（大正 8）年 10 月に行われた赤松による演説の影響を語っていることから[28]、1919（大正 8）年末から 1920（大正 9）年にかけて入会したものと考えられる。住谷は新人会の二学年目の世代に当たるが、同世代には河野密や小岩井浄、一学年上の上級生には三輪寿壮、林要、新明正道など、のちに関西地域で社会運動を展開する人々が多く含まれていた[29]。このような学友に恵まれた住谷は、1922（大正 11）年に大学を卒業して同志社大学に就職することとなる。

大学を卒業後同志社大学に就職し、京都に移り住んだ住谷は、関西でまた新しい人脈を構築していく。住谷は学生時代、吉野作造の影響を強く受けて政治学を専攻していたが、同志社大学で講義することを任じられたのは、政治学ではなく経済学であった。そのため講師職就任にあたって住谷は、経済学者河上肇の教えを請いながら経済学を修めるようになる[30]。河上をはじめとした関西に在住する知識人たちと交流を深めるなかで、住谷が参加することになったのが大労校である。先にも触れたが、1925(大正14)年以降の大労校では高野岩三郎とその門下の知識人たちがその運営の中心を担っていた。彼らのもとで講師役を務めたのが、住谷を含む帝大新人会の同人たちであった。大労校は関西労働学校連盟の他の学校とも講師を共有していたため(なお、住谷は大阪と京都の労働学校で講義を行っている)、この時期の関西地域の労働学校を担っていた主な人々は、多くが大原社研と新人会の関係者であったと言えるだろう。住谷が東京で大学に在籍していた時の教員たち(高野岩三郎、森戸辰男、大内兵衛など)と学生たちが、関西で労働学校の中核を担っていた。

2 住谷悦治の失職と労働学校の終焉

同志社大学で教鞭をとりながら研究活動、ジャーナリズム活動、そして大労校での教育活動に打ち込む日々を送っていた住谷であったが、1933(昭和8)年7月10日、治安維持法違反の咎で検束されたことをきっかけとして職を失い[31]、経済的に窮乏することになる。住谷は1937(昭和12)年に松山高商に職を得るまでの間、ジャーナリズム活動を軸とした執筆活動によって生計を維持することになるが、そのような状況のなかで住谷が発刊に携わったのが、雑誌『土曜日』である。『土曜日』とは、反ファシズムを基調とする「文化運動」を母体とする新聞であり、1936(昭和11)年7月から翌年11月まで刊行された[32]。その主な担い手は1935(昭和10)年から反ファシズムを標榜する雑誌『世界文化』を発行していた知識人たち、すなわち中井正一、新村猛、久野収、和田洋一といった人物と、松竹下鴨撮影所の大部屋俳優だった斎藤雷太郎であった。結論を先取りすれば、住谷が果たした役割は、端的に言えば知識人たちと斎藤を結び付けたことであったと言える。

『土曜日』が発刊された1936年7月という時期は、住谷が失職後に留学に出た後、帰国して松山高等商業学校に職を得るまでの期間であり、住谷は京都で雑誌や新聞への執筆活動に勤しんでいた。住谷の執筆活動は多方面に当たるが、そのうち『文藝春秋』の記事[33]を目にして住谷を訪ねたのが、松竹俳優・斎藤雷太郎であった。当時の斎藤は、松竹で俳優を務める一方で『京都スタヂオ通信』という新聞を発行していた。新聞には「有保証」「無保証」の区分があり、保証金がないと「時事問題」を新聞に載せることができなかった。斎藤は「金五百円」の国債を保証金として『京都スタヂオ通信』を有保証とし、それまでの「京都の撮影所に働くひとびとの親睦と向上」という目標を改めて「映画人以外の人々にも」時事問題を論じてもらうことを試みることになる。執筆者を探した斎藤は、『文藝春秋』で住所を知った住谷を訪ね、「新聞の性格を説明して原稿をお願い」する。それを受けた住谷は、近くに住む同志社大学の同僚で、『世界文化』の同人であった能勢克男を紹介する。この人脈はさらに同じく『世界文化』同人の中井正一にも拡がり、ついには『世界文化』同人の多くが執筆し、かつより多くの人々に読まれる新聞、『土曜日』が誕生することになる[34]。住谷自身は『土曜日』の同人とはならず、創刊号(1936.7.4、号数は『京都スタヂオ通信』から通算されているため12号となる、以下同様)、38号(1937.8.5)、39号(1937.8.20)、41号(1937.9.20)、に記事を投稿したに過ぎないが、『土曜日』の創刊はまさに住谷が斎藤と『世界文化』の同人との結節点の役割を果たしたことによってなされたものであると言えるだろう。この『土曜日』創刊を通してなされた住谷と『世界文化』同人とのネットワーク形成は、のちの京都人文学園創立にとって大きな意味を持つことになる。

こうして『土曜日』の発刊に携わった住谷は翌年松山高商に職を得て愛媛に移り住み、関西を離れることになる。そして先述の通り1942(昭和17)年には松山高商の職も失い、そのあとは京都に戻って「沈黙」を保ちながら終戦を迎える。

住谷が『土曜日』の創刊に携わった1936(昭和11)年、大原社研は東京への移転を決定した[35]。これに伴って高野や森戸ら大労校の中核を担った大原社研所員たちが大阪を離れたことにより、大労校は翌年、実質上の閉校を迎えることになる。住谷が失職を繰り返した1930年代半ばは、大原社研所員と新人会会員が労働者に向けた教育事業から離脱していく時期でもあった。

3　住谷悦治の戦後と京都人文学園

住谷は終戦を京都で迎えた。敗戦後、住谷はすぐにいくつもの知識人集団に関わっている。例えば、京都自由人協会(1945年10月17日結成)、近代日本書会（1945年秋結成）、民主主義科学者協会京都支部（1946年1月12日結成）などにおいて中心人物として活動していた[36]。

このような諸活動の一環として、住谷は上で述べた京都人文学園の創立にも携わった。同学園は1946年の創立、1950年の夜間制移行、1957年の合併と京都労働学校への組織変更という三つの画期を経て今日に至るまで運営を続けている。この中で住谷が果たした役割は、大きく三つ挙げられる。一つ目は京都人文学園の創立に当たって、母体となった二つの知識人団体を結び付けたこと、二つ目は京都労働学校での講義、三つ目は京都勤労者学園の初代学園長に就任したことである。住谷は京都人文学園と合併した勤労協の教育活動においても講師を務めており、京都勤労者学園となった二つの団体を架橋する役割を果していたと言うことができるだろう。

ここまで住谷の戦前・戦後の活動を概観してきてわかることは、関西地域の「労働学校」の担い手となった知識人集団が、1938年以前と1946年以降で質的に変容しているということである。先述の通り、戦前期の関西地域において最も活発な活動を展開した大労校は、大原社研所員と東大新人会OBという二つの（重なり合う）知識人集団によって主に担われていた。住谷自身も東大新人会出身者であると同時に、大原社研の所員たちとも親密な関係を持っており、大労校でも10年間にわたって断続的に講義を行っていた。そして戦後の関西地域における「労働学校」の中心となる京都労働学校ならびにその前身である京都人文学園を運営したのは、住谷が大労校で講義をしていたのとほぼ同時期に交流を持っていた、『世界文化』『土曜日』の同人たちであった。住谷はそれらの知識人集団を結び付け、「労働学校」運営の基盤を形成するという役割を果たしていた。

注目しておきたいのは、上に挙げた大原社研の所員たちが、戦後ただちに「労働者」に向けた継続的な教育活動を展開することはなかったという点である。それはもちろん、研究所が東京に移ったということや、研究所の主要人物の個人的な状況の変化と関連付けて説明することもできるが、東京という地域はむしろ戦前期に「労働学校」が多数設立された場所であったことや、戦前期には正規の職を持ちながら出講した講師も存在していたことに鑑みると、大原社研や東大新人会の構成員たちが「労働学校」で講義を行うことは決して不可能ではない。ここで確認しておきたいのは、労働者大衆に向けた継続的な教育空間、すなわち労働学校を創ろうとする意思を持つ知識人団体が、大きく言うと、「経済運動」・「政治運動」を志向するものから、「文化運動」を志向するものへと変容した、ということである。その一方で、経済・政治運動を志向する教育／学習活動は、継続的な空間を形成するものよりも短期間の講座が主流となっていく。

上のような変容を経ながらも、関西地域において「労働学校」は戦後にも存続し、さらなる変容を重ねて現在に至っている。このように「労働学校」が連続性を保つことにおいて、住谷が果たした役割とはどのようなものだったと言えるのだろうか。住谷は大労校や京都人文学園において断続的に講義を行った稀有な人物であった。それに加えて住谷が果たした重要な役割は、知識人のネットワークの結節点としてのものだったのではないだろうか。

戦前期に関西地域（大阪・京都・神戸・尼崎）において「労働学校」の運営を担ったのは、先述の大原社研や東大新人会の人々であった。関西地域において知識人と都市労働者が交わる場所が保たれたのは、彼らの「犠牲的な応援」[37]の結果であった。しかし大原社研の東京転出などによってその人々の多くは関西地域を去ることとなり、そのような場所が存続する基盤は、1930年代後半から敗戦にかけて一度は脆弱になっていたはずである。そのような状況において、戦前期における「労働学校」の経験を持って、戦後には『世界文化』『土曜日』といった「文化運動」を展開していた人々との人脈を用いることで、知識人と都市労働者の交流の場所をもう一度作り出す基盤を作ったのが住谷だったと言える。

この役割に関しては、住谷自身の思想の変容や大労校での経験が大きな意味を持っていたと考えられる。1926（大正14）年にはじめて大労校で講義を行った住谷は、結局10年間にわたって講義を続け、そこで「楽しさ」、「生き甲斐」という経験を得る。住谷は、戦前期に若き学究として大労校で講義を行った経験について、以下のように述べている。

わたしは初めて労働者に講ずるということは大学の教室よりも楽しかったように思われ、帰りの京都までの夜の電車で何かしら生き甲斐のようなものを感じた。[38]

また大労校で講義を行っていた時期の直後には、『土曜日』の創刊に携わることで『世界文化』の同人たちとのネットワークを構築していた。戦後、『世界文化』同人が行っていたような「文化運動」を肯定的に評価するようになった住谷は[39]、義弟・堀江の資金と『世界文化』同人を結び付けることで、関西の地に「労働学校」を再興することになる。『土曜日』の創刊を経て構築された知識人間の人脈、「文化運動」への肯定的な評価、義弟・堀江の資金、そして大労校での「楽しさ」「生き甲斐」という経験の合流のうえに、京都人文学園は誕生した。住谷は「労働学校」での経験を背景として、知識人や資金提供者をつなぐ結節点であった。

『世界文化』同人へは経済・政治運動家による罵声にも似た発言がなされており、このことからは、知識人間の「党派性」とでも言い得るものを見て取ることができる[40]。このことからは、同様に国家権力への対抗を構想しつつも、同時代の知識人は決して一枚岩ではなく、「運動」や「主義」ごとの排他性を有していたことが窺える。少なくとも大労校の経験を京都人文学園へと継続させたという文脈においては、住谷が果たした知識人ネットワークの結節点という役割はこのような「党派性」を乗り越える可能性を示すものであり、労働者に向けた教育空間の創造において欠かせないものであったと言えるだろう。

住谷は労働学校に対して、「生き甲斐」と表現される極めて肯定的な体験を持って、逮捕、拷問、失職という不遇のなかに敗戦を迎え、戦後すぐに戦前来の知己であった『世界文化』同人と資金提供者である義弟を結び付けて京都人文学園創立の基盤を構築した。そして、京都勤労者学園への改組に当たっては初代学園長を務めることになった。住谷は、中井正一の回顧に見られるような政治運動と「文化運動」の壁を時には越境する、知識人間の「結節点」としての役割を果たしながら、関西地域において労働者と知識人が集う場所を存続せしめた。こうして関西地域では、政治運動・労働運動との強い連関（〈運動の文脈〉）と、人文科学や芸術をその内容とする「教養」の伝播、あるいは既存の学校教育批判の上にたつ「学校」の創立（〈教育の文脈〉）との間を、双方を常にはらみながらも、主たる目的は揺れ動きながら、労働学校は百年以上にわたって現在に至るまで活動を続けている。

注

1 梅田俊英・高橋彦博・横関至『協調会の研究』柏書房、2004年、29頁。

2 協調会『本邦労働学校概況』（協調会、1929年）、東京市社会課『我が国に於ける労働学校』（東京市社会局、1925年）、大原社会問題研究所『日本労働年鑑』（1922-1940年版）、大原社会問題研究所雑誌編纂室編「本邦主要労働学校現況一覧」（1934年）をもとに筆者作成。

表 3-4　戦前期労働学校一覧（筆者作成）

所在地	学校名	設置主体・関連団体	設立
北海道	北海労働学校	全国労働北海道連合会	1930.6
秋田	秋田労働学校	総同盟秋田連合会	1928
岩手	盛岡労働学校	不詳	1926.5
埼玉	埼玉労働公民学校	日本労働総同盟所属東京職工組合	1928.4
東京	日本労働学校	労働者教育協会	1921.9
	日本労働学校本所分校	労働者教育協会	1924.9
	日本労働学校城北分校 →日暮里日本労働学校	労働者教育協会	1924.3
	帝大セツルメント労働学校	帝大セツルメント	1924.9
	日本労働学院	日本宗教会館	1924.4
	S・P・S労働学校	東京商科大学内S・P・S	1924.5
	東京労働学校	東京労働教育会	1925.1
	中央労働学院	協調会	1920.6
	信愛学院	有馬頼寧	1919.9
	東京市労働講習会	東京市社会局社会教育課	1924.9
	市民労働学院 →東京市労務者補導学校	東京市社会局社会教育課	1924.9
	柳島労働学校	東京帝国大学セツルメント	1924.9
	日本労働学院	日本宗教会館、代表者小松雄道	1924.4
	労学院夜間中等部	貧乏学生同盟（労学院）	1923

	基督教産業青年会夜学校	不詳	1923.1
	王子学院	東京府社会事業協会	1924.1
	月島労働講習会	月島労働相談会	1922.12
	東京プロレタリア政治学校	社会大衆党	不詳
	三田政治学校	総連合教育部経営	不詳
	労働社会大学	大和民労会	1921.11
	請地工手学校	不詳	不詳
千葉	野田労働学校	労働総同盟所属関東醸造労働組合	1925.8
神奈川	神奈川労働学校	日本労働総同盟神奈川連合会	1927.1
	神奈川県労働講座	神奈川県及び神奈川県匡濟会	1926.3
	横須賀労働学院	横厰工友会	1927.5
	横浜労働学校	横浜文化協会	1925.11
	横浜労働学校	社会大衆党	1928
	横浜労働学校	日本労働組合総連合	1929.7
京都	京都労働学校	京都無産者教育協会	不詳
大阪	大阪労働学校	大阪労働学校経営委員会	1922.6
	大阪市民労働学院	財団法人大阪基督教青年会産業部	1922.9
	堺労働学校	日本労働総同盟泉州連合会	1924.4
	労働学院	協調会大阪支所	不詳
	関西社会学院	平賀周	不詳
	九條労働学校	大阪市労働共済会	1926.5
兵庫	神戸労働学校	労働文化協会	不詳
	神戸労働学校	日本労働総同盟神戸連合会	1923.4
	尼ヶ崎労働学校	日本労働総同盟	1924.4
	淡路労働学校	日労党支部	1928.4
	明石文化公民学院	日本大衆党明石支部	1928.3
岡山	岡山労働学校	日本労働組合中国評議会	1924.1
広島	広島労働問題講習所	広島社会教会	1924.9
	呉市公民講座	呉市役所	1924.6
	廣成人講座	広工厰工僚会	1925.8
高知	南海義塾	日本大衆党高知支部	1928.9
不明	愛隣公民講座	ピ・ジプラクス	1926.4
	三輪学院	矢吹慶輝	1922.5
	民衆弁論学院	社会民衆党支部	1928.1
	関西軍官学校	日労党関西事務局	1928.9
	民衆政治学校	社民党	1928

	岡崎労働学校	不詳	1928
	川崎政治学校	大衆党	1928
	日本協同組合学校	不詳	不詳
	純眞学園	不詳	不詳

3　花香実は、賀川がいわゆる川崎・三菱造船所争議の後、関西地域の労働運動における影響力を失っており、大労校は総同盟と「微妙な距離」を持って設立されたものと推察している（花香実「大阪労働学校の歴史的意義と性格」法政大学大原社会問題研究所編『大阪労働学校史』法政大学出版局、1982年、334-373頁）。花香論文においてその「微妙な距離」の内実は明らかではないが、賀川が大労校について、「私は労働学校を、たゞ戦争の為めの士官学校だけだと考へたくはない」というメタファーを用いて、労働学校が労働運動家養成機関に止まることを批判していることに鑑みると、大労校は労働組合によって直接創立されたと言うよりは、賀川という人物とその周辺に集った知識人たちによって設立されたものと位置づけることが可能だろう。

4　大河内一男『暗い谷間の労働運動：大正・昭和（戦前）』岩波書店、1970年。

5　以上、総同盟の歴史的展開については、総同盟五十年史刊行委員会編『総同盟五十年史』（総同盟五十年史刊行委員会、1964-1968年）を参照した。

6　これらの労働運動、政治運動には、東大新人会（帝大新人会）の会員が大きく関わっている。同会は、吉野作造の影響を受けた東京帝国大学の学生、赤松克麿や宮崎竜介を中心として1918（大正7）年に結成された団体である。創設者の一つ下の世代には三輪寿壮（日本労農党）や林要、二つ下には新明正道や松沢兼人、三つ下には住谷悦治、河野密、小岩井浄、阪本勝など、関西地域で社会運動に関わりつつ、労働学校で講師を務める人物が多く含まれていた（中村勝範編『帝大新人会研究』慶應義塾大学法学研究会、1997年）。

7　これらの労働学校については残された資料が少なく、本書で詳しく論じることはできないが、以下で見るように、帝大新人会に参加した知識人たちが労働者教育の中核を担っていたことに鑑みると、1930年代に例えば笠信太郎など昭和研究会に参画した人々や赤松克麿などの国家社会主義者らが、労働者に向けていかなる教育活動を展開していたのかということは、極めて興味深い論点である（国家社会主義運動を含めた戦間期の社会運動については、福家崇洋『戦間期日本の社会思想：「超国家」へのフロンティア』人文書院、2010年、及び同『日本ファシズム論争：大戦前夜の思想家たち』河出書房新社、2012年）。

8　大阪労働学校十年史編纂委員会編『大阪労働学校十年史』大阪労働学校出版部、1931年、30頁。

9 前掲大原社研編『大阪労働学校史』をもとに筆者作成。大は大原社会問題研究所員であることを、新は東大新人会の出身者であることを、大かつ新は大原社会問題研究所員であり、かつ東大新人会の出身者であることを、「どちらでもない」は、大原社会問題研究所にも東大新人会にも所属したことがないことを意味している。

10 「創立宣言」の執筆者については、花香実による研究がある(花香実「大阪労働学校の創設にかんする一考察」『法政大学文学部紀要』(31)、1985年、143-170頁)。花香は執筆者の特定を避けつつも、賀川豊彦による執筆であるとする「通念」に疑問を呈し、山名義鶴が賀川ら創立に携わった知識人たちの意向を受けつつ執筆したものではないかという仮説を提示している。

11 前掲大原社研編『大阪労働学校史』、18頁。

12 賀川豊彦「労働組合と教育の改造」『労働者新聞』第六一号、1922年。

13 森戸の行動については、森戸辰男『クロポトキン事件前後』(春秋社、1972年)及び森戸辰男『社会科学者の使命と運命』(春秋社、1975年)に依っている。

14 中央労働学園編『労働年鑑 昭和22-26年版』(中央労働学園、1947-1951年)、桂労働関係研究所・社會文化研究所編『勞働年鑑 昭和27-31年版』(社会文化研究所、1952-1956年)、及び労働省・中央労働学園編『労働教育展覧会関係資料』(中央労働学園、1948年)をもとに筆者作成。

表3-5 戦後期労働学校一覧(筆者作成)

所在地	学校名	設立	備考
北海道	輪西製鉄労働組合労働学校	—	—
	北海道労働学校	—	—
	日鉄輪西労働組合労働学校	1946.12	労組
	上砂川労働学校	1947.4	使
秋田	横手労働学校	1950.6	地方庁
	秋田労働学校	1951.6	地方庁
青森	青森県中央労働学園	1951.7	地方庁
	八戸労働大学校	1948.7	その他
岩手	岩手勤労学園	1951.5	地方庁
宮城	短期労働学校	1948.4	地方庁
	延岡地方労働学校	1948.8	地方庁
	宮城労働学園	1949.6	地方庁
埼玉	日本産業労働学校	1946.4	労組
	埼玉労働学校	—	—
	秩父セメント工場勤労学園	1948.7	労使

東京	全商工専門学校	1947.4	労組
	横河電機労働組合労働学校	1947.4	労組
	日本針布労働組合労働学校	1946.7	労組
	北部労働学校	1949.3	労組
	城南地区労働学校	—	—
	東京商科大学夏季・秋期労働大学	1947	—
	共産党中央学校	—	—
	全商工専門学校	1947.4	労組
	横河電機労働組合労働学校	1947.4	労組
	日本針布労働組合労働学校	1946.7	労組
	北部労働学校	1949.3	労組
	城南地区労働学校	—	—
	共産党中央学校	—	—
	専修大学附属労働学院	1948.5	その他
	中央労働学園	1946.8	—
	印刷局教習所専科	1947.9	その他
	中央労働学園大学	1947.4	その他
千葉	千葉中央労働学校 (千葉県労働学校)	1948.7	地方庁
	銚子労働学校	1948.7	地方庁
	館山労働学校	1949.11	地方庁
神奈川	神奈川労働学校	—	—
	日本労働組合総同盟神奈川労働学校	1946.6	労組
	川崎労働学校	—	—
	神奈川県労働学校	1950.6	地方庁
	日本鋼管川崎製鉄所 文化講座・労働科学講座	—	—
愛知	政治経済学校	1948.10	労組
	愛知牟田青年大学	—	—
福井	福井労働学校	—	—
	三園労働学校	—	—
	小浜労働学校	—	—
石川	石川県労働学校	1949.2	地方庁
長野	私立鐘紡○○○○学院	—	—
	松本労働学園大学	1950.1	地方庁
	上田労働大学講座	1950.9	地方庁

滋賀	滋賀県労働学校	—	—
	大原労働塾	—	—
	滋賀県製薬従業員組合家政学院	—	—
京都	京都労働学校	1947.7	その他
大阪	中央労働学園大阪労働学校	1947.9	—
	大阪労働大学	—	—
	総同盟大阪労働学校	1948.2	労組
	総同盟布施地協労働学校	1949.8	労組
	関西労働学園大阪労働学校	1947.8	その他
	大阪労働学校	1951.6	地方庁
	総評大阪労働学校	1951.9	労組
	労働大学	1947.8	—
兵庫	海員労働学校	1948.9	労組
	尼ヶ崎労働学校	1947.7	労組
	西宮労働学校	1949.3	その他
	敷島紡績労働学校	1949.2	使
	神戸労働学校	1949.10	その他
	兵庫県労働学校	1952.4	地方庁
	兵庫県加古川労働学校	—	—
	兵庫県洲本労働学校	—	—
	兵庫県姫路労働学校	—	—
	兵庫県尼崎労働学校	—	—
	兵庫県伊丹労働学校	—	—
	労働民衆学校	1948.10	地方庁
	神戸労働大学	—	—
和歌山	和歌山県労働学校	1951.10	地方庁
岡山	岡山中央労働学校	—	—
	岡山県中央労働学校	1948.3	地方庁
広島	県立中央労働学校	1948.8	地方庁
	県立広島地方労働学校	1948.10	地方庁
	県立呉地方労働学校	—	地方庁
	県立三原地方労働学校	1948.10	地方庁
	県立尾道地方労働学校	—	地方庁
	県立福山地方労働学校	1948.10	地方庁
山口	山口県労働学校	1948.4	地方庁
島根	島根（県）労働学校	1947.11	地方庁

愛媛	松山労働学校	1950.11	地方庁
	新居浜労働学校	1951.1	地方庁
	今治労働学校	1951.4	地方庁
	八幡浜労働学校	1951.5	地方庁
	宇和島労働学校	1951.6	地方庁
福岡	日本炭鉱労働組合総連合福岡労働学校	1947.10	労組
	財団法人九州労働学園	1946.5	その他
	福岡地区労働学校	1949.6	地方庁
	小倉地区労働学校	1949.10	地方庁
	八幡地区労働学校	1949.9	地方庁
	若松地区労働学校	1949.10	地方庁
	直方地区労働学校	1949.10	地方庁
	田川地区労働学校	1949.9	地方庁
	飯塚地区労働学校	1949.9	地方庁
	大牟田地区労働学校	1949.5	地方庁
	久留米地区労働学校	1949.10	地方庁
	九州労働学校	—	—
宮崎	短期労働学校	1948.4	地方庁
	宮崎地区労働学校	1949.8	地方庁
	延岡地区労働学校	1949.8	地方庁
	日南地区労働学校	1949.8	地方庁
	都築地区労働学校	1949.8	地方庁
大分	大分県労働学校	1948.6	地方庁
	大分県佐伯労働学校	1948.10	地方庁
	大分県中津労働学校	1949.3	労使
	日田地区労働学校	1949.3	労使
	臼杵地区労働学校	1949.4	労使
	大分県佐伯労働学校	1948.10	労使
	別府地区労働学校	1949.6	労使
長崎	長崎地区労働学校	1948.5	労組
	佐世保地区労働学校	1948.12	その他
熊本	熊本地区労働学校	1950.4	地方庁
	八代地区労働学校	1949.9	地方庁
不明	石井鉄工所労働学校	—	不
	労働省労働大学	—	不

15 注に戦後創立された労働学校の一覧を載せているが、参照した調査資料等における「労働学校」の定義が必ずしも明確ではないため、本書における労働学校の定義に合致しないものが含まれている可能性がある。
16 京都人文学園と労働学校との関係については、『人文學報』(京都大学人文科学研究所紀要) 第122号掲載の小特集「戦後京都と教育・文化運動：京都人文学園を中心に」を参照のこと。
17 山本昭宏『戦後民主主義:現代日本を創った思想と文化』中央公論新社、2021年、44頁。
18 大河内一男『戦後日本の労働運動』岩波書店、1955年。日本労働組合総連合会「連合について」https://www.jtuc-rengo.or.jp/about_rengo/ (最終閲覧：2022/10/25)。
19 石田良三郎『京都地方労働者教育史』京都勤労者学園、1979年、245頁。
20 詳しくは、前掲小特集「戦後京都と教育・文化運動：京都人文学園を中心に」所収の拙稿「京都人文学園の形成と変容：知識人・労働者による教育空間と社会運動の関係史」末尾の「別表2」及び「別表3」を参照のこと。
21 山嵜雅子『京都人文学園成立をめぐる戦中・戦後の文化運動』風間書房、2002年、103頁。以下、京都人文学園の設立過程や教育課程については同書に依る。
22 前掲石田『京都地方労働者教育史』、356-362頁。
23 同上、360-361頁。
24 同上、361頁。
25 「京都人文学園規約」(前掲京都人文学園創立30周年記念世話人会編『わが青春:京都人文学園の記録』、37-39頁所収)。
26 「京都勤労者学園設立趣意書」(杉本喜代巳編『京都勤労者学園小史：1957年～1987年』社団法人京都勤労者学園、1987年、23-24頁所収)。
27 中村勝範編『帝大新人会研究』慶応義塾大学法学研究会、1997年、4頁。
28 住谷悦治「科学者の歩んだ道」住谷一彦・住谷磬編『回想の住谷悦治』住谷一彦・住谷磬、1993年、434頁。
29 田中秀臣『沈黙と抵抗:ある知識人の生涯、評伝・住谷悦治』藤原書店、2001年、35頁。
30 以上の住谷の経歴については、前掲田中『沈黙と抵抗』に依っている。
31 住谷悦治『住谷悦治日記:一九三三(昭和八)年』(田中智子翻刻、以下、『日記』) 同志社大学人文科学研究所、2020年、1933・7・10(1933年7月10日の日記であることを示している、以下同様)。
32 『土曜日』の概要については、『復刻版　土曜日』(三一書房、1974年) に依っている。
33 『土曜日』創刊以前に住谷が『文藝春秋』に投稿した記事は以下のものである。

住谷悦治「學界メリー・ゴー・ラウンド」『文藝春秋』第十一年第一号、1933年1月、126-132頁、住谷悦治「登張竹風と土井晩翠」『文藝春秋』第十二年第三号、1934年3月、82-92頁、住谷悦治「上海夜話―本社海外特派員第一信」『文藝春秋』第十二年第七号、1934年7月、200-208頁、住谷悦治「ヒツトラアの閃光的行動―その劇的な逮捕光景と陰謀の真相―」『文藝春秋』第十二年第九号、1934年9月、158-169頁、住谷悦治「ロンドンの街頭藝術家」『文藝春秋』第十二年第十二号、1934年12月、114-120頁。

他に、国府亮一のペンネームで「ナチスの秘密警察」(『文藝春秋』第十二年第十一号、1934年11月)という記事も投稿している。いずれの号にも執筆者の住所を掲載した「寄稿家紹介」の欄があるため、斎藤がどの記事を読んで住谷のもとを訪れたのかは現状では定かではない。

34　斎藤雷太郎「『土曜日』について」『復刻版　土曜日』三一書房、1974年、8頁。

35　法政大学大原社会問題研究所編『大原社会問題研究所100年史』法政大学出版局、2020年、107-110頁。

36　松尾尊兊「敗戦直後の京都民主戦線」『京都大學文學部研究紀要』(18)、1978年、183-193頁。

37　森戸辰男「十周年史の発刊に方って」大阪労働学校十周年史編纂委員会編『大阪労働學校十年史』私製、1931年、2頁。

38　住谷悦治「大切な一枚の写真：労働学校設立の前後」前掲大原社研編『大阪労働学校史』、257-259頁。

39　西田勲の回想によれば、1936年の座談会(梯明秀、草野昌彦、田中直吉、中井正一、冨岡益五郎、蜷川虎三、能勢克男らが出席した)において戦前期の住谷は、文化運動に対して次のような評価を与えている。

> 住谷さんは、また、この年、文化運動が盛んになったことをあげ、これは政治批判をやれなくなった進歩派の人々が文化運動に逃げ込んだためだろう、と分析しました。(西田勲「滝川事件とそれ以後の京都学生運動のあらまし」二六会『ファシズムと人民戦線の時代の記録』西田書店、1988年、41-42頁。)

住谷は「文化運動」よりも政治批判を重視する態度を見せ、「文化運動」を「逃げ込」む先として若干否定的な見解を提示している。住谷のこの発言は『土曜日』が創刊されたその年になされたものである。住谷は『土曜日』の創刊者の1人として「文化運動」に関わりながらも、その意義を全面的に評価しているわけではないことが確認できる。上に見た経済・政治運動家の「文化運動」観は、当然様相を異にしながらも、住谷にも一定程度共有されていたのかもしれない。

しかし戦後、1945 年から 1946 年にかけて友山荘の計画を具体化するときには、「文化運動」に与える意味づけが少し異なっているように思われる。

私の義弟の堀江友広君が、戦争中蓄えた金を何か有意義な仕事に使いたいと云って二三百万円を用意していることを知った。私はその使途について相談を受けたとき、敗戦前後に考えていた「新しい開拓村」のようなものか、または各方面の専門家の協力によって何か文化的な事業をはじめてはどうかという提言をした。（住谷悦治「一つの歴史：京都労働学校のこと」住谷悦治『研究室うちそと』大阪福祉事業財団京都補導所、1957 年、238 頁。）

ここで住谷は、堀江の資金の使い道として「文化的な事業」を提案している。住谷の志向にどのような変容があったのかつぶさに検討することは史資料上の制約もあり、ここではできないが、この時点では少なくとも「文化」に「進歩的な人が逃げ込」むもの以上の肯定的な評価がなされているように読み取ることができる。このような住谷の「文化運動」への意味づけの変化にも影響されながら、戦前・戦後の労働学校は多様な知識人によって担われることになる。

40 綿貫ゆり「反ファシズムの烽火：『世界文化』と『土曜日』」『千葉大学人文公共学研究論集』38、2019 年、203 頁。

第4章
京都労働学校の教育目的と教育内容
――「教員」の視点から見た京都労働学校――

第2章では【課題②】(労働者に向けて行われてきた教育活動の全容を概観し、その担い手の教育的意図はどのようなものかを検討すること)に関する検討を、第3章では【課題③】(労働学校が知識人と労働者によってどのように創られてきたのか、その史的展開を明らかにすること)に関する検討を行ってきた。ここまでの章で、労働者が体験する教育活動全体における労働学校の位置づけ、及び労働学校全体における京都労働学校の位置づけを明確にするよう努めてきたつもりである。以上の検討を前提として本章以降では、いよいよ京都労働学校に焦点を当てて、【課題①】(労働学校における労働者の教育/学習の体験を再構成し、労働者の主観においてその意味がいかに捉えられ、それによって彼らの生がどのように変容したと考えられているのかを検討すること)に関する考察を行う。

まず、京都労働学校に関する先行研究を概観しておきたい。京都勤労者学園ならびに京都労働学校を対象とした先行研究としては、創立以降10年おきに発刊される、学園の講義一覧などが載せられた通史[1]のほか、本章や次章のもとになった拙稿を除けば[2]、石田良三郎著・渡部徹監修の『京都地方労働者教育史』[3]が挙げられる。同書は、明治期から1950年代に至るまでの、京都での「労働者教育」の展開を網羅的に跡付けたものである。しかし同書では、京都勤労者学園については設立時の状況が触れられているのみでその後60年以上にわたる事業の展開は扱われておらず、また具体的に教育機関として果たそうとした目的が検討されたわけでもない。このような先行研究の状況と先述の問題意識を踏まえて、本章ではまず京都労働学校の「教育課程」に特に着目しながら、同校の65年を超える歴史を概観する。いわば、教育者側からの京都労働学校に対する意味付けを検討するのが本章の目的である。対して次章では、学習者側の視点から京都労働学校という教育の場所が帯びた意味を検討する。

第1節　京都勤労者学園・京都労働学校の沿革

まず、改めて京都勤労者学園及び京都労働学校の概要と沿革を述べておこう。京都勤労者学園は、京都市中京区にある「勤労者」を主な対象とした教育機関である。詳しくは後述するが、教養に関わる学問や、職業に関するもの、英会話やパソコン教室など、多様な講座を提供している。その教育機関としての特質として、自ら「労働組合、地方自治体、学識経験者の三者」が連携する「公的な教育機関」であることを挙げており[4]、労働組合と京都市・京都府がともに運営の基盤を担っている。

前章で述べた通り、京都勤労者学園は1957年に京都人文学園と京都勤労者教育協会という二つの機関・団体が統合する形で創立された。前章の記述とやや重なるが、創立の経緯を簡単に振り返っておこう。

京都人文学園は1930年代に反ファシズムを基調とした「文化運動」を展開した知識人たち、すなわち新村猛や久野収ら『世界文化』に集ったグループと、1920年代から労働学校に関わっていた知識人である住谷悦治を中心とした「友山荘」グループの合流の上に創られた各種学校である。1946年に創立された同校は当初昼間制の各種学校として、人文科学を中心とした教育活動を行うが、1949年から1950年にかけての新学制が整い始め、昼間にいわゆる一条校に通う人々や労働する人々が増加し始める時期になると、夜間制へと運営形態を変える。同時に教育科目にも「労働問題」や「社会思想」など社会運動との関わりを示唆するような科目が増加する。

こうした京都人文学園の変化と並行して、島恭彦、前川嘉一、細野武男といった京都の知識人たちが、労働組合・京都総評と協働して1953年に創ったのが、京都勤労者教育協会である。同協会は専ら組織労働者の教育を行う団体であった。

目的や活動内容の似た両者は1957年に合併し、京都勤労者学園が創立されることになる。初代学園長には住谷悦治が、専務理事には石田良三郎（京都市職員）が、理事には労働組合関係者を含む25人が選出された。

このようにして設立をみた京都勤労者学園（以下、学園）の主要事業が、各種学校「京都労働学校」の運営であった。京都労働学校は夜間の開講で、1日2科目、週6日、36週という形式で、1957年から現在に至るまで講義を提供し続けている。京都労働学校の講義は概して、学習者一般に向けて行われる「主要課程」と、特定の領域について学びを深めたい人々に提供される「専門課程」に分けられている。それに加えて、自然科学やパソコンを教える課程が存在したこともある。これらのいくつかの課程は、何度かの編成改革を経るなかで、頻繁に姿を変えている。以下では、その課程の変遷を整理しておこう。

上で「主要課程」と表現した課程は、大学で例えると学部の正規のカリキュラムのような位置づけにある。京都労働学校は、1962年（第1次再編）・1974年（第2次再編）・1977年（第3次再編）の三度、課程を再編しているが、その都度「主要課程」の名称も変更されており、創立から第1次再編までは「本科」、第2次再編までは「人文科学課程」、第3次再編までは「人文社会課程」、以降現在までは「教養課程」と呼ばれている。

この「主要課程」は主に人文・社会科学に関する講義を提供するものであったが、その射程を自然科学にまで拡げる動きも、上の再編に合わせて展開された。第1次再編に合わせて「科学技術コース」が、翌年に「電気技術コース」が創立され、第2次再編時にそれぞれ「自然科学課程」「工業技術課程」へと改組、のち第3次再編時に「技術課程」にまとめられ、「自然科学」の名前が課程から消滅する。その技術課程も、1984年をもって廃止された。

一方、先に「専門課程」と表現した課程は、大学で例えるところの大学院教育、あるいはゼミのような位置づけのものである。創立時に「専攻科」の名で設置され、1967年に一度廃止、第2次再編時に「総合問題教室」として再度設置され、第3次再編時には「専門課程」へと改組された。

この他、1982年には「パソコン教室」が他の課程に並んで設置される。詳しい経緯は不明だが、現在は「専門課程」の一部となっている。

ここまで述べてきたのは各種学校京都労働学校の内部に見られる変化であったが、その運営母体である学園の事業も創立時から変容している。とりわけ大きな変化を挙げておきたい。創立時の学園の事業は、京都労働学校の運営のほか「労働講座」と「調査事業」の実施であった。こうした事業に加え、1968年に「主婦のための生活教室」が設置される。設置当初は「本来の勤労者教育」の「付録」[5]という位置づけを与えられたこの「教室」は好評を呼び、1975年から「府市民教室」として継続的に展開されるようになる。以降、京都労働学校や他の事業に勝るとも劣らない、学園の主要事業となる。以上を踏まえて次項では、全課程の変遷を視野に入れつつ、「主要課程」と運営体制の変化を検討する。

第2節　「校舎」及び講義内容の変遷

1　校舎の変遷

まず、京都労働学校の校舎の変遷について述べておこう[6]。京都労働学校は2度校舎を移転している。1957年の創立から1963年の「七条新町校舎」、1964年から1973年の「猪熊九条校舎」、1974年から現在の「京都労働者総合会館」の三つの校舎が使われた。以下、それぞれを「七条新町校舎」「猪熊九条校舎」「四条校舎」と呼ぼう。

七条新町校舎の時期は、端的に言えば京都労働学校や京都市の公的施設の基盤が構築されていく時代であった。この校舎の建物は京都市が所有しており、土地は京都市が東本願寺から借用していた。移転の原因となったのは、同じ土地内に存在した職業安定所の改築であった。同所の改築・拡張に伴って土地を利用できなくなった京都労働学校は、九条にあった「授産所を改装した建物」に移転する。七条に比べて交通の便が悪いこの校舎は[7]、しかし七条新町校舎に比べて広かった。二階建ての木造校舎で各階に二教室ずつの四部屋、さらに図書室を備えたこの校舎で、次章で述べるような学習者たちの多様な組織活動が花開いていく。

だが基本的に夜間開講の京都労働学校にあって、やはり交通の不便さは学習者の学びを妨げるものと認識されていた。移転に先立って1970年には早くも「校舎対策委員会」が設置されており、1974年に完成する京都市労働者総合会館(現校舎、通称「ラボール京都」)への移転を当時の市長に働きかけている。その後、会館の完成を待って1974年5月に京都労働学校は新校舎に移転し、現在に至っている。

2　講義内容の変遷

京都労働学校創立時の「主要課程」の科目編成は、概して経済(経営)学系／哲学系／労働問題(社会保障・労働法)系／法学系(法律・政治)／歴史学系(日本史・世界史)／文学系(日本文学・世界文学)の六つの領域から構成されている。1973年にのみ「都市問題」が設置されたほかは、この編成は1982年まで大枠では変わらない。なお、本章末尾に前節で触れた「課程」と「科目」の変遷表を付しておくので、参照していただきたい。

はじめの大きな変化は、1983年の「外国語」の設置である。この科目は「英語会話」「英会話」と名称を変化させつつ、“六つの領域”の大半が現在ではなくなっているのとは対照的に、現在まで京都労働学校の主要科目として存在している。

次に大きな変化の予兆を見せるのは、1991年の「カウンセリング」の設置、それに続く1996年の「福祉ボランティア」の設置である。この二つの科目設置を皮切りに、1999年には「わかりやすい年金講座」が、2001年には「福祉住環境コーディネータ」が設置される。以降、科目数が激増するのと同時に、1990年代後半から2000年代初頭には創立時の主要領域が次々と姿を消す。京都労働学校の科目編成には、(1) 1983年の「英会話系」科目の設置、ならびに(2) 1990年代初頭からの「実務系」科目の設置という画期を見出すことができるだろう。

1983年の(1)「英会話系」科目の設置には、1968年以来の学園の事業展開が影響を及ぼしていると考えられる。先に触れた同年の「主婦のための生活教室」の設置は、当初「労働者」のみに対象を限定していた学園の教育事業を、「市民」と呼ばれる層に開こうとする試みであった。1975年の府市民教室の設置とそれ以降の事業展開は、その「市民」が、図らずも学園の主たる対象になっていく過程を示している。「英会話系」科目は、府市民教室に先に設置されたものが、京都労働学校にも持ち込まれるという形で設置されている。

(2)「実務系」科目の設置という変化については、「労働学校」という教育空間をほかの社会教育機関から特徴づけているとも言える、「労働問題系」科目の内容を追うことで如実に看取することができる。創立以来、「労働組合論」「社会運動史」「労働運動史」などをその具体的な内容としてきた「労働問題系」科目は、講師に税理士を迎えた1986年以降、例えば「経理情報による企業分析の実際」を講義内容とするようなものへと徐々にその様相を変えていく。1989年には社会保険労務士を講師に迎え、「労働・社会保険事務講座」をその内容としている。そして決定的な変化として、1996年に創立以来の主要科目であった「労働問題」は、その名を「労働・社会保険事務の実際」へと変えることになる。

こうして京都労働学校は、①学園の対象・方針の転換の影響による教育対象の拡大と、②「労働問題」科目に如実にみられる、「実務」への傾斜という変容を経て、現在に至っている。時系列的に示せば、【Ⅰ】創立以来「労働者」を対象とした教育を行った時期(1957-1968)、【Ⅱ】学園の対象を「市民」に開いた影響が京都労働学校にも及ぶと同時に(68年「生活教室」をきっかけに75年「府市民教室」が確立、さらに83年京都労働学校に「英会話」科目が設置)、「労働問題」が「実務」色を帯び始める(86-96年)時期(1968-1996)、【Ⅲ】主要科目であった「労働問題」が「実務」を冠するものへと名称を変え、かつ創立以来の“六つの領域”が姿を消すのと並行して、その他の実務や趣味に関する科目へと移行する時期(1996-)というように時期区分を設定できる。【Ⅰ】期から【Ⅱ】期への変容は一挙に生じたわけではなく、「生活教室」が設置され、さらに「府市民教室」が確立に向かうなかで、徐々にその主たる対象が「労働者」から「市民」に変容していったものと思われる。また、この時期は校舎の九条から四条への移転が検討され始め、実施された時期とも重なる。その意味で、本書が主たる対象とする1960年代後半から1975年頃は、京都労働学校の重要な変化の時期であると位置づけることが可能だろう。ではこうした変化を、実際に京都労働学校で教鞭をとった知識人たちはどう捉えていたのか。第1節で触れた「正史」には、歴代学園長が当時の京都労働学校の状況についてコメントを寄せている。次節ではその言説を参考にして、「カリキュラム」の変化の背景にある教育目的の変容について考察しよう。

第3節　知識人・行政職員による意味づけ

学園には、京都労働学校の校長を兼ねる学園長が1人、事務などを担当する専務理事が1人、大学教員（主に京都大学、同志社大学、立命館大学の教員）、労働組合、京都府、京都市の関係者からなる理事が20〜30人おり、学園運営に関する意思決定を行っている。学園長は大学教員が務めており、また大学教員からは、概して10名程度の理事が講師のなかから選出される。二度の例外はあるが、学園長と理事の任期は基本的に二年間である。

これまで26名の大学教員が学園長となったが、それぞれ学園との関わり方には濃淡があり、なかには学園長に加えて「理事」を10年以上務めた講師が13名いる。その知識人たちを、それぞれが中心的に活動した時期によって、前節で述べた時期区分に当てはめると以下のようになる（**表4-1**）。

表4-1　中心的知識人（筆者作成）

時期	知識人
【Ⅰ】期（1957-1968）	渡部徹・西村豁通（57-68）
【Ⅱ】期（1968-1996）	前川嘉一・綱島貞男（68-74） 望田幸男・二場邦彦・西村健一郎（74-83） 住谷磬・菊池光造（83-97）
【Ⅲ】期（1996-）	西井正弘・千田忠男・吉田美喜夫・斎藤真緒

ここでは、主に1987年以降、10年ごとに学園が発行している「正史」への寄稿文など知識人たちの京都労働学校に関する記述に依拠しつつ、【Ⅰ】から【Ⅱ】への変容がどう捉えられていたのかを検討したい。

まず、【Ⅰ】期の中心人物による言及を見てみたい。一つ目が渡部徹、二つ目が西村豁通の文章である[8]。

30年、困難をのりこえ、今日まで維持していただいた関係各位の御努力に厚くお礼を申し述べたい。しかし、本当の苦難は今後にこそあるのではないか、という思いを禁じ得ない。[…] 労働組合運動の長い冬の時代は、今後一層きびしさを増すものと覚悟しなければならない。[…] 後退にどこで歯止めをかけるのかが、差し迫った課題である。

創設当初の頃の、労働者の熱気に支えられていた共通の組合的価値観がうすれ、その多極分解化につれて、学園にかけられる期待が変質したとしても不思議ではない。それ故にこそ、近年、学園は広範な市民層に向けてその活動を押し広げつつある […] 今日の労働者と労働組合の抱える勤労者教育の共通項を探しあてることなしには、その (学園の独自性の——筆者) はてしない模索は続くであろう。

渡部において、京都労働学校の30年の歩みは、労働運動の「後退」と並行して語られている。渡部が予感している「苦難」は労働組合運動の「冬の時代」を指し示しており、それを食い止めることが京都労働学校の「課題」として認識されている。

西村も、京都労働学校の歴史を労働組合運動の経過と重ねて語っている。西村の労働運動認識も、渡部と同様にその衰退を看取するものであるが、西村が問題とするのは、それによって学園にかけられる「期待」の変容である。西村は学園が「広範な市民層」への教育活動を期待されつつあること、すなわち上で述べたような【Ⅰ】から【Ⅱ】への変容を自覚しつつ、それによっては学園が「独自の存在」を持てないことに危機感をのぞかせている。志向されているのは、やはり労働組合との共通項を探すことである。

では、【Ⅰ】期に京都労働学校にかかわった行政関係者は、いかなる目的を持っていたのか。初代専務理事で京都市職員の石田良三郎は以下のように述べる。

> 勤労者教育の目標は勤労者をして、勤労者の生活の向上の為には何が必要であるかを、また、何がその向上を妨げてきたかを究明せしめることにある。〔…〕その要因を見究めるためには勤労者は先ず自らの本質を自覚しなければならぬ。いい換えれば「勤労者」というものの歴史的性格を知り且つ、それが現におかれている社会的、経済的、諸条件を認識することが必要である。この自覚と認識を前提として「勤労者」は何を行ない足りないかを把握することができる。
> 〔…〕学園が労働学校の教科目の中に哲学や経済学や政治、法律、歴史、文学、労働問題等をとりあげてきたのは、この認識へのアプローチを期待したものだったと私は思う。
> 〔…〕目標の第2は、〔…〕勤労者の資質の向上である。〔…〕単に個人の生活向上を促すだけでなく、やがては勤労者全体の向上につながると言える。
> 〔…〕勤労者教育の目標は、階級闘争の思想や戦術を教えたり、或いは労働問題の研究だけに止まる狭い意味のそれではなく、〔…〕勤労者の視野を広げ、その判断力を高め、更にその資質を向上するための諸々の知識を授けることにあったと私は思う。[9]

石田の「目標」は、「勤労者全体」の向上に向けた個々の勤労者の資質の向上という形で説明されている。勤労者教育の目標を「階級闘争」に関連させて理解しつつ、それに止まらない「資質」の向上を目指しながら、その向上の目的を、「勤労者全体」の向上に回収させている。

それでは、【Ⅱ】期の講師はどうだろうか。まず、【Ⅰ】期から【Ⅱ】期へと移り変わっていく時期の学園長、前川嘉一の文章を引用しよう。

> 時代の移り行きとともに労働者教育の性格も変わってきた。経済成長によって生活に多少のゆとりが生まれ、人々の生活多様化につれてその教育内容も文学・芸術・趣味志向に対応していった。[…] 産業界の技術導入に応じて技術教育に傾斜していった。[…] このように変化してき

た労働者教育が今の勤労者の総体的・深刻な生活不安にどれ程有効に対応できるものであろうか。[10]

前川は、渡部や西村とは違い、教育内容の変化の原因を「経済成長」に見ている。そして、「文学・芸術・趣味志向」と「産業界」に合わせた「技術教育への傾斜」の二点の変化を見て取り、それが「生活不安」に対して「どれ程有効」かと疑問を投げかける。前川が「労働者教育」として指し示していることの内容は明らかではないが、変化前の教育内容からして、それが労働問題、労働組合論などといった労働運動の進展に資する「労働問題」科目等を指している可能性は否めない。前川は基本的に労働運動と京都労働学校との関わりを肯定的に捉え、その復興の必要性を暗示している点では、渡部や西村と軌を一にしているものの、一方では「生活多様化」によって生じた「文学・芸術・趣味」への傾倒という「労働者教育の性格」の変化に対する戸惑いのようなものを読み取ることもできる。

次に、「府市民教室」が定着した時期に学園長を務めた、二場邦彦と住谷磬（前章に登場した住谷悦治の次男）の文章を引用しよう[11]。

学園は労働組合への依存から市民層への依拠に存在の基盤を移してきている。それは、見方によっては、労働組合側の学習需要低下に対する学園の緊急避難であり、また積極的には、勤労者学園という名称にふさわしい広い存在の基盤を形成してきた過程だともいえる。

学歴社会となり、一般の若い男女の学問的水準は向上している。いまや、古き、よき時代の想いに耽っている時ではない。[…] 従来の学園カリキュラムは尊重するとして、今後は一般市民を対象とした魅力ある講座を設定することである。「カウンセリング講座」が充実しているように [...] 勤労者中心の学園ではなく、[...] 市民大学的学園に発展することを期待したい。

渡部・西村・前川と同じ役職にあった二者の語りであるが、先の3人とは趣が異なっている。1975年の府市民教室創設以降に教壇に立った二場は、「労働組合から市民へ」というこれまでの学園長によっても認識されている変化に対して、その両義性を問うている。二場は、その変化を「緊急避難」でもあり、「勤労者学園」の名にふさわしい「広い」基盤の獲得でもあると述べる。「名にふさわしい」というのは、「勤労者」が組織労働者のみならず、賃労働者全体を包括する概念であることを意識しての発言であろう。勤労者学園の名は創立時から変わっていないことに鑑みると、ここへ来て学園は、存在の基盤を「労働組合」(組織労働者≒狭義の「労働者」≠勤労者)に求めるか、勤労者(広義の労働者≒市民・大衆)に求めるかという岐路に立っており、学園長である二場はそれに自覚的であったと言うことができるだろう。そして二場が学園長であった【Ⅱ】期は、上に述べた科目の変化に暗示されているように、後者を存在の基盤として選び取っていく時期であった。

【Ⅱ】期から【Ⅲ】期になろうとする時期に学園長となった住谷磬の言葉は、そのことを宣言してもいる。住谷は、労働組合運動が活発だった時期への回顧を「古き、よき時代の想いに耽っている時ではない」と断じたうえで、「一般市民を対象とした魅力ある講座を設定すること」「市民大学的に発展すること」を期待するのである。

ここでは既に、京都労働学校の担い手であった知識人たちは労働運動と教育活動を結び付けることをやめ、「市民大学」——前川の言葉を使えば、文学・芸術・趣味志向・技術教育を市民に提供する教育空間——での教育活動を選択したことがわかる。それはまた、教育内容に「実務系」科目が増加し、教育対象が組織労働者から勤労者(労働組合に入っているかどうかにかかわらず、労働をしている人々)へと拡大する過程でもあった。

この後、【Ⅲ】期に入った京都労働学校は、「実務系」科目に加えて「菜園入門」などの「趣味系」科目を増加させていく。【Ⅲ】期の主要講師たちは、こうした変化に対してどのような見解を取っているのだろうか。まずは吉田美喜夫の文章を見てみよう[12]。

学園の名称にある「勤労者」という言葉は、今日、持ち入れられることが少ない。[…] 憲法がわざわざ「勤労者」という言葉を用いたのは、よく知られているように、当時、「労働者」と言えば、現場労働に従事するものと考えられたので、事務職員や公務員が労働基本権の享有主体ではないと解される恐れがあり、それを回避するためであった。[…] しかし、今日では、「労働者」という言葉は、国民の多くの社会的地位として理解できることは明らかである。[…] 確かに、労働を共通項にするといっても、労働組合といった団体の形で「労働する人」を把握することは困難になっている。[…] 学園が、できるだけ広く、およそ働いて生活している(た)人々を対象にすべきことを教えている点である。

吉田は、労働組合といった団体の形で「労働する人」を把握することの困難を述べたうえで、「できるだけ広」い教育対象を設定すべきことを主張している。そこには、「(た)」という表現に見られるように、退職後の人々も含まれている。ここへ来て、京都労働学校の対象は労働組合員のみではなく、広く全ての労働者、あるいは退職後の人々にまで、自覚的に拡大されている。

次は斎藤真緒の文章である。

これまでの50年という勤労者学園の歴史は、時代の変化の波への対応の歴史でもありました。しかし今こそ、労働者が学ぶことの本来的意義が問われています。[13]

時代の要請に合わせて、勤労者の多様な働き方や暮らし方を支えるために、講座の内容と情報提供の刷新を続けて来ました。[…] 個々人がそれぞれの能力と個性を発揮できる組織のあり方——ダイバーシティ・マネジメント——や、育児や介護といった家族責任を抱える勤労者の働き方を支えるワークライフバランス、[…] メンタルヘルスなど、講座のテーマはこれまで以上にバラエティに富んでいます。[14]

一つ目が『50年記念誌』、二つ目が『60年記念誌』に投稿された文章である。2007年に「本来的意義」を問うた斎藤は、2017年には、「個々人」に対する「バラエティ」に富んだ講座の提供という方向性を肯定的に評価している。強調されているのは「個々人」の「能力と個性」、「ワークライフバランス」「メンタルヘルス」といった、個人の職業能力や余暇、健康といった事柄である。【Ⅰ】期に見られた、労働組合運動や労働者階級といった集団・階級の発展という目的は影を潜め、代わりに「勤労者」個人の実務能力や余暇、健康の向上が目的として謳われている。

【Ⅲ】期の行政職員による教育目的も見ておこう。補論でも言及したが、行政関係者の教育目的に関しては、2019年2月20日、京都市の京都勤労者学園関連事務に携わる職員2名(A氏、B氏)に、半構造化面接によるインタビュー調査を行った[15]。

A氏：広くいったらあの、勤労者教育って、勤労者ってお金もらって働いてる人ってことやと思うんですけど、それ以外の社会に出たい人とかね、今特に働き方改革とかで、主婦で子どもがいるけど、子どもが小学生になったら、すごい限定的やけど仕事がしたいとかね。今言ったようなビジネスマンが夜にぱっとパソコン教室に来たりとか、勤労者教育っていう今働いてる人たちのスキルアップもそうですし、社会に出たい人が手に職付けるというか…広く社会に出る意欲がある人向けに、求めてはる技術とかを。個人的に思ってるのは、社会に出たいけど出れない人たち、テレワークとかに関する技術、イラストレーターとか学んで、ここでやるとか。今ニーズは逆に広くなっていると思う。誰にと言ったら、働いている人とか、働きたい人。

端的に言えば、京都労働学校に期待されているのは職業能力の向上である。その対象としては、近年の「ニーズ」を反映させ、現在働いている人たちすなわち「勤労者」のみならず、「働こうとしている人」をも含めようとしている。この点では、実務能力の向上を謳った上の教育者の言明と軌を一にしていると言えるだろう。以上から、【Ⅰ】期から【Ⅲ】期にかけた変化を三点にまとめておこう。

一つ目に、教育目的の変化として、運動や集団の発展から、個人の能力涵養、あるいは余暇・生活、健康の充実に焦点が移ってきたということである。【Ⅰ】期の教育目的は、第一義的に、労働運動や「勤労者教育運動」といった運動、集団の発展を目的にしていた。そのための教育内容として「労働問題」というカテゴリが設定され、そこで労働組合の意義や現代労働問題についての講義が行われていた。それが【Ⅱ】期になると「市民」に対する教育が意識されるようになり、【Ⅲ】期には、高度成長、バブル崩壊といった経済的な大変動を経るなかで、「個人」が労働市場を「生き抜く」必要が主張されるようになり、それに従って教育の目的は「個人」の能力の涵養へと変容してきたと言える。

二つ目に、教育の対象として、【Ⅰ】期には暗に労働組合関係者としての「勤労者」が想定されていたものが、「勤労者」一般に、さらには「働きたい市民」にまで拡がりを見せているということである。【Ⅰ】期の京都市担当者であった石田が「日本労働組合運動」の関係者を念頭に置いていたのに対し、現在の担当者、あるいは知識人は、労働組合員よりも対象を広くとっている。そのうえで、上にも述べたように、その対象を現在働いている人から「働きたい市民」にまで拡大すべきだ、という主張も見受けられる。京都労働学校が対象にしようとする層は、裾野を拡げてきており、また拡げつつあると言ってよいだろう。

三つ目に、教育内容として、人文科学や社会科学を中心とする「学問」や「労働問題」といった科目から、「実務系」「趣味系」と呼び得るような科目が中心になってきていると言える。【Ⅰ】期には、主な講義科目は「学問」や労働問題であり、職業実務的と言えるものはほとんどなかった。それが【Ⅲ】期になると、「労働保険の実務・社会保険の実務」や「簿記」など、職業に直結するもの、あるいは資格に直結するものが開設されている。さらには、京都市の担当者の発言には、現在働いている人のみならず、働こうとする人々（主婦、若者、高齢者などが想定されている）の「職業スキル」を向上させようとする方向性も見られる。総じて、「学問」的な内容から、個人の職業能力涵養に教育内容の重心が移っていると言えるだろう。第2章の枠組みを用いて表現すれば、《①労働教育》・《③教養・公民教育》から《②職業教育》(と「趣味」)に重点の移行が見られる。「有機的・総合的」な実施は見られないながらも三つの領域それぞれの教育機会が提供されていた状態から、ほとんど《②職業教育》にのみ焦点があてられるようになった国家行政と、概して同様の傾向が見られることは特記しておいてよいだろう。

第4節　知識人による意味づけにおける京都労働学校の空間像

前節では、教育者＝知識人たちの教育的意図の変容を、「カリキュラム」との関わりの中で検討してきた。教育的意図のように、知識人(や労働者)が労働学校という事象に与えた意味を、本書では労働学校の「抽象的な労働学校一般に関する意味」と呼んでおこう。本書の文脈において「抽象的な労働学校一般に関する意味」に対比されるのは、個々の労働学校という場所それ自体に与えた意味であろう。以降このような意味を「具体的な場所としての労働学校に関する意味」と呼んで区別しておく。

知識人たちは、京都労働学校の「具体的な場所としての労働学校に関する意味」に関してどのようなことを語っているのだろうか。結論から言うと、知識人たちは「具体的な場所としての労働学校」についてほとんど語ってはいない。知識人たちが京都労働学校について語るとき、その語りは京都労働学校における教育内容に終始している。つまり知識人において、京都労働学校という場所は、教育をするための空間＝教室であることが無意識に前提されている。教室という空間が抽象的に前提されるがために、そこでの教育内容のみが議論の俎上に乗ることになる。

京都労働学校の具体的なあり方に言及しているかどうかは別にすると、教室の外における教育活動への言及が全くないわけではない。例えば、学園長を務めた岡本清一は次のような文章を学園の機関紙に載せている。

> 今日の労働学校の構成上の欠陥は、教育上の常任の責任者が、少いということであります。もとより、事務局にある人々は、石田専務理事をはじめとして、熱心誠実に、教育に当つているのでありますが、学校教育の場合は、教室と教室外教育とが、同一人格により行われることが望ましいのであります。ところが、労働学校の場合は、教師と学生とのふれ合いの場は、ほとんど教室に限定されているばかりではなく、その教師は、大半外来の講師であつて、学生からみれば、「われわれの先生」という印象に乏しいのであります。[16]

だが、講師による講義以外の活動の意味に触れた発言は、ほとんどこれのみと言って良い。むしろ、講義の内容を検討することの重要性を説く言説が多くみられる。その典型として渡部徹のものを引用しておこう。

> 教育の本当の問題は授業の内容ですね。機構いじりみたいなものは学生もできるし我々もやるけれども、それは枠ぐみだけのことで、それが不必要ということではありませんが、授業の内容まで立ち入って検討する必要があるのではないか。[17]

「具体的な場所としての労働学校」に知識人がほとんど言及しておらず、労働学校が講義のための空間であると前提していることの意味は、学習者＝労働者の語りと比較するなかでより鮮明になるだろう。その作業は、次章を経て終章で行うこととする。

注

1　石田良三郎著・京都勤労者学園編『京都勤労者学園史（京都勤労者学園の回顧）』京都勤労者学園、1967年。京都勤労者学園『京都勤労者学園史Ⅱ（1967~76年）』京都勤労者学園、1977年。杉本喜代巳編・京都勤労者学園30周年記念事業企画委員会監修『京都勤労者学園小史　1957年〜1987年』社団法人京都勤労者学園、1987年。京都勤労者学園『40周年記念誌』社団法人京都勤労者学園、1997年。京都勤労者学園『50周年記念誌』社団法人京都勤労者学園、2007年。京都勤労者学園『60周年記念誌』社団法人京都勤労者学園、2017年。

2　拙稿「リカレント教育の『場』における教育目的の変遷：京都市『ラボール学園』を事例として」(『地域連携教育研究』4、2019年、40-52頁)、及び拙稿「働く青年の学びに果たす学習の『場』の役割：ラボール学園の学習者の体験を手がかりに」(『京都大学大学院教育学研究科紀要』66、2020年、289-302頁)。

3　石田良三郎『京都地方労働者教育史』京都勤労者学園、1979年。

4　ラボール学園(京都勤労者学園)「学園紹介」京都勤労者学園、2017年、http://www.labor.or.jp/gakuen/syoukai(最終閲覧：2019/2/22)。

5　前掲京都勤労者学園『40周年記念誌』、11頁。

6　以下本項の記述は、特に断らないかぎり前掲杉本編・京都勤労者学園30周年記念事業企画委員会監修『京都勤労者学園小史　1957年～1987年』に依っている。

7　「七条」や「九条」は京都市を東西に走る通りの名称であり、一条通から二条通、三条通と順に南へ下りていく。「交通の便」に関わって、「通り」と公共交通手段との関係に触れておこう。京都と大阪駅(≒(大阪)梅田駅)、三ノ宮駅(≒(神戸)三宮駅)を結ぶ鉄道は阪急電車と国鉄／JRの二種類である。このうち阪急電車は四条通と南北の大きな通りが重なる地点に駅を四つ設けており(西から順に西院駅、大宮駅、烏丸駅、(京都)河原町駅)、JR京都駅は北がほとんど七条通に、南が八条通に面している。そのためか、京都市営のバスも四条通と七条通の間が最も本数が多く、次いで四条通から北の今出川通・北大路通の間の本数が多い。七条の校舎が便利で、九条の校舎が不便と表現されているのはこうした事情による。なお現在の校舎は四条通りに面しており、この文脈では「便利」だと言える。

8　前掲杉本編『京都勤労者学園小史』のうち、渡部の文章は11頁、西村の文章は12頁。

9　前掲石田『京都勤労者学園史』、13-14頁。

10　前掲杉本編『京都勤労者学園小史』、13頁。

11　二場の文章は前掲京都勤労者学園『40周年記念誌』19頁、住谷の文章は同じく18頁。

12　前掲京都勤労者学園『50周年記念誌』、19頁。

13　前掲京都勤労者学園『50周年記念誌』、19頁。

14　前掲京都勤労者学園『60周年記念誌』、1頁。

15　以下、このインタビューからの引用については、煩雑さを避けるために引用部分のインタビュー全体の中での位置(初めから何分何秒目か)を示さない。

16　岡本清一「労働学校に専任教員を」『京都勤労者学園』第42号、1963年、1頁。

17　三島宗彦ほか「学園報一〇〇号記念座談会：学園の歩みと労働者教育の課題」『京都勤労者学園』第100号、1972年、5頁。引用部分は、座談会中の渡部の発言。

表 4-2 「課程」と「科目」の変遷

1957	1958	1959	1960	1961	1962	1963	1964	1965	1966
本科					人文科学課程				
経済	経済	経済	経済	経済	経済	経済	経済	経済	経済
経営	経営	経営	経営	*経済に統合か*					
哲学	哲学	哲学	哲学	哲学	哲学	哲学	哲学	哲学	哲学
労働問題	労働問題	労働問題	労働問題	労働問題	労働問題	労働問題	労働問題	労働問題	労働問題
社会保障	社会保障	社会保障	社会保障	*労働問題に統合か*					
法律	法律	法律	法律	法律	法律	法律	法律	法律	法律
政治	政治	政治	政治	政治	政治	政治	政治	政治	政治
日本史	日本史	日本史	日本史	日本史	日本史	日本史	日本史	日本史	日本史
世界史	世界史	世界史	世界史	世界史	世界史	世界史	世界史	世界史	世界史
文学	文学	文学	文学	文学	文学	文学	文学	文学	文学

1967	1968	1969	1970	1971	1972	1973	1974	1975	1976
							人文社会課程		
経済学	経済学	経済学	経済学	経済学	経済学	経済学	経済学	経済学	経済学
哲学	哲学	哲学	哲学	哲学	哲学	哲学	哲学	哲学	哲学
労働問題と労働法	労働問題と労働法	労働問題と労働法	労働問題と労働法	労働問題と労働法	労働問題と労働法	労働問題	労働問題	労働問題	労働問題
						労働法	労働法	労働法	労働法
政治に統合か									
政治と法律	政治と法律	政治と法律	政治と法律	政治と法律	政治と法律	政治	政治	政治と法律	政治と法律
歴史	歴史	歴史	歴史	歴史	歴史	歴史	歴史	歴史	歴史
文学	文学	文学	文学	文学	文学	文学	文学	文学	文学
						都市問題			

1977	1978	1979	1980	1981	1982	1983	1984	1985	1986
教養課程									
経済	経済	経済	経済	経済	経済	経済	経済	経済・経営	経済・経営
哲学	哲学	哲学	哲学	哲学	哲学	哲学	哲学	哲学	哲学
労働問題(春) 労働法(秋)	労働問題(春) 労働法(秋)	労働問題(春) 労働法(秋)	労働問題(春) 労働法(秋)	労働問題(春) 労働法(秋)	労働問題(春) 労働法(秋)	労働問題(春) 労働法(秋)	労働問題(春) 労働法(秋)	労働問題(春) 労働法(秋)	労働問題(春) 労働法(秋)
			法律	法律	法律	法律	法律	法律(春) 政治(秋)	法律(春) 政治(秋)
政治	政治	政治	政治	政治	政治	政治	政治		
歴史	歴史	歴史	日本史	日本史	日本史	日本史	日本史	日本史	日本史
			世界史	世界史	世界史	世界史	世界史	世界史	世界史
文学	文学	文学	文学	日本文学	日本文学	日本文学	日本文学	文学	文学
				外国文学	外国文学	外国文学	外国文学		
						外国語	外国語	英語会話	英語会話
								文化人類学・社会学	文化人類学・社会学

1987	1988	1989	1990	1991	1992	1993	1994	1995	1996
経済・経営	経済・経営	経済・経営	経済・経営	経済・経営	経済・経営	経済・経営	経済・経営	経済・経営	経済・経営
哲学	哲学	哲学	哲学	哲学	哲学	哲学	哲学	哲学	哲学
労働問題※	労働問題	労働問題	労働問題	労働問題	労働問題	労働問題	労働問題	労働問題	労働問題
労働法	労働法	労働法	労働法	労働法	労働法	労働法	労働法	労働法	労働法
法律	法律	法律	法律	法律	法律	法律	法律	法律	法律
政治	政治	政治	政治	政治	政治	政治	政治	政治	政治
日本史	日本史	日本史	日本史	日本史	日本史	日本史	日本史	日本史	日本史
世界史	世界史	欧米の歴史と文学	欧米の歴史と文学	外国の歴史と文学	外国の歴史と文学	世界の歴史と文学	世界の歴史と文学		
日本文学 外国文学	日本文学 外国文学	日本文学	日本文学	日本文学	日本文学	日本文学	日本文学	日本文学	日本文学
英会話 中国語	英会話 中国語	英会話	英会話	英会話	英会話	英会話	英会話	英会話	英会話
社会	社会	社会	社会	社会	社会	社会	社会	社会	社会
				カウンセリング	カウンセリング	カウンセリング	カウンセリング	カウンセリング	カウンセリング
						フェミニストカウンセリング	フェミニストカウンセリング	フェミニストカウンセリング	フェミニストカウンセリング
								カウンセリング専門	福祉ボランティア

※この年を境に労働組合関係の講義が無くなり、代わって「事務」が重視されるようになる。

1997	1998	1999	2000	2001	2002	2003	2004	2005	2006
経済	経済	経済	経済	経済					
経営入門	経営入門	経営入門	経営入門	経営入門	経営入門	経営入門	経営	経営	経営
哲学	哲学	哲学	哲学	哲学	哲学	哲学	哲学	哲学	哲学
労働社会保険事務の実際	労働社会保険実務	労働社会保険実務	労働社会保険実務	労働社会保険実務	労働社会保険実務	労働社会保険実務	労働社会保険実務	労働社会保険実務	労働社会保険実務
労働法	労働法	労働法	労働法	労働法	労働法	労働法	労働法	労働法	労働法
法律	法律	法律	法律						
		政治							
日本史	日本史	日本史	日本史	日本史	日本史	日本史	日本史	日本史	日本史
英会話	英会話	英会話	英会話	英会話	英会話	英会話	英会話	英会話	英会話
カウンセリング講座	カウンセリング講座	カウンセリング講座	カウンセリング講座	カウンセリング講座	カウンセリング講座	カウンセリング講座	カウンセリング講座	カウンセリング講座	
フェミニストカウンセリング①	フェミニストカウンセリング	フェミニストカウンセリング	セクシャルハラスメント研修講座	フェミニストカウンセリング					
福祉・介護・ボランティア講座	福祉・介護・ボランティア講座	福祉・介護・ボランティア講座	福祉・介護・ボランティア講座	福護・ボランティア講座					
		分かりやすい年金講座							
				福祉住環境コーディネータ	福祉住環境コーディネータ	福祉住環境コーディネータ	福祉住環境コーディネータ	福祉住環境コーディネータ	福祉住環境コーディネータ
				ビジネス実務法務	ビジネス実務法務	ビジネス実務法務	ビジネス実務法務		
								職場のメンタルヘルス	メンタルヘルス講座
								「京都検定」受験対策講座	「京都検定」受験対策講座
								読み聞かせ朗読	読み聞かせ朗読
								第一種衛生管理者合格指導講座	第一種衛生管理者合格指導講座
									京都の文化と習俗
									年金アドバイザー3級受験講座
									転職・退職・定年に向けた準備講座

2007	2008	2009	2010	2011	2012	2013	2014	2015	2016
	人間学	人間学	人間学	人間学	哲学	哲学の名著を読む	哲学の名著を読む	哲学の名著を読む	哲学の名著を読む
労働保険の実務 社会保険の実務	労働保険の実務 社会保険の実務	労働保険の実務 社会保険の実務	労働保険の実務 社会保険の実務	労働保険の実務 社会保険の実務	労働保険の実務 社会保険の実務	労働保険の実務 社会保険の実務	労働保険の実務 社会保険の実務	労働保険の実務 社会保険の実務	労働保険の実務 社会保険の実務
生きた労働基準法を学ぶ 役に立つ労働判例	労働契約法・労働基準法入門 役に立つ労働判例	労働契約法・労働基準法入門 実務に役立つ労働法	労働法入門 実務に役立つ労働法	労働法入門 実務に役立つ労働法	労働法入門 最新労働判例研究	労働法入門 最新労働判例研究	労働法入門 最高裁判例で学ぶ労働法	労働法入門 労働組合法入門	労働法入門 労働法判例
日本史	日本史	日本史	日本史	日本史	日本史	日本史	日本史	日本史	日本史
英会話	英会話	英会話	英会話	英会話	英会話	英会話	英会話	英会話	英会話
現代人のストレスと心の健康	現代人のストレスと心の健康	職場のメンタルヘルス対策			メンタルヘルス対策	メンタルヘルス対策	メンタルヘルス対策	メンタルヘルス対策	メンタルヘルス対策
「京都検定」受験対策講座									
読み語り・朗読	読み語り・朗読	読み語り・朗読	読み語り・朗読	読み語り・朗読	読み語り・朗読	読み語り・朗読	読み語り・朗読	心とからだの息抜き・朗読	心とからだの息抜き・朗読
京都の文化と習俗講座	京都通おもしろ雑学	京ことば・京文化	京ことば・京文化	京ことば・京文化	京ことば・京文化	京ことば・京文化			
年金の基礎徹底理解 年金の徹底理解	年金の基礎徹底理解 年金の徹底理解								
転職・退職・定年に向けた準備講座	退職・定年に向けた準備講座								
株式・証券・債券等の基礎知識									
	金融リテラシーの基礎知識と実践	市民のための金融知識入門							
	仕事探し・働くときの豆知識								
	日本語表現	日本語表現	日本語表現	日本語表現	日本語表現				
	経理・経営の実務	経理・経営の実務	経理・経営の実務	経理・経営の実務	経理・経営の実務	経理・経営の実務	経理・経営の実務	経理・経営の実務	経理・経営の実務

1997	1998	1999	2000	2001	2002	2003	2004	2005	2006

2007	2008	2009	2010	2011	2012	2013	2014	2015	2016
		シニアライフ・サポート							
			中国語入門 中国語初級	中国語初級	中国語入門・初級 中国語中級	中国のことばと文化を学ぼう	中国のことばと文化を学ぼう	中国のことばと文化を学ぼう	中国のことばと文化を学ぼう
				人事・労務管理の実務					
				社会人の基本 「ビジネスマナー」のすべて	社会人の基本 「ビジネスマナー」のすべて	職場できらり輝く 「ビジネスマナー」			
				実践コミュニケーション	実践コミュニケーション				
					仕事が楽しくなる 「マナコミ」	仕事が楽しくなる 「マナコミ」	仕事が楽しくなる 「マナコミ」		
					菜園入門	プランターでもできる菜園入門			
						エコラージュワークショップ体験		エコラージュワークショップ体験	エコラージュ
						心のセルフケア実践	心のストレスケア実践	実践で学ぶカウンセリング(傾聴)基礎 職場でHAPPYになる！ 心のストレスケア実践	実践で学ぶカウンセリング(傾聴)基礎 職場でHAPPYになる！ 心のストレスケア実践
						3級FP試験対策	サラリーマンの税金	3級FP試験対策 サラリーマンの税金	
						ビジネス能力検定2級			
							仕事の整理術	タイムマネジメント	タイムマネジメント
							仕事に活かせるデジカメ入門	仕事に活かせるデジカメ入門	仕事に活かせるデジカメ入門
								ラッピング入門	
									伝わるビジネス・WEBライティング入門
									心を開き・人を動かすリーダー力養成
									健康管理法とストレッチ

1957	1958	1959	1960	1961	1962	1963	1964	1965	1966
専攻科									
労働問題	労働問題	労働問題	労働問題	労働問題	労働問題	労働問題	労働問題	労働問題	労働問題
哲学	哲学	哲学	哲学	哲学	哲学	哲学	哲学		
文学	文学	文学	文学	文学	文学	文学	文学		
経済学	経済学	経済学							

1957	1958	1959	1960	1961	1962	1963	1964	1965	1966
					科学技術コース				
						電気技術コース			

1967	1968	1969	1970	1971	1972	1973	1974	1975	1976
							総合問題教室		
労働問題							都市と福祉	都市と福祉	都市と福祉
							労働安全衛生	労働安全衛生	労働安全衛生
							情報社会とコンピュータ	コンピュータ	コンピュータ
								人間と環境	
							詩の教室	詩の教室	詩の教室
									経理
								数学	数学
								物理	物理
								化学	化学
								製図	製図
							自然科学課程		
							工業技術過程		

1977	1978	1979	1980	1981	1982	1983	1984	1985	1986
専門課程									
都市と福祉	都市と福祉	都市と福祉	都市と福祉	都市と福祉	京のまち	京のまち			
					福祉	福祉			
労働安全衛生	労働安全衛生	労働安全衛生							
労働者福祉									
労働問題									
コンピュータ									
経済学	経済学	経済学		経済学	経済学	経済学			
労働法	労働法	労働法		労働法	労働法・社会保障	労働法	労働法		
	障害児保育	障害児保育	障害児保育	障害児保育	障害児保育	障害児保育	障害児保育	障害児保育	障害児保育
		文章・編集	文章・編集	文章・編集	文章・編集	文章・編集	文章・編集	文章・編集	文章・編集
				経営	経営	経営			
				情報講座	情報講座				
					障害者問題	障害者問題			
								教養・総合科目	

技術過程

1987	1988	1989	1990	1991	1992	1993	1994	1995	1996
コンピュータ	コンピュータ								
障害児保育									
文章編集	文章編集	文章	文章	文章	文章	文章	文章	文章	文章
電気技術	電気技術	電気技術Ⅰ	電気技術	電気技術					
		電気技術Ⅱ							
簿記	簿記	簿記	簿記	簿記	簿記	簿記	簿記	簿記	簿記
実用ペン字	実用ペン字	実用ペン字	実用ペン字	実用ペン字	実用ペン字	実用ペン字	実用ペン字	実用ペン字	実用ペン字
パソコン	パソコン	パソコン	パソコン	パソコン	パソコン	パソコン	パソコン	パソコン	パソコン
				パソコン技士					
			漢字書道	漢字書道	漢字書道	漢字書道	漢字書道	漢字書道	漢字書道
								社会保険労務士受験コース	社会保険労務士受験コース

1997	1998	1999	2000	2001	2002	2003	2004	2005	2006
	文章教室	文章教室	文章教室	文章教室	文章教室	文章教室	文章教室	文章教室	文章教室
	日商簿記検定	日商簿記検定	日商簿記検定	日商簿記検定	日商簿記検定	日商簿記検定	日商簿記検定	日商簿記検定	日商簿記検定
	実用ペン字	実用ペン字	実用ペン字	実用ペン字	実用ペン字	実用ペン字	実用ペン字	実用ペン字	実用ペン字
	パソコン	パソコン	パソコン	パソコン	パソコン	パソコン	パソコン	パソコン	パソコン
	書道	書道	書道	書道	書道	書道	書道	書道	書道
	社会保険労務士受験コース	社会保険労務士受験コース	社会保険労務士受験コース	社会保険労務士受験コース	社会保険労務士受験コース	社会保険労務士受験コース	社会保険労務士受験コース	社会保険労務士受験コース	

2007	2008	2009	2010	2011	2012	2013	2014	2015	2016
簿記	簿記	実践簿記	簿記	実践簿記					
実用ペン字	実用ペン字	実用ペン字	実用ペン字	実用ペン字	実用ペン字	実用ペン字	実用ペン字	実用ペン字	実用ペン字
パソコン	パソコン	パソコン	パソコン	パソコン	パソコン	パソコン	パソコン	パソコン	パソコン
書道	書道	書道	書道	書道	書道	書道	書道	書道	書道

第5章

京都労働学校における教育／学習の多層性

――「学生」の視点から見た京都労働学校――

第1節　京都労働学校で学んだ人々――調査の概要

本章は、前章に引き続き【課題①】(労働学校における労働者の教育／学習の体験を再構成し、労働者の主観においてその意味がいかに捉えられ、それによって彼らの生がどのように変容したと考えられているのかを検討すること)に関する考察を行う。前章では京都労働学校の「正史」に表れる教育目的と教育内容の変遷を追うことによって、いわば教育者側からの京都労働学校への意味付けを検討してきた。対して本章の目的は、(元)学習者の証言とラボール京都に残されていた文書資料を手がかりとして、京都労働学校における教育活動の実態を学習者側の視点から明らかにすることである。京都労働学校の学習者については、本書でも引用してきた「正史」によってその数や属性などは明らかにされてきたものの、彼らを主たる対象とした研究はないと言って良い。なお、学習者の数の変遷については章末の表にまとめてある(**表5-3**)。

本章が取る主な方法は、京都労働学校の(元)学習者への聞き取り調査と文書資料の分析である。本章では、京都労働学校における教育活動がどのように展開されていたのかを聞き取り調査を通して把握したうえで、現存する文書資料を用いて可能な限り元学習者たちの語りを後付け、彼らが「通学」していた当時の京都労働学校における教育活動の様相を明らかにする。

以下、本章に関するインタビュー調査の概要を述べておこう[1]。本章での聞き取りは、大きく二つの部分に分かれている。一つ目の部分は、2019年から2020年にかけて京都労働学校の(元)学習者5名に対して行った聞き取りである。この聞き取りは、京都労働学校における教育／学習活動のなかでどのようなものが重要だと彼らが考えているのかを調査したものである。二つ目の部分は、一つ目の部分での調査結果を踏まえて、特にグループ活動(後述)の内実を調査しようとしたものである。この聞き取りは2023年から2024年にかけて行った。本節では、まず一つ目の部分の聞き取りを分析する。

本節で分析するのは、1970年から1976年の間に京都労働学校へ入学した人々が、現在から当時の経験を振り返った聞き取りの記録である。先述の通り、彼らが京都労働学校に通ったのは京都労働学校がそのあり方を模索していた【Ⅰ】期から【Ⅱ】期への移行期に当たる。すなわち、彼らは京都労働学校の教育内容や体系が変容する最中に京都労働学校での生活を送ったことになる。彼らが京都労働学校で学び始めたのは、19歳から30歳の間である。エピソードの収集に当たっては、5名に半構造化面接によるインタビューを個別または複数人同時に行い、対象者の生涯全体を振り返ってもらいつつ、京都労働学校について語ってもらう形式をとった[2]。なおインタビューの全文は本書末尾に掲載している。

学習者のプロフィールは**表5-1**に示す通りである。5名への聞き取りに至った経緯についても述べておこう。まず京都労働学校の職員からA氏の紹介を受けた。その後A氏への聞き取りを京都市内の喫茶店にてまず行い、

表5-1　インタビュー対象者のプロフィール(筆者作成)[3]

	伊東和代氏	山口良子氏	四宮大二郎氏
初回調査日	2019/1/24	2019/1/24	2019/1/24
性別、年齢	女性、80代	女性、70代	男性、70代
入学年 (当時の年齢)	1974年 (30歳)	1976年 (23歳)	1970年 (24歳)

	A氏	B氏
初回調査日	2019/1/15	2019/1/28
性別、年齢	男性、60代	男性、70代
入学年 (当時の年齢)	1975年 (20歳)	1970年 (19歳)

その聞き取りのあとA氏が連絡を取ることができる京都労働学校の「卒業生」、すなわち伊東和代氏ら 4 名をご紹介いただいた。伊東氏宅で山口良子氏、四宮大二郎氏を交えてお話を伺った後、伊東氏と山口氏には京都市内の教育施設で、四宮氏と B 氏には京都市内の大学施設でそれぞれ聞き取りをさせていただいた。

それでは、5 名の略歴を紹介しておこう。A 氏は 1955 年京都府に生まれ、高校卒業後に京都市役所交通局に就職、「機械職」として務め、61 歳で退職した。京都労働学校には 20 歳から 30 歳まで在籍し、その後 56 歳で再入学、63 歳まで学んでいる。「グ・サ活動」（グループ・サークル活動の略称で、「カリキュラム」外の教育活動のための集団を指している。詳しくは後述）としては歴史グループに所属していたほか、「自治会」（京都労働学校には「学生自治会」が存在し、学生側の意見を代表して教育者側と折衝を行うなどしていた。「グ・サ活動」と同様に詳しくは後述）の委員も務めていた。歴史グループは現在でも活動しており、そのイベント「歴史ハイキング」を企画するなど中心的な役割を果たしている。また、京都労働学校の同窓会にあたる「友の会」に所属しており、その世話人を務めてもいる。

伊東氏は 1944 年京都府に生まれ、高校卒業後に 24 歳で印刷会社に就職した。印刷会社で働きつつ応募した京都勤労者学園主催の「文学コンクール」に入賞したことをきっかけに「文学を深めたい」と考えるようになり、1974 年に入学した。1974 年に「文学グループ」によって創設されたサークル「二流の会」は二ヵ月に一度のペースで現在も活動している。

山口氏は、1953年京都府に生まれ、大学卒業後、「営業事務」の職に就いた。仕事の傍ら「お稽古事」を探していたところ、「市民新聞」で京都労働学校を知り、「文学、歴史とか、ある学校やったし、勉強もしたいなと思って」1976 年に入学した。伊東氏と同様に現在も「二流の会」に参加している。

四宮氏は 1946 年に京都府に生まれ、高校卒業後、「親の仕事」を継いで自営業を始めた。京都市南区役所での「いかに生きるかっていう座談会」で「たまたま来ていた人」から京都労働学校の存在を知り、1970 年に入学した。「グ・サ活動」としては哲学グループに所属していた。

B氏は1951年京都府に生まれ、中学校卒業後島津製作所に入所した。島津製作所の企業内学校に通いながら定時制高等学校に進学するも、同校は途中退学する。そんな折、「つり広告」で知った京都労働学校に、高校に「代わるもん」として入学、さらには立命館大学の夜間部(二部)に入学した。卒業後は「本屋の仕事」や京都労働学校の事務職などに就いたのち「石山の東レの子会社」に入社、30年間勤めあげた。京都労働学校では哲学グループと文学グループに所属していた。

以上に述べてきた彼らの入学経緯を見ると、その動機が様々であることが分かる。シリル・フールは成人学習者の学習ニーズを、①目標達成の手段として学習を位置づける「目標志向」、②学習活動から何かを得ようとする「活動志向」、③知識の獲得自体に意味を見出す「学習志向」に分けている[4]。この分類に従って調査対象者の学習ニーズを分類すれば、労働組合から入学を勧められたA氏、文学という「学問」を深めたいと考えて入学した伊東氏は「目標志向」、「生き方」を探して、入学後に様々な活動のなかから「生き方」を探そうとした四宮氏は「活動志向」、お稽古事の代わりに「学問」を求めた山口氏、定時制高校の代わりの「学問」の場所を労校に求めたB氏は「学習志向」の学習者と言うことができるだろう。京都労働学校には、様々なニーズを持った学習者が来ていたことがわかると同時に、基本的には京都労働学校で学べると考えられる「学問」が、彼らを京都労働学校に惹きつけていたということが目を惹く。

また、京都労働学校を経た後の影響や進路も多様で、A氏は京都労働学校で「得たもの」を「理路整然としゃべられるようになったことと積極性がついたこと」としている。また、進路には特に目に見える変化はない。伊東氏は入学時の動機に基づいて「文学を深め」、小説集を自費出版するまでに文学に携わっている。現在でも「二流の会」の機関誌『二流文学』に連載を続けている。また伊東氏と山口氏にとっては、京都労働学校のグループに由来する「二流の会」は生活を充実させるものでもあるという。四宮氏は、京都労働学校を経て「社会の見方」が変わったことを主張する。B氏は、京都労働学校で出会った「チューター」の影響も受けつつ、大検に合格して大学へと進んでいる。このように京都労働学校の影響も、自己の変化として語られる場合、交流の深まりと継続に関して語られる場合、進路に直接的な影響が出ている場合と様々である。このことは、京都労働学校での学びの多様性を物語っている。

第2節　学習者にとっての京都労働学校経験

では、彼らの語りをもとに教育活動の再構成を試みよう。彼らの発言のなかで、教育体験に関わるものとして頻繁に出てくるのは、「授業」「講義」「サークル」「グループ」「自由研究」「交流」「付き合い」という単語である。ここでは「授業」「講義」という発言を「定型教育／学習活動」、「サークル」「グループ」「自由研究」という発言を「不定型教育／学習活動」、「交流」「付き合い」という発言を「非定型教育／学習活動」というカテゴリの下に整理し[5]、彼らがそれぞれに対してどのような意味を見出していたのかを検討する。なお、上述した単語には下線を付すこととする。

1 「定型的教育／学習」への言及

まず、「授業」「講義」をキーワードに学習者たちの「フォーマルな教育／学習」に関する発言を見ていく。

A氏：一流の先生に、教えてもらったというところがあって、その授業結構面白いんやけど、自分らが、理解できる頭が無い。〔…〕結構レベルの高い話を、教えてもうて、自分らそれについて行ってない。〔…〕実際に、なろてる、内容は、あんまり理解できていない。やっぱり、結構難しい話ばっかりやし、それだけで終わってたら、今、きっと労働学校に行ってないと思う。

山口氏：講義自体やっぱり難しい面もあったし、〔…〕

B氏：基本的には一斉授業という形ですよね。限界はありますね。

「定型的教育／学習活動」に関しては、「面白い」という肯定的な評価と「難しい」「限界がある」という否定的な評価が両方なされており、後者が強調されている。総じて、講義は「難しい」ものであるという否定的な意味づけがなされているとまとめられるだろう。そのうえでＡ氏は、「それだけで終わってたら、今、きっと労働学校に行ってないと思う」と京都労働学校には他の誘因があったことを示唆している。

では、彼らが京都労働学校に関わりながら学習を続けたのは何故だったのか。次は「不定型教育／学習活動」と「非定型教育／学習活動」について検討する。

2 「不定型教育／学習活動」への言及

「サークル」「グループ」「自由研究」をキーワードとして、「不定型教育／学習活動」に関する発言を抜粋しよう。

Ａ氏：やっぱり、こうやってたときに、授業のなかで知りおうた人に声かけてもうた。こんなグループつくるけど、一緒にせえへんか、というように。それが歴史グループやったけど。それがきっかけで、長く続けられた、というのが、ありますね。〔…〕

この自治会活動と、歴史グループの活動で、土曜日とかが歴史グループ、自治会もまあ大体、休みの日学校あいてたんでね。だいたいその時間帯、夕方とか、行きました。〔…〕グループ・サークルの活動というようなんも、一生の付き合いになってますね。

〔…〕僕ね、理路整然とものをようしゃべらんかった。それがその、グループで、それぞれがチューターみたいなんで、自分が勉強してきたものを、人に話するというような機会があって。

伊東氏：サークルは、土曜日に貸してくれた。チューターまでつけてくれた。一つ講義だけ受けてたら、サークルにも入れるし、二つとってるような感じやった。私たちはその方が楽しいし〔…〕

山口氏：サークルがあったんですよ。ほらハイキングのサークルとか歴史サークルとか、そういうのに誘われてね、今までは受けたらはいさよならやったけど、その頃は若いもんも結構いて、まだ人がこう誘って、誘ってくる人は自治会やってた人なんですけどね、で、なにいうか自分も若いさかいに、一緒になって、勉強よりもそっちのけで遊びの方で一生懸命こう続いてるというか、〔…〕

それがやっぱり、労働学校で一番大きかったというか。〔…〕学校っていうのはきっかけやね、言うたら。学校離れてもみんな文学やら歴史やらやってはるから、〔…〕

講義が終わった後に、文学とか歴史とかを勉強する自主グループでやってたんやもんね。そのときはまだ教室、自治会室あったさかいに、空いたところね、貸してもらえてたからね。

〔…〕そういうサークルで、ハイキングとか、まあ文学と色々サークルあって、それに入ったら色々人と巡り合えてほら、友達ができる、そんなふれ合いがあったていうか。

四宮氏：自由研究で、自分でテーマをね、色々つけて。僕それ以降ね、小説とかああいうの読まずに社会科学の本ばっかり読んでますわ。やっぱりその、世の中のそういうの知らんと、力にならんっちゅう感じでね。

B氏：土曜日に、毎週もちろん学校が開いてる毎週土曜日に、自由研究って名前やね、自由研究っていう名前で、それは別に単位とか関係なしに、大学院の先生が、先生というか僕から見たらお兄さん的な、〔…〕大学がね、立命館龍谷京都大学、同志社そういう先生が、主に講師となってきてくださって、自由研究っていう土曜日に限定されて、生徒に交じって、講師とか院生の先生やったね。年齢的にも近かったし。それが四つ教室あったんですよ。文学と、政治と、哲学と、経済。〔…〕合宿したりしました。土曜日の自由研究で。お寺を借りて。

これらの発言に特徴的にみられるのは、まず授業時間外に使用できる場所（「教室」「自治会室」）によって「サークル」や「グループ」が発展した、というような「自由に使用できる空間」への肯定的な意味づけである。次に、講師より身近に「学問」に関する議論を交わすことのできる「チューター」への肯定的な意味づけである。総じて、これらの「不定型教育／学習活動」は、時には「講義」よりも重要なものとして意味づけられている。

なお、ここでは「サークル」「グループ」「自由研究」の三語が、講義外での集団的な学習を指し示すものとしてほとんど同義に使われているが、この三つは厳密には別個の教育機会である。この点については、次節で文書資料をもとに詳述する。

3 「非定型教育／学習活動」への言及

そのほか、教育や学習としては意図されていない発言のなかにも、学習者の変容のきっかけを作ったと考えられるものがある。それが「交流」「付き合い」に関する発言である。以下に「交流」「付き合い」に関する発言を挙げていこう。

A氏：そういう人との繋がりがおもしろかった。〔…〕積極性が少なかった面があるんやけども、授業でみんなに声かけたりとか、いうようなこともできるようになった。性格が変わったというしか、嫌がってんと、仲間の輪を広げたら、結構別の楽しみがあるよというような。〔…〕昔は授業を超えて、交流があったんが、今はようできて授業単位。なかなか、みんなが集まる場がなくなった。

山口氏：やっぱり交流、友達との交流。友達がみなよかった、あそこにいてる。〔…〕要するに利害関係のない友達関係。小学校中学校で気軽にあうでしょ、それは利害関係がないから。会社ってやっぱり、ライバル意識みたいなんあるけど。労学もみんな年も関係ないし、利害関係がないのは一番やと思う。友達も言うてた。

B氏：それはもう、大きな人生の転機になった。オゼキシュウジ先生、先生というかね、兄的存在というかね。それがまた良かったんですよ。年もそんなに離れてないので。正規の黒板形式の一方通行の授業、一方通行ではなかったですけども、ただいま言うた自由研究のチューターは、歳も近いし、結構こんな感じで喋って、兄的な存在っていうんかなそれがまた良かったですね。〔…〕家にも来てくれてね。家で勉強会やったり、すき焼きやったり。そういう付き合いですね。お兄さん的な。

ここでは抜粋するに留めているが、インタビュー全体を通して、「交流」「付き合い」に言及している時間は上記二つの「教育／学習」よりもはるかに多い。これらを「非定型教育／学習活動」と呼ぶのであれば、その「教育／学習」は、学習者にとって大きな肯定的な意味を持っていたと考えられる。

以上に見たように、学習者によっては、講義よりもむしろ「サークル」「グループ」活動や「交流」「付き合い」が重要な経験として語られている。その経験にとって、学習者が重要であったと語った要素は何だっただろうか。二点挙げておきたい。

一点目は、土曜日や夜など講義がない時間帯に「自由に使える空間・場所」の存在である。学習者はそのような空間・場所があることによりそこに集うことになり、結果として学習者間に「交流」「付き合い」が生まれ、学習のための小集団が生まれた。そして「自由に使える空間・場所」は、交流の結果誕生した小集団が活動するための拠点としての役割を果たした。この過程で形成された交流、小集団の活動は、学習者たちによって、その生活や生涯を充実させたものとして認識されている。

また京都労働学校が「交流」「付き合い」を生み、集団活動の基盤となり得たのには、同校が常設の「校舎」を有していたことが大きな意味を持っている。インタビュー対象者のほとんどは概して週に一、二回、定期的に京都労働学校の「教室」を訪れていたという事実からもわかるように、「校舎」はいつでも尋ねることができる場所であったがゆえに、「交流」を醸成する場所たり得たと言えよう。1回きりの講演会等では見られない、常設の物理空間を有する「学校」型の教育機関だからこそ見られる空間の役割だと言えるだろう。

二点目は「チューター」の存在である。「チューター」は、ノンフォーマルな教育／学習活動、特に自由研究のために京都労働学校が雇用した人々であったが、そのような小集団での活動の中で「チューター」と学習者との間に生まれた交流も、学習者の人生観や進路（大学への進学など）を変容させたものとして述懐されていた。

第3節　1970年代前半の京都労働学校と「グ・サ活動」

前節で検討した聞き取りから窺い知ることができるのは、学習者の視点から見たときには、「講義」のみならず「グ・サ活動」やそこでの「交流」が教育体験として極めて重要な意味を持ったということであろう。そこで以下では、彼ら5名が京都労働学校に通った1970年代前半に特に焦点を絞り、「グ・サ活動」の実態を、可能な限り文書資料に依りながら明らかにしたい。

1　学生の組織

京都労働学校には、学生が自治的に運営した組織が「グ・サ活動」を含めて複数存在した。本書が焦点を当てている1970年代前半に存在した組織として確認できるのは、「自治会」「ホーム・ルーム（H・R）」「グループ」「サークル」の4種類である。順に説明しよう。

(1) 自治会

自治会は学生のなかから選挙で選出される集団である。期ごとに選出され、新たに方針を定めていたようだ。1970年11月4日に改訂発行された「京都労働学校学生自治会会則」によると、同会の「総則」と「機関」は以下のようなものである。

第1章　総則

[第1条] 本会は京都労働学校学生自治会として（以下自治会と略す）、事務所は京都労働学校内に置く。

[第2条] 本会は京都労働学校（以下本校と略す）に在学する学生全員で組織する。

[第3条] 自治会は学生の学習・研究の向上を図り、相互間の親睦と融和を図ることによって学生々活を有意義にし、あわせて本校の発展に寄与する事を目的とする。

[第4条] 自治会は前条目的達成の為、必要な事業を行なう。

[中略]

第2章　機関

[第6条] 自治会に次の機関を置く。

1. 総会
2. 自治委員会
3. グループ・サークル協議会
4. ホームルーム委員会[6]

またその活動の方向性を示すものとして、1972年5月22日に作成された「31期　第2回自治会総会」に向けた議題案が現存している。ここからは、当該期自治会の活動の様子を窺い知ることができる。

基本方針(案)

1, さまざまな学生の要求の実現を目ざす。

2, 働く者の立場に立つ。

3, 民主的運営をする。

活動方針(案)

1, ホームルーム、グループ、サークルとの関係を強化し、自主活動を強化する。

[中略]

2, スポーツ・文化・リクリェーションの要求を組織し、援助し、実現させる。[7]

また同文書では自治会の予算案も提起されており、そこには「個々の組織に対する援助」としてサークル、グループ、ホーム・ルームへの援助費が計上されている。資金の出どころは不明だが、上の「活動方針(案)」と考え合わせると、様々な集団間の調整という機能も果たそうとしていたようだ。

(2) ホーム・ルーム

1971年9月21日に、第30期の「ホーム・ルーム委員会」がホーム・ルームの概要を新入生に向けて説明している。以下に引用しよう。

> [前略]労働学校には、毎月1回のホーム・ルームを中心としたホーム・ルーム活動が有ります。ホーム・ルームの目的は、大ざっぱに言って、学生どうし仲良くし、みんなで勉強して行こう。という事です。もともとホーム・ルームが生まれたのは、労働学校へ入学した学生が、みんなにうちとけないまま、授業にも失望して辞めて行く状態を何とかしたい。と言う考えから出発した物です。[後略][8]

この説明のあとには「組織説明」が続く。それによると、ホーム・ルームの最小単位は、「各課目」とされている。具体的な事例は紹介されていないが、例えば前章で扱った「六つの領域」のような各課目それぞれにホーム・ルームが開催されていたと考えてよいだろう。各課目から代表者が選抜されたメンバーが「コース」(「人文科学課程」「科学技術コース」「電気技術コース」のことを指しているのではないかと考えられる、前章参照)単位の上位層の会議を形成し、さらにその代表者が「ホーム・ルーム代表者会議」を形成する、という層状の構成が取られていた。この多層的な会議体制がいかに機能していたのかは不明だが、学生自らが新入生の親睦のために組織を形成していたことには着目しておいてよいだろう。この点は、「交流」「付き合い」を重視する先の5名からの聞き取り結果とも符合している。

(3) サークル

サークルについては、管見の限りその定義を行っている資料は存在しない。現段階で可能な定義は、「『グ・サ活動』のうちカリキュラムに紐づいていない活動」というものである。京都労働学校では、講義外における学生の集団的な学習活動を「グ・サ活動」「グループ・サークル」という用語で呼び表している[9]。このうちグループは、以下のように定義づけられている。

1, 自由研究は本科の授業の一つとして行ないますが、選科生・詩の教室生も希望により参加できます。

[中略]

3, 自由研究のクラス（グループ）は、各学期毎に成立し、修了（卒業）式まで存続する。

○休日及び休暇中のクラス（グループ）活動は、学生の自主活動とする。

○修了（卒業）式から次期自由研究クラス（グループ）の成立までの期間は有志の活動とする。

[中略]

6, 自由研究の始業・就業は規定どおり午後 6:20 〜 8:30 とします。

[後略][10]

グループと通称される集団は、土曜日に「本科の授業の一つとして」行われていた「自由研究」を受講している人々によって構成されるものであり、自由研究の科目ごとに設けられていた。この科目は講師によってではなく、「チューター」と呼ばれる相談役によって運営されており、後に見るように、学校事務局による土曜日の教室開放やチューター料の支払いは学生にとって大きな関心事であったようだ。

一方のサークルは「コーラスサークル」[11]などのように課目に関係づけられていない学生による自主的な活動を指している。サークルの実態を以上のように捉えてみると、先に５名が重視していた「サークル」とは、正確には自由研究・グループのことを指し示していることが分かる。５名が最も重視した学びは、自由研究・グループとそれを基盤とした「交流」「付き合い」であると考えてよいだろう。自由研究・グループについては、項を改めてその展開を跡づけることにしよう。そこでキーワードになるのは、「土曜日」・

「夜」と「教室」である。

2　自由研究・グループ活動の変遷と実態

まず、自由研究とはどのような活動なのかをより詳しくみておこう。先にも述べたように、自由研究は「授業の一つ」として行われており、カリキュラム上の位置を占めている教育活動である。その活動内容は以下のようなものである。

> 自由研究とは
> 土曜日は自由研究の日で、グループ（クラス）にわかれ、各グループ毎にチューターがつき、研究会形式の学習をします。グループ（クラス）は、当校の本来の目的を達成するための基本的な課目について設けることとし、本年度は、政治学・経済学・哲学・文学の四つを設けています。
> 自由研究は、本科の授業の一つとして行ないますので、本科生（人文科学・科学技術・電気技術）はなるべく全員が参加してください。又、選科生、詩の教室生も希望により参加できます。
> 月曜から金曜までの授業が講義中心であるのに対し、自由研究は学生が自由に話し合える場とし、その運営も学生の自主性を尊重して行なわれます。[12]

自由研究は、「講義中心」の「授業」と対比的に位置づけられる「学生の自主性」を重んじる教育機会でありながら、カリキュラム上に位置づけられてもおり[13]、京都労働学校が相談役としてのチューターを雇用している。ここで「月曜から金曜」とは様相の異なる学びの日として、すなわち「自由研究の日」として位置づけられている土曜日は、学習者が「付き合い」を深める日でもあった。

また、グループについての次のような発言にも着目しておこう。『グループ協報』という、グループ・サークル協議会が発行したと考えられる新聞風の資料には、京都労働学校を長期欠席する学習者を減らすための方策として

「グループ員同しの交流」の重要性を述べたうえで、「グループが終ってからきっ茶店へ行くのは効果がある」という報告がなされている[14]。また、新入生にグループの活動を説明する際には、次のように「土曜日の夜」が言及されている。

> [前略]
> ここでの学習は、私たちがつくっていく学習の場として、労働学校のなかで特殊な意義をもち続けてきました。教室での講義を私たちのものにしていくという関連もありますが、それ以上に、私たちの言葉で語り合い、親密を深め合いながらの学習は、このグループ学習の最大の特色です。そして私たちは、合宿をして徹夜して学んだり、終了後近くの喫茶店などで自分たちのことを語り合った思い出は忘れがたいものをもちます。あなたも青春の土曜の夜をこのように過してみませんか。
> 素朴に浮んできた問いかけや、学んでいくなかから生まれてきた問題意識が回りの一緒に学ぶ友との交流のなかから、具体的な姿として形づくられてくると思います。
> [後略][15]

「土曜日」は学習者主導の教育活動が行われる特別な日であったが、さらにその曜日の夜という時間には、「交流」を深めるという意味が付与されていると読むことができる。“土曜日の夜”は、先に5名の発言からその重要性が明らかになった、「グループ」「交流」「付き合い」の象徴であった。

以上、いわゆる定型教育／学習活動以外の教育活動にも視野を拡げつつ、京都労働学校における教育／学習活動の再構成を試みてきた。5名の語りは、講義はもちろんのこと、何より「グループ」、「交流」、「付き合い」の重要性を示唆している。では、それは個人の生にとっていかに重要だったのか。次節では、より具体的な文脈に即して検討しよう。

第４節　聞き取り記録にみる京都労働学校の意味

ここまで、京都労働学校に通った５名のインタビューをもとに、文書資料による裏付けも踏まえつつ、京都労働学校における教育活動の再構成を試みてきた。そこで示唆されたのは、「グループ」、「交流」、「付き合い」の重要性であった。それを踏まえて本節では、学習者の生涯の中で「グループ」、「交流」、「付き合い」などの京都労働学校での教育／学習体験がどのような意味を持ったのかを、ある１人の人物の生涯に即して考察する。いわば、ここまでは学習者たちの語りを事実の再構成のために用いたのに対し、本節では主に事実に対する意味づけを知るために用いるということである。

さらに本節では、学習者のライフヒストリーという比較的長い時期に関する聞き取りを行うことで、京都労働学校での教育／学習経験が持ち得る意味をより多面的に析出、考察することを目指す。そこでここからは、本章冒頭で述べたところの聞き取りの二つ目の部分を分析する。

本節に登場する遠藤雅一氏（本名）は、1970年から1975年まで京都労働学校に通い、1980年代に再び京都労働学校に入学、退職後の現在も京都労働学校に通っている人物である。後に詳しく述べるように、先述の文学グループは1974年に京都労働学校から「独立」してサークル「二流の会」を結成、現在でも活動を続けているが、遠藤氏はその中心人物でもある。

遠藤氏への聞き取りの概要を記しておこう。筆者と遠藤氏との出会いは、その「二流の会」の席上であった。本章前半のもとになった論文をＢ氏とＣ氏に手渡すため、筆者が「二流の会」の定例会に参加したのは2023年５月のことである。そこで司会の役回りを務めていたのが遠藤氏であった。遠藤氏に研究の趣旨を説明して聞き取りの承諾を得たのち、2024年３月13日に一回目の遠藤氏への半構造化インタビューによる聞き取りを行った。その後、聞き取りの概要をまとめたレジュメを持参し、そのレジュメへのコメントや、レジュメによって触発された記憶を繰り返し聞き取った。その日付は、同年４月10日、４月26日、７月８日、７月25日、７月31日、８月13日、８月29日である。

1　遠藤氏の生涯と人生観

(1) 遠藤氏の成育歴・学歴・職歴

遠藤氏は1950年10月17日に生まれた。生家は京都市、いわゆる三十三間堂の近くである。「遠藤」は母の姓であり、両親は遠藤氏の生後1年ほどで離婚している。また母は「大阪ミナミ」(現在の心斎橋駅や難波駅の近辺を指す)の歓楽街である宗右衛門町等で働いており、遠藤氏の幼児期には「不在がち」であったため遠藤氏は主に祖母によって育てられる。

祖母と共に暮らすことになった遠藤氏は、京都市立大将軍小学校、同北野中学校、京都府立山城高等学校を経て京都新聞社に入社する(1969年4月)。しかし、同社は4ヵ月で退社した。その後、あやめ池遊園地(当時)などで短期の労働に就きながら同年秋に公務員試験を受験、翌年4月に京都府庁に入庁する。京都新聞社を退職したのは1969年7月、公務員試験は秋だというから、短期間の勉強で公務員試験に合格したことになる。この事実は、遠藤氏は学業に秀でており、大学進学という進路もあり得たのではないかという素朴な疑問を惹起する。この点は遠藤氏の人生観や後の学びの遍歴にも関係しているので、後にまた触れることにしよう。

表5-2　遠藤氏の職場履歴

開始年月	所属部局／高等学校名	身分
1970年	京都府宇治事務所	主事補
1972年	同衛生部公害課	主事
1979年	同民生労働部婦人児童課	主事
1980年4月	大阪府立摂津高等学校	常勤講師
1981年4月	京都外大西高等学校	契約教諭
1983年4月	大阪府立大手前高校	常勤講師
1983年12月	同上	教諭
1984年4月	大阪府立北淀高等学校	教諭
1986年4月	京都府立東宇治高等学校	教諭(京都府教委採用)
1993年4月	京都府立洛北高等学校	教諭
2000年4月	京都府立鴨沂高等学校	教諭
2006年4月	同上	非常勤講師(2011年3月まで)

京都府庁への入庁と時を同じくして、1970年4月、遠藤氏は京都労働学校に入学する。同校には「1975年ごろ」まで通っていた。入れ替わるように、1975年4月からは立命館大学の夜間部（文学部）に入学、1979年3月に卒業、教員免許も取得している。

1980年3月に遠藤氏は京都府庁を退職し、教職の道を歩み始める。府庁時代の所属部局、及び教員に転職した後の勤務校と身分は**表5-2**の通りである。

高校教員としてのキャリアを2011年に終えた後、2012年からは日本語・日本文化を中国で教える日本人教員としての道を歩み始める。同年9月から翌年7月まで山東省の枣庄学院で、2013年8月から2015年7月まで山東省の烟台大学で、外国語学院日語科の常勤外国人教員として勤務した。その後、2015年9月から2017年8月まで樱花（さくら）日語学院で、2017年9月から2019年9月まで新天空日語学院で非常勤講師として断続的に勤務し、同学院を退職後現在に至る。

(2) 遠藤氏の「人生観」と教育経験

以上が遠藤氏の学歴及び職歴である。実は遠藤氏が経験した組織的な教育機会は、上で触れた京都労働学校と立命館大学だけではない。例えば、「35、6歳のとき」には京都市太秦の東映俳優養成所シナリオ科で、2000年には佛教大学の通信制大学院で、「55歳前後」には心斎橋大学と大阪文学学校（いずれも、文学に関する講義や演習を行う「学校」）で、2007年4月から2013年3月まで京都大学文学部の聴講生として学んでいる。その他、京都や大阪の朝日カルチャーセンターで新宮一成（「ラカンの心理学」）、鈴木貞美（「日本近代文学」）の講座等を継続受講している。また1990年から2000年まで、鶴見俊輔を囲む月並の研究会（「家の会」）にはほとんど毎回参加していた。遠藤氏は、働きながら多くの夜間制大学／通信制大学院や各種学校といったある種「傍系」の教育機会に参加してきたのである。遠藤氏はその動機を次のように語る。

まず遠藤氏は自身の「基本的な人生観」について、「生い立ちが不幸」なのは「自己と無関係な環境・世界のせいである」ということからくる、「ひがみ根性」が根にあり、「社会に対してプロテストするという姿勢をいつのまにか身につけてしまっていた」と言う。この“反 - 社会”の姿勢は、より具体的な二つの感覚に帰結する。一つは、生活のための就業・職場とは別のところに自分は居るという感覚、「今居るところは本当の自分の居場所ではなく」「文化芸術の世界に自分はいる」という感覚である。中学校時代にすでに長編小説を構想し、高校１年次のガリ版刷りのクラス文集には「エッセイ風の小説」を寄せていた遠藤氏は、若くして「文芸の世界」に居場所を見出していた。もう一つは、学校へ「何の気なしに行くこと」への反発である。遠藤氏は、一方では「文芸」について学びを深めたいという欲求を持ち、もう一方では「学校へ通う」ということへの反発を抱いている。学びの機会を求めつつ、(「主流」の)学びの機会に反発するこのある種の相克は、遠藤氏をして「傍系」の「学校」へ何度も通わせたのだろう。遠藤氏は筆者のこの「相克」という分析に応えて、「文芸の世界に生きる」という欲求と「学びたい」という欲求を「現実との関わりのなかで抑圧するが、たまに噴き出す」と自身の学習動機を説明している。

こうした人生観と「不幸」な「生い立ち」に経済的な貧困という外的な条件が重なるとき、少なくとも偏差値上の条件では大学進学を選ぶこともできた遠藤氏が、高校が勧める進学を断り、同じく高校が勧める京都新聞社への就職を選んだのは当然でもあった。では、その遠藤氏は何故京都労働学校への入学を決めたのだろうか。そして、彼は京都労働学校に関わる教育経験をいかに意味づけているのだろうか。

2　遠藤氏にとっての京都労働学校

(1)　入学動機と講義の印象

遠藤氏は先述の通り、学校へ「何の気なしに行くこと」を忌避している。これは、学びたい事柄がないにもかかわらず、ただ学歴の取得やモラトリアムの延長のために学校(大学)へ通うことへの反発であった。そのため、各種学校・京都労働学校の特質は、むしろ「やりたいことがない人は来ない」「純粋に学ぶための学校」であることを保証するものとして遠藤氏の眼に映った。

遠藤氏は人文学を学ぶために入学し、人文学関係の講義や演習に参加する。

京都労働学校に関して遠藤氏が今でも記憶にとどめているのは、須田稔の講義である[16]。ただしその内容を明確に記憶しているわけではなく、「憲法や日米関係」などといった政治的な話題が印象に残っており、遠藤氏にとっても、前章の5名と同様、講義の内容それ自体が後の生涯に強い影響を与えたわけではないようだ。

(2)「ホーム・グラウンド」としての京都労働学校

遠藤氏は、1986年に京都府の教員となって以降、京都労働学校に再び通い始めている。その理由を遠藤氏は、京都労働学校に「ホーム・グラウンド」ないし「郷里」という意識があるためと説明する。遠藤氏は京都労働学校にそうした意味を見出す心性を「自分にとってのホーム・家庭がわからない」という自らの出自と結び付けて理解しており、「人生」を「それ(ホームのこと:筆者)を探す旅なのかもしれない」とする。このような遠藤氏の人生観のもとに、京都労働学校は特別な場所として意味づけられる。「シナリオ学校や文学学校」には感じられなかった「ホーム感」が、京都労働学校という場所には刻まれている[17]。

一方で、遠藤氏の現在の校舎への意味づけは両義的でもある。「ホーム感」は基本的に移転前の猪熊九条の木造二階建て校舎に向けられており、現在の校舎はその代替物としての意味づけしか与えられていないように思われる。両校舎の違いを、遠藤氏は誰でもそこからお茶を飲むことができた「大きなヤカン」の喪失という具体的な出来事によって説明する。この出来事に込められているのは、「学園として学校側も学生側も同じものを分かち合う――つまり同じ釜の飯を食うというような空気」である。教員と職員、学生がそれぞれに能動性を持ち、相互主体性を発揮するような「空気」が流れる場所こそが、遠藤氏に「ホーム」「郷里」を感じさせ、学びを促進する重要な要素であった。また、猪熊九条校舎の建物全体が京都労働学校によって占有されていたことも、ビルの一部を間借りしている現在の校舎との対比で、「ホーム感」の要素として取上げられている。さらに、「猪熊九条校舎の古い木造建築物は、歩くと独特のきしみ音がするのが妙に心地よく、一室には卓球台があって、授業以外の時間にピンポンに興じるのは、どこか古い温泉旅館にいるような感覚を覚えることもあった」と言う。

そんな猪熊九条校舎から四条御前校舎への移転に伴う、空間の領有による「ホーム感」の揺らぎは、移転に伴う学生集団の在り方の見直しと相俟って、遠藤氏や彼が所属していた文学グループの活動を揺るがすことにもなる。

(3) グループをとりまく時間・空間の変容――「土曜日」と木造校舎の消失

遠藤氏にとって京都労働学校の主だった活動は、やはりグループ活動であった。文学グループに所属し、土曜日に活動していたほか、合宿や喫茶店での議論なども行っていた。実は現在の眼から見ると、1970年当時のグループ活動及びその活動時間である土曜日は、校舎移転に伴う過渡期にあった。そしてこの過渡期を経て、土曜日の教育／学習活動は様相を変え、それゆえに学習者にとっての京都労働学校の見え方も変化したのではないかと考えられるのである。

校舎移転後の1974年10月14日に、京都労働学校事務局が「『土曜日』の経過と問題点」についてまとめた資料がある[18]。長くなるが、京都労働学校という空間とそこで流れた時間について考察するうえで極めて重要な資料であると思われるため全文を章末注にて翻刻しておきたい[19]。

グループが前章で述べたような、授業の一環に位置づけられる形態として確立したのは1968年である。そして当該資料に見られるように、チューターなどに関する援助体制が揺らぎ始めるのは1974年である。遠藤氏が所属していた1970年代前半の文学グループは、まさに過渡期の最中にあったと言えよう。

遠藤氏はこの変化の過程について、校舎との関わりで興味深い回想をしている。校舎の移転をきっかけとして京都労働学校の雰囲気が変わったというのだ。「木造二階建て校舎」に流れていた「家族的雰囲気」は、移転後には感じられなくなる。移転前は職員との距離が近く、学習者たちと話し合ったり議論したりする機会が頻繁にあった。しかし移転に伴って職員にも入れ替えが生じ、その距離は開いていった。雰囲気の変化は、この空間性と人間関係の変容に根を持つものであろう。1974年前後に京都労働学校が経た変化は単にカリキュラムの変更に留まるものではなく、空間・場所の様相や個人間の関係、空間を自由に使うことのできる時間など、多層的なものであった。グループに関してその変化を見てみると、遠藤氏の回想によればまずこれ以降、「カリキュラム」から切り離されたグループは土曜日や夜間にも教室を使用することが困難になっていく。さらに、注の資料からも知られるように、グループ活動において相談者役を務めたチューターも京都労働学校によっては雇用されなくなる。上で触れたように、遠藤氏は移転後の校舎に対して「ホーム感」が揺らいだ旨の発言をしているが、それは「木造の専用校舎」と「鉄筋コンクリートの間借り校舎」という違いに加えて、空間や人間関係に関する制度上の変化にもよるものと考えられる。

このような変化を受けて、京都労働学校が新校舎に移ってほどなく、1974年8月に遠藤氏ら当時の文学グループ有志は京都労働学校から「独立」し、「二流の会」を結成することになる。これをもって、遠藤氏らのグループの足場は京都労働学校という空間から離れる。そして翌年、遠藤氏自身も京都労働学校を離れ、立命館大学へ、そして教職という新たな職業へと踏み出していくのである。

(4) 京都労働学校における教育／学習の意味

遠藤氏が回想する京都労働学校の様相は、以上のようなものである。では、遠藤氏はそこでの教育／学習をどのように意味づけているのだろうか。

先に述べた通り、遠藤氏にとって主要な教育／学習の場はグループ活動であったように思われる。グループ活動に関して、先に『グループ協報』が示した土曜日という時間の意味づけを引用した。そこでは、土曜日におけるグループ活動が「労働学校のなかで特殊な意義をもち続けて」きたとしたうえで、その具体的な「特色」として①「教室での講義を私たちのものにしていくという関連」と②「私たちの言葉で語り合い、親密を深め合いながらの学習」を挙げている。それは土曜日の夜の活動にとどまらず、「合宿」や「終了後」の時間などでも生じるものとされていた。『グループ協報』のこの学習観を用いて、遠藤氏の教育／学習の意味づけも整理することができる。

①に関して、遠藤氏は「学問と実践の距離」という言葉を用いて京都労働学校での学びを振り返っている。ここでいう「実践」には政治活動や文学の創作などが含まれている。グループ活動において、チューターを交えた議論を通じて、授業で示された「学問」の理解を深めるという意味が、グループ活動には見出されている。

そしてその「議論」は、「純粋に人生論とか人間的に、人文科学的に深く突き詰めていく」という更なる「面白さ」にも結び付いている。これが②の側面である。単に授業の理解を促進するのみならず、特定のトピック（文学グループの場合には例えば特定の作者や作品など）について「議論」することには、「生きる」ということを「突き詰めて」いくという意味があった。グループに参加した学習者たちにとっては、この「議論」を通してこそ「人文科学」は意味をなすものであったと言えるのかもしれない。

遠藤氏は、「議論」が成立する背景には、遠藤氏が「同じ時代を生きる同志」と表現する連帯感が、講師、チューター、学生、職員の間に共有されていたことがあったとする。彼らの多くは、それぞれ職業・学業としての帰属先を有している。多くの場合講師は大学の教員であり、チューターは大学の教員あるいは大学院生、学生は昼間働く職場を持っている。過ごす時間の長さという意味では、京都労働学校は決して「メインの」帰属先ではなかったが、それでもなお、遠藤氏の回想によると京都労働学校は最も「同志感・連帯感」の大きな帰属先であり得た。この「同志感・連帯感」を背景として、学問知はチューターや学生の「議論」のなかに投げ込まれ、それぞれの生活の文脈や人生観などに揉まれながら発酵していったのだ。土曜日の教室で、あるいは喫茶店で、ときには合宿先の部屋で「議論」に没入し、そこで〈知〉が自身の「生き方」と結びつくという教育／学習体験それ自体の喜びを体感すること――それが遠藤氏の回想する京都労働学校での教育／学習の最も大きな意味ではないだろうか。

第5節　文書資料にみる京都労働学校の意味

以上、遠藤氏への聞き取りをもとに、現在から京都労働学校での体験を振り返った時に想起される同校の意味について検討してきた。さらに本節では、1960-70年代当時の文書資料から京都労働学校に対する学習者からの意味づけを検討する。遠藤氏による現在という時点からの振り返りと、振り返られる時点に書かれた文書資料とを組み合わせることで、さらに立体的に当時の教育／学習活動の様相が浮かび上がるはずである。

1　京都労働学校への「入学」・「通学」の目的

まず、京都労働学校事務局が発行していた機関新聞『京都勤労者学園』から、学習者が京都労働学校へ通う理由について書いている文章を引用しよう。同紙には事務局をはじめ講師や学習者の寄稿文が掲載されているため、当時の学習者の考えを知るのに格好の資料であると言える。紙面の中で学習者の寄稿文が占める割合は多くないが、そのなかから京都労働学校に通う意味に触れている文章を可能な限り拾っていくことにする。

まずは1969年に掲載された「労働学校に入学して」と題する文章である。

> 私は、この労働学校を市民新聞で知り入学したのですが、入学式当日の校長はじめ諸先生方の革新的なはげしい言葉を聞き、また、そのときくばられた誤字の多い経済学グループの印刷物を見て、おやおや、大変な所へ入ったなあと思いつつ、選科の講義を受けました。
>
> ところが、それは、権威ある先生がその専門について、やさしく解説されるものですので、すっかりうれしくなりました。
>
> 私は、実務的な学問も大切ですが自分の生活に直接関係のないことがらを芝生で青い空を仰ぎ見るようにのびのびといつまでも、こつこつと勉学して行きたいと思います。[20]

次に、1971年に投稿された文章を引用しよう。

> まず、入学の動機は色々ある。政治・経済・哲学というと月なみになるが、一つの新聞を読んで各政党が論じていることは各々にもっともらしく聞こえてくる。しかし、真実は一つであるはずである。それを把握したいと思ったから。[中略]そして、このような複雑な世の中で、自分はどのように生きるべきなのか、等々である。[21]

まず着目したいのは、先にも触れたように、やはり「学問」が入学の誘因や通学の動機になっているということである。1969年の文章の場合には、その「学問」が「権威ある先生」によって教えられているということにも価値が見出されている。

次に、両者とも入学・通学の動機として自己の実存について考えるということを挙げていることにも注目しておきたい。前者においては、「実務的な学問」に対置されている「生活に直接関係のないことがら」が肯定的に価値づけられている。また後者においては、「自分はどのように生きるべきなのか」について考えたいと思ったことが入学の動機として挙げられている。

2　学びの意味

同様に『京都勤労者学園』から、学習者が学びの意味について述べた文章を引用する。まずは1970年の寄稿文である。

> 家から職場、職場から学校（京都労働学校のこと：筆者）へとそんな生活を送っているうちに、私が興味を感じ少なからず影響を受けたのは講義よりもむしろグループやサークル活動においてであった。その活動の中で自分自身の新しい面を発見したり、自己を再認識したりしたことは大きな喜びであった。[22]

影響を受けたのは「講義」よりも「グループ」や「サークル」であると明言するこの文章は、本章前半で見た聞き取り結果を裏付けている。またそれらの活動の肯定的な意味として、自己の実存について再考する機会であることが挙げられている。前項で引用した二つの文章も、このような意味を京都労働学校での活動に見出していた。次の引用は、前項で見た1971年の寄稿文の続きである。

問題・矛盾を知れば知るほど認識できなくなってしまう。
　しかし、問題・矛盾を知ることが、一番大事であることを知った。また、諸々の出来事に対しては、客観性をもって理解しなければならないことも知った。
　労働学校は、学生が主体となっている学校である。一定方向に強制せず、型に入れない、また「期待される人間像」をも持っていない学校であると理解している。このような環境の中からこそ、真実を知り、自己のめざめを知るのではないだろうか。[23]

　自己とは何か、どうあるべきかといった問いが、彼ら／彼女らをして「学問」に向かわせた一つの理由であろう。その問いは「実務的な学問」や「政治・経済」と並置されつつ、それと同等かより重要なものとして位置づけられている。
　こうした問いを共有する人々の間には、その意欲ゆえに連帯感が芽生えてもいる。

この学校には、本当に学びたいという人達ばかりのせいか、皆熱心だ。[中略]そしてまた連帯感も強いように感じた。それらはあるいは私がグループやサークルに入っているせいでそう思うのかも知れないが……[中略]お互いに顔も知らず、職場も違う仲間が助け合って励まし合って、一つのことを成しとげる――何と素晴らしいことだろう！[24]

　やや劇的な表現ではあるが、「熱心」に学ぶという個々人の目的が共通しているために、「連帯感」が生まれるという実感を学習者が持っていたということは特筆に値する。しかも、その学びの少なくない部分は、「自己」を問うものであった。「自己」を問い詰めることによって他者に開かれていくというこの構図は、教育／学習活動の一つの可能性として検討されるべきものであろう。ともあれここでは、「交流」「つきあい」が当時の文脈においても重視されていることを確認しておきたい。

最後に、本章前半に登場した伊東和代氏の寄稿文を引用しよう。

> 週一回の講義と土曜日の文学グループ。月一回の絵画サークル。それにハイキングに合宿などと今度はやたらと忙がしくなり、悪友どもが私を取り囲み、一体いつになったら、めでたくこの学校を卒業することが出来るのやら。今期も依然として学生なる身分を引きつぐことを決意した。[中略] 文学グループにはいかなくても、静かに自分一人本でも読んで、小説に酔っていればいいと言われそうであるが、そこが人間社会の面白いところで、小説の社会だけでは生きられないのである。まったく関係のない話をしながら、また合宿やハイキングを楽しみながら、いく冊かの同じ本を読んだという、ただそれだけの仲間。土曜の夜になると集まってきて、かってなことを話して帰っていく。ただそれだけの仲間なのに、なぜか離れることができないのである。[25]

伊東氏は、第２節で見た現在からの振り返りと同様に、「グループ」における「交流」に肯定的な意味づけを与えている。ここでいう「悪友」は、「講義」の内容を超えた会話をし、教育／学習活動の空間を校舎から「合宿」会場や「ハイキング」にまで押し拡げ、なおかつ「土曜の夜」の「校舎」に求心力を与える存在である。

第６節　教育者と学習者による意味づけの差異

本章の最後に、教育者＝知識人の視点を参照項として、学習者＝労働者の視点から見た京都労働学校という教育空間が有した意味をまとめておこう。

第4章の第4節で教育者の視点から検討した、「抽象的な労働学校一般に関する意味」と「具体的な場所としての労働学校に関する意味」という二つの次元の意味について、今度は学習者の側から見ていくことにする。

1　教育者＝知識人が京都労働学校という場所に与えた意味

(1)「抽象的な労働学校一般に関する意味」

まず、第4章で「抽象的な労働学校一般に関する意味」と表現した、教育者側からの意味づけの変容を整理しておこう。京都労働学校が与えられた教育空間・場所としての意味は、【Ⅰ】期から【Ⅲ】期へと時代が進んでいくにつれて、「勤労者教育運動の振興」「労働運動の進展」を目的とした労働組合運動家養成機関としてのものから、「市民層」の教養や「勤労者」個人の職業能力の向上を目指すものへと移り変わっていった。それに伴い、労働組合員のための教育機関から「働きたい人」を含む「勤労者」一般を対象とする教育機関へとその位置づけを変容させてきたと言える。教育内容も同様に変容し、総じて、人文科学・社会科学を中心とする「学問」と「労働問題」を中心とした創立時から、「労働問題」の消失と「学問」の相対的な減少、職業実務的な科目の増加という変容を見せた。それに伴い、教育者自身の性質も、大学教員から、何らかの職業資格を有した専門家へとその比重を移している。本章が主に対象とした1970年代前半は【Ⅰ】期から【Ⅱ】期へと移り変わる時期に当たる。

(2)「具体的な場所としての労働学校に関する意味」

一方で「具体的な場所としての労働学校に関する意味」に目を転じてみると、教育者の言及は、座学を前提とした講義にほとんど限られている。彼らは講義の内容をどのようなものにするかということを中心に議論し、その内容を「勤労者」のニーズに合わせながら変化させてきた。京都労働学校が創立以来、紆余曲折を経ながら保ち続けた専用の「校舎」は、講義のための場所としての役割を与えられていた。

2　学習者が京都労働学校という場所に与えた意味

(1)「抽象的な労働学校一般に関する意味」

本章で見てきたように、インタビュー対象となった学習者たちは、まず「抽象的な労働学校一般に関する意味」に言及することがほとんどない。京都労働学校の意味は、ほとんど「具体的な場所としての労働学校に関する意味」として語られる。

そのなかでも「抽象的な労働学校一般に関する意味」として語られている事柄を探すとするならば、それは「学問への憧れ」というような形で看取することができる。「つり広告」や「市民新聞」に並んだ京都労働学校の講師陣の名前や肩書が漂わせる「学問」への接近可能性が、京都労働学校入学の動機になったという事実は顧みられてよい。

(2)「具体的な場所としての労働学校に関する意味」

学習者の視点から「具体的な場所としての労働学校に関する意味」を検討してみると、教育者とは、特に京都労働学校の「校舎」という場所が持った意味合いにおいて違いが見受けられる。

彼らは講義について一定程度肯定的に意味づけを与えながらも、京都労働学校経験に関する語りのほとんどは、「サークル」「グループ」や「交流」「付き合い」に関するもので占められている。彼らにとって講義は、基本的には「難しいもの」として捉えられ、「理解できていない」「知識が積み重なってはいない」という評価がなされている。教育者が重視した講義に否定的な意味が付与されることこそないが、講義や講義のための場所としての「教室」は、生涯に大きな影響を及ぼしたものとしてはあまり認識されていないと言ってよい。

むしろ「教室」は、その講義の終了時に「声をかけてもらった」ことで「サークル」「グループ」に参加することになるその起点として記憶されている。その語りにおいて京都労働学校の「校舎」は、自主的な学習活動の拠点、存在受容と関係性づくりの基盤という意味を持った場所として立ち現れている。そのために、学習者にとっては「校舎」「教室」が継続的に常設されていること、そして土曜日など講義のない時間に使用可能であることが決定的に重要であった。学習者において「校舎」「教室」は、講義後や講義のない時間にも意味を持つ場所であり、またそれこそが、現在から振り返った時に生涯において重要な意味を持った経験として意味づけられるものである。

「サークル」「グループ」に関しては、そのためのチューターや教室が整備されていたことが頻繁に言及されている。特にチューターとの出会いは生涯に大きな影響を及ぼしたものとして言及されることが多く、また土曜日に教室を開放していたことは、グループ活動や自由研究を継続・発展させ得た要因とされている。講義時間外の「教室」は、「サークル」「グループ」活動の拠点であるとともに、チューターや「友達との交流」が醸成された場所であった。学習者たちが最も多く言及した学生間の交流や講師（チューター）との交流は、その多くが「講義後の教室」「土曜日の教室」での出来事として語られ、その発展として、ときにはチューターの家や合宿先の寺院に場所が移る。学校の内外で持たれたその交流は、概して提供される講義それ自体に比べて、生涯への影響という点で、より重要な意味を持つものであったとみなされている。

以上のように、学習者のオーラルヒストリーからは、京都労働学校という場所は講義を受ける教室というよりもむしろ、自主的な活動の拠点、交流醸成の基盤としての意味を持っていたと結論づけることができるだろう。学習者たちは教室を使用する中で、教育者の意図を超えた意味を教室に見出していた。この点で、教育者と学習者が京都労働学校という場所に与えた意味づけの様相は異なっている。

表 5-3　入学者数の変遷

	本科／教養／人文科学／人文社会本科	科学技術・電気技術／自然科学・工業技術／技術　本科	専門本科	選科	専攻科	教養専科	専門選科	パソコン
1957	216 (89)			311	239 (155)			
1958	163 (60)			382	226 (139)			
1959	140 (46)			284	187 (102)			
1960	184 (61)			298	186 (82)			
1961	213 (67)			259	142 (74)			
1962	143 (53)	83 (23)		230	184 (85)			
1963	87 (31)	146 (30)		232	130 (52)			
1964	45 (10)	134 (39)		281	149 (73)			
1965	61 (12)	103 (25)		212	24 (8)			
1966	65 (11)	113 (16)		365	121 (71)			
1967	52 (14)	99 (19)		432				
1968	94 (29)	134 (41)		557				
1969	61 (21)	110 (22)		497				
1970	75 (22)	122 (14)		521				
1971	49 (7)	102 (21)		479				
1972	56 (10)	98 (17)		383				
1973	34 (7)	85 (20)		366				
1974	27 (6)	35 (8)		596				
1975	33 (16)	16 (2)		813				
1976	18 (6)	16 (1)		681				
1977	14	30		588				
1978	11	17		685				
1979	8	9		598				
1980	12	13		703				
1981	3	7		728				
1982	4	7		983				
1983	4	3		865				
1984	2		5			407	411	531
1985	3		0			370	216	565
1986	6		0			392	214	748
1987	10		1			415	281	626
1988	8		1			424	265	672

1989	10		3			502	229	801
1990	5		0			591	245	728
1991	2		0			617	248	687
1992	3		0			705	308	572
1993	0		0			833	326	648
1994	1		0			852	334	598
1995	0		0			941	335	612
1996	4		0			917	346	879
1997	0		0			885	376	957
1998	0		0			848	381	925
1999	2		0			767	387	1131
2000	4		0			669	372	943
2001	1		0			812	328	543
2002	0		0			894	315	384
2003	2		0			862	307	440
2004	0		0			745	276	481
2005	2		0			727	236	421
2006	0		0			861	200	428
2007	0		0			398	185	531
2008	0		0			482	215	434
2009	0		0			546	241	543
2010	0		0			559	240	626
2011	0		0			602	237	432
2012	0		0			676	182	599
2013	0		0			552	180	424
2014	0		0			555	178	458
2015	0		0			612	177	551
2016	0		0			632	180	334

石田良三郎著・京都勤労者学園編『京都勤労者学園史（京都勤労者学園の回顧）』（京都勤労者学園、1967 年）、京都勤労者学園『京都勤労者学園史 II（1967~76 年）』（京都勤労者学園、1977 年）、杉本喜代巳編・京都勤労者学園 30 周年記念事業企画委員会監修『京都勤労者学園小史　1957 年～1987 年』（社団法人京都勤労者学園、1987 年）、京都勤労者学園『40 周年記念誌』（社団法人京都勤労者学園、1997 年）、京都勤労者学園『50 周年記念誌』（社団法人京都勤労者学園、2007 年）、京都勤労者学園『60 周年記念誌』（社団法人京都勤労者学園、2017 年）をもとに筆者作成。() 内の数字は卒業者の数。

注

1　本章における聞き取りの分析とそれに関連する記述の方法については、次の文献を参考にしている。太田裕子『はじめて「質的研究」を「書く」あなたへ：研究計画から論文作成まで』東京図書、2019年。末武康弘ほか編著『「主観性を科学化する」質的研究法入門：TAEを中心に』金子書房、2016年。関口靖広『教育研究のための質的研究法講座』北大路書房、2013年。

太田は上記文献の中で、質的研究の方法を「グラウンデッド・セオリーに依拠したコーディング、カテゴリー構築、理論生成という一連の分析」と「ナラティブ分析」に分けたうえで（159頁）「ナラティブ分析」は「個々人の主体性」「特殊性」「文脈」を浮かび上がらせるものであると指摘している。また三好真人は「質的研究の分析技法」を「カテゴリー分析」と「シークエンス分析」に分類し、太田と同様の指摘をしている（三好真人「12章　質的研究の諸方法の特徴」前掲末武ほか編著『「主観性を科学化する」質的研究法入門：TAEを中心に』、170頁）。つまり、インタビューにおける語りの全体を要素に分解し、共通のものを取り出して、ある程度一般化し得る「理論」の構築を目指す前者に対し、後者は「全体やコンテキスト」を重要視し、対象の個別性に着目する方法であると言える。本書は学習者の「主観」を重視するという立場を表明してきたが、その際に「労働学校の学習者全般」に当てはまり得る「理論」の構築を目指すのか、学習者個々人の「個別性」を「理解」するのか、ということに関する立場を表明しては来なかった。そのうえでここでは、労働学校の「教育者」というカテゴリと「学習者」というカテゴリを対比しつつ分析したいという意図から、前者に近い方法を採用した。しかし個々の教育者や学習者の意味世界を重視するという筆者の立場からは、本来であれば後者のアプローチによる検討も合わせて行うべきであろう。この作業については別稿を期したい。

2　安藤耕己は、特に「意識変容」志向の学習活動分析に際して、ライフヒストリー法を用い、長期的なスパンで学習の意味を持つ視点を持つことの重要性を指摘している（「成人の学習におけるライフヒストリー法：学習の意味を人生に即してみる」日本社会教育学会編『成人の学習』東洋館出版社、2004年、49頁）。このことも踏まえ、本書ではインタビュー対象者を、生涯における京都労働学校での学習の意味をある程度長期的なスパンで振り返ることができる、「20代から30代の青年期にかけて京都労働学校に通った、60代以上の人」としている。

3　インタビュー対象者のうち、本名掲載の意向を示された方は本名で、意思確認ができなかった方は仮名で掲載している。

4　Cylil Hool. *Inquring Mind.* Madison : University of Wisconsin Press, 1961, pp.14-30.

5　本書において定型教育／学習活動とは、京都勤労者学園の教育課程に沿った教育／学習活動のことを指す。不定型教育／学習活動とは、サークル活動など、ある程度意図的であるが、教育課程のように組織だってはいない教育／学習活動を指す。非定型教育／学習活動とは、教育や学習を意図してはいないが、結果としてそこから何かを学び取ったり、意識や考え方が変容するような活動を指す。

6　「京都労働学校学生自治会会則」、1970 年 11 月 4 日最終改正版。

7　自治委員会「5 月 25 日　第 2 回 31 期自治会総会」、1972 年。

8　ホーム・ルーム委員会「ホーム・ルーム委員会」、1971 年、2 頁。

9　例えば以下のような名称の資料が残っている。

「グループ・サークル連絡協議会」、1961 年 6 月。

「グループ・サークル紹介」『自治会ニュース』第 21 号、1967 年 7 月 15 日、3 頁。

10　事務局「自由研究の運営について」、1970 年 4 月 11 日。

11　「グループ・サークル連絡協議会」、1961 年 6 月。

12　京都労働学校「自由研究の登録について」、1969 年 9 月 24 日。

13　学習者の自由研究への登録割合については、1969 年から 1972 年までは 30％前後、1974 年春期は 17％であるとする資料が残されている（「自由研究登録者数」、発行年不詳）。

14　「同窓会」『グループ協報』NO.3、発行年不詳。

15　グループ協議会「土曜の夜はグループ活動で」、1973 年。

16　遠藤氏の在学期間には、1970 年、1971 年、1974 年に「文学の読み方」、1972 年に「外国文学」を担当している（前掲京都勤労者学園 30 周年記念企画事業委員会・杉本『京都勤労者学園小史：1957 年～ 1987 年』、85-86 頁）。

17　遠藤氏は母校立命館大学にも「ホーム感」を見出しているが、高等教育機関である同校は「出入り自由」ではないため、京都労働学校に「帰巣」するという。各種学校という京都労働学校の性質を考えるうえで、興味深い意味づけである。

18　京都労働学校「京都労働学校『土曜日』についての経過と問題点」、1974 年 10 月 14 日。

19　京都労働学校「土曜日」についての経過と問題点

1974.10.14

京都労働学校

1, 土曜日「自由研究」の趣旨

月～金が講義を中心とする授業であるのに対し、土曜日は「自由研究」の日とし、学生が月～金に学んだことを基礎としつつ、或いは総括を試み、或いはテーマを立てて研究を行うことを主たるねらいとし、同時に学生が自由に話し合える場とし、その運営も学生の自主性を基礎にして行われてきました。

2, 経過

1）‘57 年～’68 年…学生の希望により問題別にグループを設け、チューターは隔週。講師料とチューター料に較差あり。

2）‘68 年～’72 年…本科の授業の一環として、労働学校にとっての基本課目についてクラス（グループ）を設ける。チューター隔週。チューター料は講師料と同じ＝1期分一括払い。

3）‘73 年…‘73 年度労働学校実施方針において、’71.12.6 発表の「京都労働学校教科課程改革第一次案」の《土曜日の「自由研究」はその研究会的要素は研究コースへ発展することにより、学生の自由な学習及び活動の日とする》との考え方をとり入れ、

イ　人文科学コースを基礎課程と研究課程にわけ、‘73 年度は教室の関係で基礎課程から外れた政治、文学、歴史の3課目を研究課程としておき、’73 年度にかぎり教室の関係で土曜日に行う。

ロ　自由研究は、学生の自主的な学習の場とし、学校からはチューターをつけず、若干の助成を行うこととするが、’73 年度は教室の関係で1年間休止する。との方針を出したが（’73.1.8 理事会）、その後学生自治会の要求（従来の形で、自由研究を存続させよ）により、’73 年度は暫定的に

・研究課程は図書室で授業する。　・土曜日は自由研究の日とし、研究課程が設けられない哲学と経済とは隔週にチューターをつけ、文学はチューターなしとすることに変更された。（’73.2.9 理事会）

4）‘74 年度…’74 年度労働学校実施方針において、自由研究は学生の自主的な学習の日とし、学校からはチューターをつけず、若干の助成を行う、との前年度方針を受け継ぐことを決めたが（’73.1.12 理事会）、学生自治会との話し合いの結果、’74 年度は ’73 年度の暫定措置（隔週にチューターをつける）を継続するとの案（’74.2.4 学校部会）を経て、

イ　春期については、秋期の分を繰り上げ執行して、全回にチューターをつける。

ロ　秋期以降については、学校としても土曜日のあり方について、もう一度基本的討議を行い、学生自治会の意見も聞きながら決めていく（’74.2.5 学園長と学生自治会との交渉）

ことになった。（’74.2.8 理事会で専務理事より経過報告）

そのご、学校部会は、この問題についての、専務理事と学生自治会との6回にわたる話し合いの報告と、2回の直接学生自治会との話し合いをもと

にして、前後5回の学校部会をひらいて学生の主張も充分に汲みながら、土曜日の学習方法について、最終的な部会の見解をつぎのようにきめた。

① 自由研究の現状は、イ参加人数が少なく(出席者1グループ4名〜12名程度)少数者のための場になっている。ロ当校の中心であった人文社会コース本科生が漸減し、本科の授業の一環として行うことの矛盾が拡大してきた。ハ設置クラスが固定化し、柔軟性を欠くようになった。

② 然し、自由研究で行ってきた「グループ学習」の意義については、次のとおり理解してきた。

イ 教育は、学ぶ側からすれば自学自習が根本であり、月〜金の講義を主とする授業にあっても、質問や討論などがおりまざることが望ましく、そのことを各講師をはじめ心がけてきた。

ロ 然しながら、講義を主とする授業にあっては、学生の主体性発揮も自ずから限度があり、学生の主体的学習を育てる場として土曜日に「自由研究」を設けてきた。

③ 今後の土曜日の在り方として、次のどちらかの方向が考えられる。

〔A案〕学生が、自主的に学習グループをつくり、自由に学習を行う日とする。学校はチューターをつけず、若干の助成(隔週にチューターを招くことのできることを限度とする)

〔B案〕学校の教科の一つとして「演習」の日とする。本科生のほか選科生、教室生も対象とするが、選科生、教室生の参加者は登録料を納める。

この見解に対し学生側の主張は

① 自由研究の意義が、学校側によって認められたことは評価する

② しかし、A案、B案といった対立的な考え方でなく、制度的には学校が責任をもち、運営は学生の自主性の発揮できるものとしてほしい。

③ B案にいう、登録料は、従来の自由研究の経過からみてとるのはおかしい。財政的理由で、どうしても徴収が必要なら全員から徴収してほしい。(この場合、若干の授業料の値上げは止むをえない。)

として、最終的に学生との争点は事実上、登録料の額と徴収方式にしぼられた形となった。

ここで、学校側の主張は、

① 登録料を徴収する理由は、演習という形で、カリキュラムの一環として、学校の制度としたものであること。

② しかし、演習がすべての科目に実施できない実情にあるので、その便宜を受ける学生からの徴収によらざるをえないこと

③ その額は、選科生(現行2,500円)の約2/3程度とすること

の三つをくりかえし説明したが、話し合いは難行し、結果ようやく学生側も

「選科生の1/3以下ならば、受講者からの徴収をみとめるが、それ以上となれば、全体からの徴収」

というところまで、歩みよってきた。（9/27　専務理事、自治会話し合い）

この結果、専務理事は学園長と相談し、話し合いをまとめる方向で

「登録料は1000円（但し、現行の授業料の場合）とし、受講者からの徴収」を提案したが、学生側からは

「話し合いを纏めることに急であって、内部検討の不十分さもあって受講者徴収をみとめるということを言ったが、再度討論の結果やはり、自治会としては、受講者徴収方式は受けられない」との申し出があり、話し合いは、暗礁にのりあげた。

そして、学生側からは

「土曜日を演習として位置づけることは合意事項とし、登録料については保留にし、学生自治会の体制が整った段階で秋期のとり扱いを含めて改めて交渉したい」との態度表明があった。

それに対して学校側は

① 話し合いを纏める立場で努力してきたが、それが不調に終ることについて、非常にイカンである。

② 「演習の位置づけだけを合意事項として保留する」申し出については、学校としては制度の中に登録料の徴収方法も含めて提案しているとの考え方からすれば、同意は出来ない。

③ 当面、土曜日をどうするかとの角度で検討してきたが、話し合いが不調に終った今は学校全体の制度について、再度全面的に検討すべき段階にきていると考えており、土曜日についても、改めて一から検討し直したい。

④ 今秋期をどうするかについては、基本的な了解がついた上で、暫定措置として、話し合うつもりであったが、基本が纏まらない以上措置する方法がない。

20 「労働学校に入学して」『京都勤労者学園』第64号、1969年、3頁。なお、本紙の寄稿文は実名で掲載されているが、本書では「日本社会教育学会倫理宣言」に基づき、本紙からの引用については著者名を記載しない。実名で投稿されているという点では、学習者の「本音」が語られていると言えるのではないだろうか。

21 「労働学校に入学して」『京都勤労者学園』第84号、1971年、4頁。

22 「労働学校での一年間」『京都勤労者学園』第76号、1970年。

23 「労働学校に入学して」『京都勤労者学園』第 84 号、1971 年、4 頁。
24 「労働学校に学んで」『京都勤労者学園』第 74 号、1970 年、2 頁。
25 伊東和代「労学の悪友と私」『京都勤労者学園』第 122 号、1975 年、3 頁。

終章
「自己の人間形成過程の占有」をめぐる考察

第1節　【課題】に関する考察の整理と再構成

1　考察の整理

本書全体の目的は、労働者の生の充溢に向けた教育活動の可能性を、それが行われる空間／場所に着目しつつ検討することであった。この目的について考察するために、さらに具体的な作業課題を三つ設定した。序章の繰り返しになるが、改めて本書の課題を述べておこう。

第一は、本書全体の目的について、京都労働学校という事例に即して考察することである。具体的には、「労働学校における労働者の教育／学習の体験を再構成し、労働者の主観においてその意味がいかに捉えられ、それによって彼らの生がどのように変容したと考えられているのかを検討すること」である（【課題①】）。

第二に、労働者に向けた教育活動の現状を整理し、また本書の主要な研究対象である労働学校の特質を明確にするために、「労働者に向けて行われてきた教育活動の全容を概観し、その担い手の教育的意図はどのようなものかを検討すること」である（【課題②】）。

第三に、労働学校全体のなかでの京都労働学校の位置づけをより明確にするために、「労働学校が知識人と労働者によってどのように創られてきたのか、その史的展開を明らかにすること」である（【課題③】）。

この目的・課題に沿ってここまで、第2章では【課題②】に関する検討を、第3章では【課題③】に関する検討を、第4章と第5章では【課題①】に関する検討を行ってきた。以下ではまず、【課題②】、【課題③】、【課題①】の順に、それぞれの課題に関する検討の結果を整理しておく。

【課題②】に関しては、まず労働者に対する教育活動の方向性を形作ってきた国家行政による施策に焦点を当て、それが戦後教育改革のなかでどのように構想され、その構想の視点から見たとき現在の施策はどのような特質を有していると言えるのかを検討した。敗戦後に教育刷新委員会は労働者教育の内容として《①労働教育》／《②職業教育》／《③教養・公民教育》という三つの領域を設定し、これらの領域が「有機的・総合的」に提供されるような教育機会の設置を求めたのであった。この視点から現在の「社会人の学び直し」関連政策を見ると、その重点が《②職業教育》に置かれていることがわかる。

そのうえで特徴的なのは、「学びの複線化」という方針のもと、エリート層正社員の経済的競争力の涵養を主な目的としていることと、経済的競争力の低い他の「社会人」に対しても、「自立」に向けた職業能力を身につける支援が中心的な目的となっていることであった。《①労働教育》・《②職業教育》・《③教養・公民教育》がそれぞればらばらに提供されていた状態から《②職業教育》への偏重へ、という傾向が、国家行政による戦後労働者教育のおおまかな特徴として挙げられるだろう。このような状況のなかで労働学校は、三つの領域それぞれを射程に収める機関であるという点で独自性を持っていた。

なおこの結論を前提として補論では、現実的にはいかなる財政的拠出の方策をとることによって、労働者のより広い学習ニーズを満たし得るのかを検討しようとした。具体的には、労働者に向けた教育活動の主な担い手として民間非営利団体を想定し、その財政基盤の形態として「受託事業型」、「行政資金型」、「自主事業型」、「会費型」、「寄付金等複合型」の5類型を措定したうえで、京都市による助成の事例に沿いつつ、それぞれの類型の特質を検討した。

その結果、「受託事業型」(京都市サポステ)については、民間団体による事業内容決定の柔軟性を欠くことを、「行政資金型」(京都勤労者学園)については、一定程度柔軟性を担保されつつも、財政基盤の安定性を欠くことを示した。「自主事業型」ならびに「会費型」に関してはアソシエを事例として財政基盤を検討した。結果として、「いつ拠出が終わるかわからない」という「受託事業型」や「行政資金型」の不安定性に加え、そもそも活動資金が十全に確保できない現状が明らかになった。以上の結果からは、財政基盤が行政による助成のみに依存する形態(「行政資金型」、「自主事業型」)、あるいは事業の収益のみに依存する形態(「自主事業型」、「会費型」)では、事業内容決定の柔軟性と財政基盤の安定性を両立させることが困難であるという結論を得た。

【課題②】に関しては、戦前・戦後の京阪地域における労働学校の展開を追いながら、京都労働学校の位置づけを検討した。結論として、以下の三つを京都労働学校の特質として挙げた。

一つ目は、比較的短期間で活動を停止することが多い労働学校にあって、極めて活動期間が長いということである。1957年から現在まで存続していることに着目しても、歴代の労働学校で最も長い歴史を持つものと言える。

二つ目は一つ目とも関係するが、多くの知識人や労働団体、地方行政が関わったがために、〈教育の文脈〉と〈運動の文脈〉との間に複雑な相互規定が見られることである。

三つ目に、現在最も活発に活動している労働学校であるという特質がある。

2　教育者側からの労働学校への意味づけ

上に挙げた特質のうち特に二つ目のものは、京都労働学校の教育内容の変遷にも影響を与えているように思われる。【課題①】に関する考察の前提として、教育者が労働学校に与えた意味／教育目的・内容についてまとめておこう。第4章では【課題①】に関わって教育者側の京都労働学校に対する意味づけを検討したが、そこでは【Ⅰ】期から【Ⅲ】期へと時代が流れるなかで、以下のような変化を見出せる。

まず【課題②】に関する考察に関わる点として、教育の対象として、【Ⅰ】期には暗に労働組合関係者としての「勤労者」が想定されていたものが、「勤労者」一般に、さらには「働きたい市民」にまで拡がりを見せているという変化がある。それに伴って、教育目的の変化として、運動や集団の発展から、個人の能力の涵養、あるいは余暇・生活、健康の充実に焦点が移ってきた。【Ⅰ】期の教育目的は、第一義的に、労働運動や「勤労者教育運動」といった運動、集団の発展を目的にしており、そのための教育内容として「労働問題」というカテゴリが設定され、そこで労働組合の意義や現代労働問題についての講義が行われていたのに対し、【Ⅱ】期になると「市民」に対する教育が意識されるようになり、【Ⅲ】期になると教育の目的は「個人」の能力の涵養へと変容してきたと言える。

こうした教育対象・教育目的の変化を背景として、教育内容も変化を遂げてきた。概してそれは、人文科学や社会科学を中心とする「学問」や「労働問題」といった科目から、「実務系」「趣味系」と呼び得るような科目へ、というように表現することができる。【Ⅰ】期では、主な講義科目は「学問」や労働問題であり、職業実務的と言えるものはほとんどなかった。それが【Ⅲ】期になると、「労働保険の実務・社会保険の実務」や「簿記」など、職業に直結するもの、あるいは資格に直結するものが開設されている。国家行政の変化を分析した枠組みと同じ用語で表現すれば、京都労働学校は三つの領域それぞれをその内容として有しつつも、重点は《①労働教育》・《③教養・公民教育》から《②職業教育》(+「趣味」)に移行したと言うことができるだろう。教刷委の分類枠組みから見たとき、労働者教育の内容の変容は、国家行政と京都労働学校に並行的に生じていると考えられる。

第4章ではもう一つ、違う視点から【課題①】との関係で教育者による京都労働学校への意味づけを検討した。本書では、上で見た教育的意図のように、知識人(や労働者)が労働学校という事象に与えた意味を、労働学校の「抽象的な労働学校一般に関する意味」と、個々の労働学校という場所それ自体に与えた意味を「具体的な場所としての労働学校に関する意味」と呼んで区別した。「抽象的な労働学校一般に関する意味」が、上で述べた教育的意図や教育内容などの変化に対応している。では、知識人たちは京都労働学校の「具体的な場所としての労働学校に関する意味」についてどのようなことを語っているのだろうか。第4章の結論は、知識人たちは「場所としての労働学校」について、実は何も語ってはいない、ということであった。知識人たちが京都労働学校について語るとき、その語りは京都労働学校における教育内容に終始しており、知識人において、京都労働学校という場所は、教育をするための空間＝教室であることが無意識に前提とされている。そこでは教室という空間が抽象的に前提されるがために、そこでの教育内容のみが議論の俎上に乗ることになる。この知識人による二つの「意味」づけを前提として、【課題①】の中核とも言える、労働者＝学習者による「意味」づけに関する検討を振り返ろう。

3 学習側からの労働学校への意味づけ

「抽象的な労働学校一般に関する意味」については、学習者たちの講義に関する言及が参考になるだろう。彼らは講義に対して否定的な意味こそ見出していないものの、講義を労働学校における主要な学びであるとは位置づけていない。すなわち、彼らは教育者たちの教育的意図をそのまま受け止めたわけではなく、彼らにとっての重要な教育／学習は別の次元に存在していた。それがグループ活動とそこでの「交流」であった。この文脈においては、「抽象的な労働学校一般に関する意味」づけについて、教育者と学習者の間に乖離が見られる。前者は教育的意図に考えをめぐらせ、講義内容を変遷させていったのに対し、後者にとっては講義それ自体が労働学校における第一義的な教育／学習として措定されていない。

その一方で、学習者たちが多くを語るのは「具体的な場所としての労働学校に関する意味」の次元である。繰り返すが、第5章で見てきたように、今の時点から京都労働学校での経験を振り返るとき、生を充溢させた学びとして学習者が言及するのは、「講義」よりもむしろ、「グ・サ活動」や教育者・学習者との「交流」「付き合い」である。このことに関わって、学習者たちはそれらの学びを生むきっかけとなった場所として京都労働学校の「教室」を想起している。「教室」は、講義の終了時に「声をかけてもらった」場所、土曜日など講義のない時間に「グ・サ活動」を実践する場所として記憶されている。学習者において「教室」は、講義後や講義のない時間にこそ重要な意味を持つ場所であった。

「具体的な場所としての労働学校に関する意味」にもまた、教育者＝知識人と学習者＝労働者における「ズレ」を見ないわけには行かない。同じ「校舎」「教室」に対しても、教育者側の意味づけが座学による講義の場所というものにほとんど限定されていたのに対して、学習者たちが想起する「教室」は、「講義後」や「土曜日」などの講義時間外のそれである。「教室」は講義を受講する場所に止まらず、「サークル」「グループ」活動の拠点であるとともに、チューターや友人との「交流」が醸成された場所として意味づけられていた。教育者＝知識人が労働学校という場所を教育／学習のための「機会・資源の提供」[1]すなわち座学による講義の場所及びそれに資する教材を提供するための場所としてのみ意味づけていたのに対して、学習者＝労働者によっては、それに加えて「活動のための空間」すなわち「クラス会」「サークル」「グループ」の活動の拠点としての意味、及び、「存在受容・関係性づくりの基盤」すなわち講師やチューター、他の学習者との交流が醸成される場所としての意味づけがなされているということである。

4　本書が明らかにしたこと

以上の考察から、特に先行研究との関係で本書が明らかにしたことを改めて強調しておこう。一つ目は、労働者に向けた教育／学習の場所に対する、教育者＝知識人と学習者＝労働者による意味づけの「ズレ」である。「具体的な場所としての労働学校に関する意味」については、教育者側がほとんど言及しておらず無意識のうちに講義のための空間として労働学校を捉えていたのに対して、学習者は講義の場所という意味づけを行うのに加えて、労働学校を自主的な活動の拠点、交流を醸成する場所として捉えていた。そして学習者の生活や生涯を充溢させたのは、むしろ労働学校が帯びた後者の意味であった。教育者たちがカリキュラムに沿った「講義」の提供を重視していた一方で、学習者の多くは、自らの生涯に影響を与えたのは学習者間、あるいは講師との交流を通した偶発的な学び[2]であると述べている。偶発的な学びに価値が見出されるのには二つのパターンがあり、一つは、より「授業」の内容が理解できるという文脈である。もう一つは受講者や講師との会話から、自分の生活に活きる知識を学び取ることができたという文脈であり、前平泰志の言う〈ローカルな知〉を獲得したことに意味を見いだしていることが伺える。

二つ目は、教育者側からの「抽象的な労働学校一般に関する意味」づけに関することがらである。京都労働学校の教育目的を仔細に検討すると、《①労働教育》・《③教養・公民教育》から《②職業教育》と「趣味」への重点の移行が見られた。それに伴って、「労働者階級」の存在を前提とした労働運動や政治運動の進展、あるいはそれによる社会・国家全体の改造といった、「個人」の外にある事象のみならず、労働者の学びへと向かう主体性の向上や職業能力の向上、余暇の充実など、労働者「個人」に焦点が当たり始める。先行研究においては「階級」や「運動」の発展を目指しているものとみなされていた労働学校の、「個人」の知識や主体性の涵養を目指していた側面が明らかになった。加えて、時代の進行とともに、労働学校の活動の目的として重視されるものが、「階級」や社会など「個人」を包括しつつもその外側にあるものを変容させることから、個別の労働者「個人」を変容させることへと変わってきていると言うことができるだろう。それに伴って、労働学校の教育対象も、労働組合の組合員から「勤労者一般」に拡大してきている。

三つ目は、学習者側からの「抽象的な労働学校一般に関する意味」づけに関することがらである。本書で分析した学習者たちが通った時期の労働学校は、京都労働学校の【Ⅱ】期にあたる。すなわち教育者側からの「抽象的な労働学校一般に関する意味」づけで言えば、未だ労働運動や労働者階級の発展という目的に比較的強く焦点が当たっていた時期である。このなかでも一貫して、少なくとも本書で扱った6名の事例からは、学習者たちを「場所」に惹きつけるために、「学問」が重要な役割を果たしていたということが明らかになった。本書で扱った事例に限っては、青年たちを主に惹きつけたのは、労働運動内部における「出世」でも、職業能力の獲得でもなかった。労働学校の「学問」は、〈運動の文脈〉を背景として持ちつつ、〈教育の文脈〉、すなわち高等教育機関に身を置く「一流の」研究者から教授されるもの、という独特の意味を含んでいる。いわば、そこでは「学問」を学ぶということそれ自体が現時充足的な意味を有していると言うことができる。【Ⅲ】期の京都労働学校は「実務」や「趣味」を教育目的として押し出すことによって、この「学問」の比率を小さくしているが、時として比率を小さくした、そして現在では姿がほとんど見られなくなった「学問」が、実はかつて労働者を労働学校に惹きつけた何よりの誘因であったことには着目して良いのではないか。

また、この3点に関しては、教育者側と学習者側で重視する意味の位相が異なる（教育者側は「抽象的な労働学校一般に関する意味」を、学習者側は「具体的な場所としての労働学校に関する意味」を重視する）ことも明らかになっている。

上記の3点は、階級対立の枠組みのもと、主として、教育者がいかに労働運動を発展させようとしたのかという観点から労働学校での学びを検討してきた先行研究[3]においては浮かび上がらないものであろう。

本書では、教育者と学習者双方の立場からの具体的な検討を試みたことにより、教育者側の意図と学習者側のニーズの「ズレ」を浮かび上がらせることができたと言える。教育者と学習者による場所への意味づけの「ズレ」や、教育者による「抽象的な労働学校一般に関する意味」づけの内実、学習者の生活や生涯を充実させた偶発的な学びの存在、学習者を引きつけた誘因が「学問」であったことなどは、本書が教育者と学習者の双方の視点から労働学校での活動を分析しようとしたことによって「発見」されたものと言えるだろう。

さらに四つ目として、教育行政学・教育財政論の観点から本書の新規性について述べておきたい。上記のような「ズレ」を伴う教育／学習の場所が帯びる多層的な意味は、必ずしも明示できる「エビデンス」として立ち現れるものではない。第2章で「社会人の学び直し」政策を事例として確認したように、行政による労働者に向けた教育活動は、就職率や資格の獲得数など、数値としての成果を「エビデンス」として提示しやすい内容に偏る傾向がある。しかし労働学校の事例を見ると、労働者が重要な学びとして振り返るのは、必ずしも技術的関心[4]に関わる教育内容に限定されておらず、またフォーマルな教育活動を通して得られる学びのみに限定されているわけもない。

京都労働学校で学んだ労働者たちは、「学問」の知を自らの文脈に引き付けて理解し、社会観や労働観が変容したことに価値を見いだしているのであり、そのような学びを生んだのは必ずしも講義のみではなく、むしろ講義外の時間の教室や帰路といった場所で展開された、知識人や他の労働者との私的なやりとりであった。

彼らが価値を見いだしたこのような学びは、技術的関心に限定されない教育目的を設定することや、事業内容として明記された教育活動外の時間にも労働者や知識人が帰属し、自由に、かつ継続的に使用できる空間を提供することによって生じ得るものと言ってよいだろう。しかし、行政による財政拠出には数値化された「エビデンス」が求められ、かつ財政が逼迫している現状において、成果を数値化しにくい教育事業を行政資金のみで運営することは難しい。ゆえに、労働学校の事例を踏まえると、行政による財政拠出や事業の収益のみによる財政基盤構築が事業内容の柔軟性と安定性を両立しがたい以上、それらのみに依存することは労働者の豊かな学びを醸成する空間の創出には適していない。労働者に向けた教育／学習の場所の創立にあたっては、行政資金のみ、あるいは事業の対価のみに期待する限りでは不十分であるというのが財政論的な観点からの本書の立場である。

以上の検討を踏まえると、寄付や投資による民間資金と行政資金や事業収益を組み合わせる方策について考察することが、今後の社会教育財政研究の課題であり可能性であると考える。以上のような財政論的な課題の「発見」は、教育者の意図と学習者の価値づけの間にある「ズレ」という要素に着目したからこそ得られるものであろう。教育行政学・教育財政論の領域においてほとんど注目されてこなかったこの要素の検討を、同領域の研究課題・可能性として挙げておきたい。

第２節　総合的考察

それでは、第１節で示した各【課題】に関する検討結果をふまえて、労働者の生の充溢に向けた教育活動の可能性を、それが行われる空間／場所に着目しつつ検討することという本書の目的について総合的に考察したい。第１

章で構築した分析軸を、ここで改めて示しておこう。ガストン・ピノーのものをはじめとする「自己教育」論を軸とした生涯教育理論において、人の生の充溢は「自己の人間形成過程の占有」のプロセスと並行的に捉えられていた。ピノーにとってこのプロセスは生涯教育の目的そのものであったが、それがいかにして生じるのか、また可能になるのかといった議論はまだ十分に行われてはいない。そこで本書では、ピノーや前平泰志の論が主題的に扱っている三つの論点、すなわち教育における〈知〉の在り方、教育／学習の意味、教育空間について他領域の研究を参照しながら掘り下げ、それをピノーの自己教育（autoformation）／他律教育（hétéroformation）という概念と結びつけながら分析概念化したのだった。

1 〈知〉の在り方と「自己の人間形成過程の占有」

教育における〈知〉の在り方については、ピノーの言う「交換価値と使用価値という旧式の区分」を参照しつつ、〈交換価値で測られる抽象的な知〉／〈使用価値が重視されるローカルな知〉を分析軸として設定した。ピノーの議論やそれを受けた前平の論では、前者を他律教育に特徴的に見られる〈知〉、後者を自己教育に特徴的に見られる〈知〉としていると考えられる。それでは、京都労働学校の学習者にとって二種類の〈知〉はどのように受け止められていたのか。

まずは、インタビュー対象者6名が「講義」の内容それ自体の重要性について言及していないことを想起する必要があるだろう。そもそも、学歴と結びつかない各種学校である京都労働学校においては、成績や学歴、地位などと交換可能な〈知〉という前提が成り立ちにくい。上位の学校階梯や職業上の地位を獲得するために蓄積する〈知〉という捉えられ方は、学校教育システム内に位置する学校に比べて生じにくいと言って良いだろう。

だが、「講義」はもちろん全く無駄なものとして受け止められていたわけではない。京都労働学校の教育／学習においては、「講義」で教えられる学問知を学習者が受容するにあたって独特の過程が介在しているのである。それが土曜日のグループ活動を代表とする、学習者同士の、あるいは教育者としてのチューターを含めた学習共同体での教育／学習であった。そこで「講義」で教授された〈知〉は、チューターの助言や「議論」を通して学習者の具体的な日常の文脈に落とし込まれていく。抽象的な〈知〉は具体性を帯び、様々な「使用価値」を持つようになるのである。また、ときに「議論」は「講義」で教授されたテーマからはみ出て、「人生論」や「生き方」といったテーマに向かう。ここで〈知〉は熟成され、自らが学び取った〈知〉が、個々の学習者に生き方の指針を示す、活きた〈知〉となる。この過程はまさに、「自己の人間形成過程の占有」のプロセスだろう。

「自己の人間形成過程の占有」と〈知〉の在り方との関係を考える際に留意する必要があるのは、〈交換価値で測られる抽象的な知〉の獲得が「占有」には必ずしも結びついていないということである。パウロ・フレイレが「銀行型教育」と呼んで批判したような[5]、抽象的な〈知〉を教授し、その多寡によって教育の達成度合いが評価される教育観においては、〈知〉の獲得は必ずしも「自己の人間形成過程の占有」、ひいては生の充溢につながらない。「占有」に結びついているのは、少なくとも本研究の事例においては、抽象的な〈知〉に基盤を置きながらも、個々の学習者の生活・生涯に沿って噛み砕かれた〈ローカルな知〉である。それはときには「文学を深める」「政治について理解する」「運動に資する」といった具体的な目的のために使用される〈使用価値が重視されるローカルな知〉である。

また本書の事例に即してみた場合、〈交換価値で測られる抽象的な知〉と〈使用価値が重視されるローカルな知〉という分析概念には回収しきれない〈知〉の様相があるように思われる。それは、「〈知〉を得て◯◯に使う」あるいは「〈知〉を得て△△と交換する」というように、〈知〉が他の行為のための媒介的な位置にあるのではなく、その〈知〉を持つこと自体が終極的な目的になるような〈知〉である。この点は次項でさらに検討しよう。

2 教育の意味・目的と「自己の人間形成過程の占有」

二つ目の論点、教育の意味に関しては、〈手段的な意味〉／〈現時充足的な意味〉という軸を設定した。では、京都労働学校の学習者たちにとって教育／学習活動は、どのような意味を持つものとして経験されているのだろうか。

上でも述べたが、特に人文科学科目の受講者にとって、京都労働学校での教育／学習は資格の取得や職業的な技能の向上には結び付きにくい。多くの学習者は一般的なホワイトカラーだったので（例えば、六人のインタビュー対象者のうち五人が事務職や公務員を経験している）、京都労働学校の科目内容が直接的に職能や職場での待遇の向上に結び付くことはほとんど考えられない。この意味では、京都労働学校での教育／学習は一条校での授業に比べて、〈手段的な意味〉を持ちにくいと言える。重要なことは、〈手段的な意味〉を持ちにくい京都労働学校での教育／学習活動それ自体に、学習者たちが喜びを見出していることであろう。これはまさしく、京都労働学校での教育／学習（の一部）が、学習者の主観においては〈現時充足的な意味〉を有していたことを示していると言って良いだろう。

このことが示唆するのは、「教育を受ける」あるいは「学習する」という営みそれ自体に、その営みの目的や結果とは独立して、生を充溢させる独自の役割が存在するのではないかということである。これまでの政策や研究では基本的に、労働者の教育／学習は〈手段的な意味〉を与えられ、またそうした視点からその効果を分析されてきた。第2章で見たように、政策による教育が《②職業教育》を通して国際的な「人材」になることや職業の獲得を目指していることはその一例であろう。また、「労働者階級」としての自覚の獲得、労働運動の拡張のための教育という発想もまた、教育／学習に〈手段的な意味〉のみを期待する同様の構造を有している。

こうした教育観においては、教育／学習の〈現時充足的な意味〉が顧みられることはない。もちろん、〈手段的な意味〉は教育の極めて重要な側面であり、棄却されるべきものではない。問題はもう一方の〈現時充足的な意味〉がほとんど完全に等閑視されていることである。教育／学習による生の充溢を考える上では、〈手段的な意味〉の多寡でのみ教育／学習を評価する教育観を脱却する必要がある。

ここで、前項の〈知〉と本項で検討した〈意味〉とを併せて検討してみよう。

前項の終わりに、労働者の生を充実させる〈知〉は、本書の事例に即する限り〈交換価値で測られる抽象的な知〉よりは〈使用価値が重視されるローカルな知〉であるということ、そしてときには、〈使用価値が重視されるローカルな知〉とも位相を異にする、その〈知〉を持つことそれ自体が終極的な目的になるような〈ローカルな知〉が人々の生を充溢させてきたということに言及した。

本項で検討した〈手段的な意味〉／〈現時充足的な意味〉という分析軸に沿って言えば、前項で用いた分析概念の二つの〈知〉、すなわち〈交換価値で測られる抽象的な知〉と〈使用価値が重視されるローカルな知〉は、いずれも〈手段的な意味〉の次元に属していると言える。双方ともに〈知〉は何かのための手段としての媒介的な位置を与えられているからである。だが、第5章で見たような、「自己」の在り方を問う学習者たちの事例からは、その〈知〉を持つこと自体が終極的な目的になる〈ローカルな知〉が存在し、かつそれは〈知〉を持つ人の生を充溢させていることが分かる。それは「自己」(「生き方」「いかに生きるか」等)について考える〈知〉であり、それを通して他者や社会(「なぜ生きづらいのか」「なにをすればいいのか」)について考える〈知〉である。これらの〈知〉は何かの手段となることはない。〈知〉を獲得し、それについて考え、〈知〉を更新すること自体が終極的な目的となる〈知〉である。〈現時充足的な意味〉の次元に属する〈ローカルな知〉もまた、労働者の生を充溢させるのに寄与していると言えよう。このような〈ローカルな知〉を、ピノーやミシェル・ド・セルトーの語法[6]に倣って〈実存的価値を持つローカルな知〉と呼んでおこう。

ここまで本項では、①「教育」とそこで得られる②〈知〉について、〈手段的な意味〉／〈現時充足的な意味〉という〈意味〉の次元に関する分析軸を用いて検討してきた。①に関しては、〈手段的な意味〉をほとんど有しない教育機会である労働学校が、学習者たちの生を充溢させたことを検討することで、教育の〈現時充足的な意味〉に着目する必要性を主張した。②については、〈手段的な意味〉のなかでも〈使用価値が重視されるローカルな知〉を獲得し、日々の活動を具体的に充実させることを通して人の生を充溢させる可能性があり[7]、また〈現時充足的な意味〉の次元に属する〈実存的価値を持つローカルな知〉にも、それを得ること自体が人の生を充溢させることを示してきた。教育やそこで得られる〈知〉について、交換価値や手段的意味の次元のみで考えることの限界が提示されたと言えよう。

本書の分析軸——すなわちピノーらの生涯教育理論の問題構成——から見ると、①と②の関係はいかなるものなのか、「教育」が行われ、〈知〉が生じる空間はどのような影響を及ぼすのかといった論点が残されている。本書が扱った限られた事例から引き出し得る知見で可能な限り、二つの論点について考察しよう。

3　教育空間と「自己の人間形成過程の占有」

教育空間に関しては、〈ゾーニングに従う空間〉／〈使用者が意味を決定する空間〉という軸を設定した。教育空間への意味づけに関しては、第5章で言及したように、学習者たちが「好きな様に処理できる自由な時間」を求めていたという事実と、校舎の移転に際しての、土曜日における「自由な空間」をめぐる事務局と学習者たちのやりとりが、考察のための手がかりを与えてくれる。

京都労働学校という事例に即する限り、〈ローカルな知〉が生じたり教育に〈現時充足的な意味〉が付与されたりするのは、教育空間での振る舞い方を学習者自身が決定しているときであると言えよう。その典型は、土曜日の夜に行なわれたグループ活動やその延長線上にある「議論」であった。

先に、知識人たちは「具体的な場所としての労働学校に関する意味」にほとんど言及しておらず、無意識のうちに「講義」のための空間であることを前提としていたと述べた。学習者たちにとって、「講義」の時間の労働学校は自らの振る舞いについて考える必要がない空間である。それは時間割によって外部から意味を決められた空間であり、そこでの振る舞いは基本的に講師が決定する。この意味で、「講義」中の京都労働学校は〈ゾーニングに従う空間〉に近い。こうした空間としての京都労働学校は、学習者たちの生に大きな影響を与えてはいない。彼らが今想起する京都労働学校の主な姿は、

「講義」中の教室ではない。

対照的に土曜日や夜の京都労働学校は、学習者がそこでの身振りを決められる、あるいは決めなければならない空間であった。この意味で、土曜日や夜の京都労働学校はまさに〈使用者が意味を決定する空間〉である。そこでは「自由」が認められているがゆえに、何を学ぶのか、それは何故かといったことがらについて、自らの生活と〈知〉との関係を踏まえつつ省察せざるを得ない。グループ活動とは、「自由」が許された空間での振る舞い方を決める――空間の意味を決定する――ことを通して、〈知〉が顧みられる活動であった。自らの生活や「生きること」に関する悩みと「講義」で与えられた〈知〉を結び付け、教育／学習活動の内容としてチューターや他の学習者に提示することや、他者が提示した活動内容に意見することのような営みの中で、生きることと〈知〉とは密接に関わっている。学問知と個々人の生活とのはざまで〈ローカルな知〉が生じてくるのは、このような局面においてである。

教育／学習活動が〈現時充足的な意味〉を持つのも、このようなプロセスを通してである。活動の内容を決めることそれ自体が既に学びのプロセスとしての意味を有しており、それは生きることと密着しているゆえに、多くの場合に「自己の人間形成過程の占有」のプロセスでもある。〈ローカルな知〉の醸成、〈現時充足的な意味〉の現出は、空間の意味を決定するという営みと並行して生じている。この点で、完全に〈ゾーニングに従う空間〉ではなく、〈使用者が意味を決定する空間〉になり得る余地を残していた土曜日や夜の校舎という空間こそが、「自己の人間形成過程の占有」の土台であった。「学生」であるという条件によって、学外の他者に比べると所有感を強く持つことのできる場所であり、かつ時間によっては京都労働学校による外部からの意味づけを逃れている場所、それが京都労働学校という「校舎」が有していた特質であり、この微妙なバランスの上に、〈使用者が意味を決定する空間〉は生じていた。

本書の冒頭で述べたように、教室で〈知〉を獲得するという営みは、ときに教育を受けることを分断の契機にしてしまう。そこでの振る舞い方を外部から決められる教室という空間では、〈知〉をめぐる競争が生じうる。京都労働学校の学習者たちは、同校が「学校」である以上、本来的には講義のための空間であるところの「教室」の意味を――ときには無意識のうちに――組み替えることによって、この空間を〈知〉をめぐる対話を通して共同性を育む空間へと変貌させている。空間の意味を読み替えるこの即興的な「戦術」[8]に、〈知〉の獲得を通して労働者が結びつく契機を読みとることはできないだろうか。ここに、教育／学習のみならず、それが行われる空間に着目することの意義がある。ところで、第1章で述べたように、現代社会の空間は〈ゾーニングに従う空間〉という様相を強めつつある。京都労働学校でも、1974年の校舎移転に伴って同様の傾向を看取することができる。例えば、第4章で触れた「二流の会」は校舎移転後に京都労働学校から独立した。その背景には、①教室という場所の自由な利用が困難になってきたこと、②チューターが雇用されなくなったこと、③「ホーム感」がなくなったことなどが挙げられている。また遠藤氏は、木造建築物全体が校舎だった猪熊九条校舎と、ビルの一フロアのみが後者である四条校舎との違いにも言及している。少なくとも「二流の会」のメンバーにとって、四条校舎に移った京都労働学校は〈ゾーニングに従う空間〉として映っていたと考えることができる。

〈使用者が意味を決定する空間〉になり得る余地を持つ場所であることが「自己の人間形成過程の占有」の土台であったのであれば、学習者から〈ゾーニングに従う空間〉と感覚されるようになった京都労働学校は、いつしか「自己の人間形成過程の占有」の重要な基盤を一つ喪失したと言えるかもしれない。四条校舎への移転は通学の便利さを考えてのことであり、決して悪意から生じたわけではない。基盤の消失はひとり京都労働学校に責任があるのではなく、第1章で述べたように〈ゾーニングに従う空間〉の拡大は近現代社会の趨勢でもある。生涯教育の目的が「自己の人間形成過程の占有」であり、その基盤が〈使用者が意味を決定する空間〉にあるのであれば、生涯教育の思想や実践について考察するのに際して教育空間の意味を使用者が決めることの重要性について考察を深める必要があるのではないか。それが、70年代の京都労働学校が残した理論的教訓であろう。

70年代初頭における土曜日や夜の京都労働学校は、少なくとも本書の事例に即する限り、そこにいることと学ぶこと、そして生の充溢とが不可分な教育空間であった。本章で見てきたように、そこで学ばれる〈知〉や教育／学習が持つ〈意味〉、空間のモードは、「伝統的な教育学」[9]が想定するものとは大きく異なっている。

だが、ここでわれわれ自身の学校体験を振り返ってみるなら、母校の教室がこうした要素を有した場所として浮かぶことはないだろうか。70年代における土曜日の京都労働学校のみが生の充溢に資する特異な教育空間であるのではなく、あらゆる生涯教育の空間に――そしておそらく学校教育にも――そこに存在することが生の充溢に結びつくような契機は含まれている。抽象的な空間としての教育空間と、具体的な場所としての――例えば母校としての――教育空間は、別の次元で議論すべき対象なのかもしれない。

そこに身を置くことが生の充溢に結びつくような教育空間。そのような教育空間の存立基盤について考えることが必要であろう。京都労働学校における教育／学習の様相が教えるのは、われわれの教育観・教育空間を見る目を更新する必要があるということではないか。

第3節　今後の課題と展望

1　労働学校の百年

本書が残した課題は数多いが、その中でも特に、京都労働学校という一つの事例のみを検討対象としたために、本書での考察が一般性を欠くことは今後の大きな課題として挙げておかなくてはならない。労働学校は、1920年代以来様々な主体によって、様々な目的を持って形成されてきた。労働学校は一貫して労働者を主な対象とした教育空間であり、それゆえに本書の「労働者の生の充溢に向けた教育／学習活動の可能性を検討する」という研究目的に沿った格好の研究対象である。本来であれば、教育対象・目的・内容、あるいは二つの次元の〈意味〉などについて、通時的な、あるいは複数の創立主体間の比較検討を行うべきだろう。

本項ではまず、労働学校に関する研究状況や資料の発掘状況を述べつつ、労働学校の通史的研究への展望を述べておきたい。

教育史研究や労働史研究、社会運動史研究等において研究対象になってきた労働学校は、現在のところ1920-30年代に創立された大阪労働学校や京都労働学校（本書の「京都労働学校」とは別のもの）と、本書が扱ったような、主に1950年代後半以降に活動した労働学校に限られている。総じて、戦時期及び占領期の労働学校研究及び資料の発掘は空白のままであると言わざるを得ない。筆者もまた、本書に取りまとめた京都労働学校研究のほかには戦前期大阪労働学校の研究を主に行っており、研究の空白を埋めるには至っていない。

労働者の生が教育活動によっていかに充溢してきたのかということを十全に検討するためには、労働者の生のありようや知識人の労働者観、教育目的や内容などに関する通時的な検討が求められる。現在までに研究が蓄積されてきたのは戦前期と高度経済成長期の二時点のみの労働学校であり、それらの比較検討だけでは変容したという事実は判明したとしても、その原因や普遍的な事象を問うことは難しいだろう。以下では、その空白――1940-50年代の労働学校研究――を埋めるための対象の選定と、史資料発掘の状況について述べておきたい。

(1) 労働学校に関わった知識人・労働者たちの戦時期

本書の定義に該当する労働学校は、1939（昭和14）年に日本労働学校が閉校して以来、管見の限り戦時期には活動していない。そのため、戦時期をまたいだ労働学校の変容と連続性についての考察にはまず、戦前・戦後の労働学校に関与した知識人たちの思想の変容の検討が必要になる。

第3章で触れているが、戦後期の労働学校は関西地域において活発に形成される。そこに参画した知識人のなかには、戦前期労働学校で活動していた人物が何人か存在する。その代表格は、京都労働学校の初代校長である住谷悦治である。住谷は戦前期関西地域の労働学校で講師を務め、敗戦後すぐに尼崎市などに創立された労働学校で講義を行っている。住谷は、戦前・戦後ともに労働学校の中核にいた数少ない知識人であると言えるだろう。

住谷については、近年彼の日記の翻刻が田中智子らによって着手されており[10]、それをもとにした研究成果も発表されつつある[11]。労働学校に関する研究はまだ始められていないものの、住谷の思想の戦前・戦後を検討することは、労働学校の変容や連続性を明らかにすることに寄与し得るだろう。

同様に、住谷と同時期に戦前期大阪労働学校で講義を行っていた中心的な知識人たち、特に高野岩三郎や彼の研究室に所属していた森戸辰男や大内兵衛、東大新人会の阪本勝や松沢兼人らの史資料収集と分析を進めることも、戦時期前後における労働学校の検討に必要な作業だと考える。

学習者側からの検討に関しては、大阪労働学校や日本労働学校で学んだ人々の戦時期の言動を知る必要がある。この点に関して、筆者は大阪労働学校の学習者の1人に焦点を当て、資料の収集を進めている。彼ら学習者と知識人たちがどのように戦時期を過ごしたのか、具体的な人的交流や彼らの思索の変遷過程を追いつつ、戦前・戦後を通した労働学校や労働者の学びの変容と連続性を考えていきたい。

(2) 占領期労働学校と京都人文学園

(1)で述べたことに関わって、占領期に関西地域を中心として簇生した労働学校の形成と展開を明らかにすることと、占領期に誕生し、京都労働学校の前身ともなった京都人文学園における教育／学習活動の様相を検討することが、労働学校の通史的検討に際して本書が欠いた時期の分析に必要であろう。

敗戦後すぐ、京都市や尼崎市には労働組合による政治運動と関わりながら労働学校が形成される。また同時期に、「文化運動」を標榜して既存の学校とは異なる「学校」の創造を目指した京都人文学園が創立される。

こうした内実が質的に異なる「運動」に基づいて創られた京都の労働学校と京都人文学園は、第3章で述べたように一つの流れとなって現在の京都労働学校へと至っているが、占領期及び高度経済成長期にそうした流れが合流する過程はまだ検討されていない[12]。労働学校の通史的検討という課題からは、その検討は欠かせないだろう。

その合流の中心にあったのも、また住谷悦治であったと考えられる。彼は「尼崎労働学校」や京都に創られた京都勤労者教育協会の労働学校で講師を務めつつ[13]、京都人文学園創立の中心人物でもあった。そして、合併後の京都労働学校の初代校長でもある。先の日記の検討を通して、彼の行動を明らかにすることが、占領期から高度成長期にかけた労働学校の形成と展開を検討する糸口になると考えられる。

(3) 1960年代京都労働学校の学習者たち

また、占領期や高度成長期における労働学校の活動を、学習者側から分析する必要もあるだろう。この作業は本書の結論のように、教育者と学習者の労働学校への意味づけのズレを浮かび上がらせる可能性を有している。

この作業に関わっては、序章でも述べた通り、筆者は現在、福家崇洋氏、須永哲思氏とともに京都勤労者学園が保有する史資料群の調査に携わっており、史資料群の目録とスキャンデータの作成を進めている。先行研究において未だ紹介されていない史資料を多く含むこれらの史資料群には、京都労働学校の知識人、労働者の言説や活動を窺い知ることができる『学園報』や「グループ活動報告書」などの貴重な史資料が含まれており、1950年代から1970年代にかけての労働者の学びの様相を知ることができる。この資料群の整理と分析が、(3)に関する何よりの課題である。

以上、(1)から(3)で述べた作業を通して、戦時期・占領期・高度成長期における労働学校の形成と展開の様相を明らかにし、本書における分析と合わせて労働学校の通史的研究を行うことで、知識人による労働者に向けた教育活動や、労働者の学びの様相の変遷を、時代の文脈の中で考察することが、本書が残した大きな課題であると考える。

2 その他の課題

最後に、本書が残した、上述したもの以外の課題を二点挙げておきたい。

一つ目は、多様な教育／学習の空間・場所の形態に関する検討である。前節では労働学校が「学校」を模した空間であったことの意味について、近代の教育空間が持つ特質を参照軸として検討を試みた。しかし、本書は具体的な対象をいわば「学校」型教育空間の労働学校に限定したため、近代空間の特質が教育／学習という営みに及ぼす影響という論点について、幅広く検討することはできなかった。例えば大労校と同時代には、内務省による労務者教育が、教育者と学習者が寝食を共にする「宿泊型」とでも呼び得る形態で行われたように、典型的な学校教育システムのタイプではない教育の空間も多様な形で存在していた。今後、様々な形態の教育の空間の比較検討を通して、上記の論点についてさらに考察を深めたい。

二つ目は、本書で扱った年代の京都労働学校について、高度経済成長期という時代背景との関係で論じることである。本書では京都労働学校の教育内容の変遷や労働学校の史的展開などを全般的に扱ったため、時代背景に焦点を当てた考察が乏しい。先述の資料発掘によって事実関係を示す資料を収集することと併せて、1970年代の京都労働学校が高度経済成長期という背景の中にどのように位置づくのかということについて考察を深めたい。

グローバル化や情報化などといった現代的状況によって、先述した近代的な時間・空間（時計の時間・均質空間[14]）が、人々の生活を覆う力は強くなってきているように思われる。このような状況のもとで、労働学校で学習者たちが経験したような、そこにいる人たちが「いつの間にか」学びや交流に巻き込まれていくような、多層的な意味を持つ場所は存在し続けることができるのだろうか。今後、先述の課題を中心に、労働者に向けた教育／学習の空間・場所の在り方についてさらに考察を深めていきたい。

注

1　空間・場所が持つ意味の分類については、前平泰志・鈴木伸尚・奥村旅人「フィールドにおける〈ローカルな知〉と場所の接合の研究」（日本社会教育学会第67回研究大会自由研究発表、2020年9月11日）、及び拙稿「『場』としての大阪労働学校」（『京都大学生涯教育フィールド研究』5、2017年、77-86頁）。

2　このような学びは、学習者自身の言葉では、「勉強とは思ってなかった」学び、「たまたま」な学びなどと表現される。ここではそのような「学び」を、イヴァン・イリッチが学校における教授と対比して用いている「偶発的な」学びと総称しておく（前掲イヴァン・イリッチ『脱学校の社会』、49 頁）。

3　例えば、小川利夫「社会教育の組織と体制」（小川利夫・倉内史郎編『社会教育講義』明治図書出版、1964 年、48-90 頁）や藤岡貞彦「自己啓発と生涯学習」（宮原誠一編『生涯学習』東洋経済新報社、1974 年、15-75 頁）、あるいは倉内史郎編『労働者教育の展望』（東洋館出版社、1970 年）などをこうした研究として挙げることができるだろう。

4　ユルゲン・ハーバーマスは、人間の関心を技術的関心、実践的関心、解放的関心の三つに分けて説明している。技術的関心とは、「ものごとを原因・結果の因果関係で考えようとする関心」のことであり、「因果的知識」「道具的知識」によって支えられるものである。実践的関心とは「他人を理解したいという欲求や、他人から理解されたいという人間理解の欲求を土台としている」関心であり、「自分や他人が所属する文化やその文化が持つ共通の社会規範や価値観を理解したい」という関心である。この関心は、「相互のコミュニケーションがはかれる相互理解に関する知識、及び文化の根底にある社会規範や価値観についての実践的知識」によって支えられるものである。解放的関心とは、「現状維持にとどまらずにさらに成長し発達したいという欲求を土台としている」関心であり、「自分や他者を形作っている文化の社会規範や価値観そのものを批判的に振り返ること」やそれらを変化させることに関心を置こうとするものである（ユルゲン・ハーバーマス『認識と関心』（奥山次良・八木橋貢・渡辺祐邦訳）未來社、1981 年）。現在の「社会人の学び直し」政策は、技術的関心を満たすことにほとんど特化した教育政策であると言えるだろう。

5　前掲フレイレ『被抑圧者の教育学』。

6　ミシェル・ド・セルトー『日常的実践のポイエティーク』（ちくま学芸文庫版）（山田登世子訳）筑摩書房、2021 年。

7　同様に、本書の事例からは見えにくいが、学歴や職の獲得、出世など〈交換価値で測られる抽象的な知〉を多く持つことによって実現することがらには、当然人の生を充実させ得る可能性があるだろう。本書はあくまでも、これまで焦点が当たって来なかった教育や〈知〉の意味を析出することに重点を置いているため、〈交換価値で測られる抽象的な知〉による生の充溢（ときには生の充溢の阻害）については踏み込んだ考察をしていない。

8　前掲ド・セルトー『日常的実践のポイエティーク』32-33頁。ここで「戦術」とは「戦略」に対置される概念である。「戦略」が「はっきりと敵とわかっているものに対する関係を管理できる場所」を前提とした「力関係の計算」であるのに対し、「戦術」は、「相手の全体を見おさめ、自分と区別できるような境界線があるわけでもないのに計算をはかること」であるとされる。このようなその時・その場をうまくやり過ごすという即興の営みによって、場所としての労働学校は外部からの計画とは異なる意味を持つことになる。

9 前平泰志「解説」エットーレ・ジェルピ『生涯教育：抑圧と解放の弁証法』（前平泰志訳）東京創元社、1983年、258頁。

10 住谷悦治『住谷悦治日記：一九三三（昭和八）年』（田中智子翻刻・解説）同志社大学人文科学研究所、2020年。

11 例えば、篠原史生「滝川事件と私学同志社：同志社大学教授・住谷悦治をとおしてみる」（『教育史フォーラム』（15）、2020年、27-48頁）など。

12 拙稿「京都人文学園の形成と変容：知識人・労働者による教育空間と社会運動の関係史」『人文學報』（122）、2024年、49-76頁では、戦後京都の社会運動の文脈を考慮に入れつつ、京都労働学校の教壇に立った知識人の人脈、及び教育内容の変容に関する検討を行ったが、京都勤労者学園への改組については京都人文学園の視点からの言及にとどまっており、京都に存在した他の労働者教育機関との相互交流を具体的に検討するには至らなかった。

13 尼崎労働学校「第二期本科講義日程表」1947年2月（大原社研所蔵）。なお同校には、阪本勝も講師として名を連ねている。

14 原広司『空間〈機能から様相へ〉』岩波書店、1987年。

参考／引用文献・史資料・URL 一覧（著者五十音順）

○文献

［「初出一覧」に記した拙稿は除いている。］

ジョン・アーリ『場所を消費する』（吉原直樹・大澤善信監訳）法政大学出版局、2003 年。
赤澤史朗ほか編『戦後知識人と民衆観』影書房、2014 年。
朝田泰「労働学校研究：大阪労働学校」『日本社会教育学会紀要』13、1977 年、39-46 頁。
荒山正彦ほか『空間から場所へ：地理学的想像力の探求』古今書院、1998 年。
有末賢『生活史宣言：ライフヒストリーの社会学』慶応義塾大学出版会、2012 年。
ハンナ・アレント『人間の条件』（志水速雄訳）筑摩書房、1994 年。
安藤耕己「成人の学習におけるライフ・ヒストリー法：学習の意味を人生に即してみる」日本社会教育学会編『成人の学習』東洋館出版社、2004 年、45-56 頁。
安藤耕己「社会教育史研究におけるナラティヴの位相：特にオーラリティに着目して」日本社会教育学会年報編集委員会編『社会教育研究における方法論』東洋館出版社、2016 年、150-161 頁。
石井山竜平「生涯学習政策下の自治体社会教育行財政」日本社会教育学会編『地方分権と自治体社会教育の展望』東洋館出版社、2000 年、23-34 頁。
石田良三郎『京都勤労者学園史』社団法人京都勤労者学園、1967 年。
出原政雄編『戦後日本思想と知識人の役割』法律文化社、2015 年。
磯村英一『人間にとって都市とは何か』日本放送出版協会、1968 年。
岩本俊一「戦後日本における自己教育概念に関する一考察：自己教育と自己教育運動」『東京大学大学院教育学研究科紀要』39、2000 年、69-76 頁。
市川昭午『生涯教育の理論と構造』教育開発研究所、1981 年。
イノベーション・デザイン＆テクノロジーズ『社会人の大学等における学び直しの実態把握に関する調査研究報告書』文部科学省、2016 年。
今津孝次郎ほか「大学への社会人入学に関するニーズ：一般市民への質問紙調査の結果から」『静岡大学教育実践総合センター紀要』28、2018 年、220-231 頁。
今西幸蔵『協働型社会と地域生涯学習支援』法律文化社、2018 年。
イヴァン・イリッチ『脱学校の社会』（東洋・小澤周三訳）東京創元社、1977 年。
猪山勝利「社会教育財政における地方分権と公共性保障の形成」日本社会教育学会編『地方分権と自治体社会教育の展望』東洋館出版社、2000 年、82-93 頁。
岩崎久美子「『社会人の学び直し』における放送大学の役割」『日本生涯教育学会年報』38、2017 年、3-20 頁。
岩田憲治「NPO 法人における収入構造の多様性：活動分野の細分化からのアプロー

チ」『ノンプロフィット・レビュー』19、2019 年、61-75 頁。
岩渕英之「川崎市における地域からの教育改革と生涯学習の推進」日本社会教育学会編『地方自治体と生涯学習』東洋館出版社、1994 年、80-90 頁。
上野輝将「戦後京都における科学者運動の展開：民主主義科学者協会京都支部の生誕」『神戸女子薬科大学人文研究』6、1978 年、59-104 頁。
宇治山宣会編『民衆とともに歩んだ山本宣治（やません）』かもがわ出版、2009 年。
内山淳子「大学における社会人の学び直しの現状と課題：通信制大学に焦点をあてて」『日本生涯教育学会年報』38、2017 年、21-37 頁。
内山節『戦後日本の労働過程』農山漁村文化協会、2015 年。
内山節『半市場経済：成長だけでない「共創社会」の時代』KADOKAWA、2015 年。
梅田俊英・高橋彦博・横関至『協調会の研究』柏書房、2004 年。
大河内一男『戦後日本の労働運動』岩波書店、1955 年。
大河内一男『暗い谷間の労働運動：大正・昭和（戦前）』岩波書店、1970 年。
大阪社会労働運動史編集委員会編『大阪社会労働運動史　第一巻』大阪社会運動協会、1986 年。
大澤真幸「〈宗教としての資本主義〉の現在：そして未来…」『思想』（1156）、2020 年、35-56 頁。
大澤真幸『ブルシット・ジョブと現代思想』左右社、2022 年。
大澤真幸『資本主義の〈その先〉へ』筑摩書房、2023 年。
大澤真幸・斎藤幸平『未来のための終末論』左右社、2023 年。
大澤善信ほか著・吉原直樹・堀田泉編『交響する空間と場所Ⅰ　開かれた都市空間』法政大学出版局、2015 年。
大島清『高野岩三郎伝』岩波書店、1968 年。
大田尭『なぜ学校へ行くのか 新版』岩波書店、1995 年。
太田裕子『はじめて「質的研究」を「書く」あなたへ：研究計画から論文作成まで』東京図書、2019 年。
大槻宏樹『自己教育論の系譜と構造：近代日本社会教育史』早稲田大学出版部、1981 年。
小川利夫「社会教育の組織と体制」小川利夫・倉内史郎編『社会教育講義』明治図書出版、1964 年、48-90 頁。
小川利夫・新海英行編『GHQ の社会教育政策：成立と展開』大空社、1990 年。
小川正人『戦後日本教育財政制度の研究』九州大学出版会、1991 年。
奥村旅人「戦前期『労働者教育』における中心的指導者の道徳教育思想」『地域連携教育研究』7、2022 年、67-79 頁。
奥村旅人「京都人文学園の形成と変容：知識人・労働者による教育空間と社会運動の関係史」『人文學報』122、2024 年、49-76 頁。
レイ・オルデンバーグ『サードプレイス：コミュニティの核になる「とびきり居心

地よい場所』(忠平美幸訳)みすず書房、2013年。
加藤千佐子「過疎地域における生涯学習の振興：栃木県栗山村を事例とした地区・自治公民館利用状況調査の分析を中心として」日本社会教育学会編『地方自治体と生涯学習』東洋館出版社、1994年、112-123頁。
加藤政洋「浄化される空間：丹羽弘一『支配 - 監視の空間、排除の風景』論に寄せて」『空間・社会・地理思想』15、2012年、43-49頁。
鹿野政直『日本の近代思想』岩波書店、2002年。
唐木宏一「ソーシャル・インパクト・ボンドの『論点』：活用のための前提を考える」『事業創造大学院大学紀要』7(1)、2016年、97-111頁。
川上洋子「島根大学における公開講座のあり方について：学習ニーズ調査からの考察」『島根大学生涯学習教育研究センター研究紀要』7、2010年、45-59頁。
川又俊則『ライフヒストリー研究の基礎：個人の『語り』にみる現代日本のキリスト教』創風社、2002年。
木村元・汐見稔幸編著『教育原理』ミネルヴァ書房、2020年。
教育史学会50周年記念出版編集委員会編『教育史研究の最前線』日本図書センター、2007年。
教育史学会60周年記念出版編集委員会編『教育史研究の最前線 II』六花出版、2018年。
京都勤労者学園『40周年記念誌』社団法人京都勤労者学園、1997年。
京都勤労者学園『50周年記念誌』社団法人京都勤労者学園、2007年。
京都勤労者学園『60周年記念誌』社団法人京都勤労者学園、2017年。
京都勤労者学園『第5回(通算第61回)園員総会議案書』京都勤労者学園、2017年。
京都人文学園創立30周年記念世話人会編『わが青春：京都人文学園の記録』京都人文学園創立30周年記念世話人会、1976年。
熊沢誠『新編 日本の労働者像』筑摩書房、1993年。
熊沢誠『若者が働くとき：「使い捨てられ」も「燃えつき」もせず』ミネルヴァ書房、2006年。
熊沢誠『過労死・過労自殺の現代史：働きすぎに斃れる人たち』岩波書店、2018年。
倉内史郎編『労働者教育の展望』東洋館出版社、1970年。
デヴィッド・グレーバー『官僚制のユートピア：テクノロジー、構造的愚かさ、リベラリズムの鉄則』(酒井隆史訳)以文社、2017年。
デヴィッド・グレーバー『ブルシット・ジョブ：クソどうでもいい仕事の理論』(酒井隆史・芳賀達彦・森田和樹訳)岩波書店、2020年。
黒崎征佑「戦間期の労働者教育：大阪労働学校をおもに」『帝京平成大学紀要』11(2)、1999年、1-8頁。
黒沢惟昭「労働者学習・教育試論」『一橋論叢』66(6)、1971年、616-623頁。
桑子敏雄『環境の哲学：日本の思想を現代に活かす』講談社、1999年。
河野秀樹「〈場〉とはなにか：主要な理論と関連する概念についての学際的考察」『日

白大学人文学研究』6、2010 年、39-60 頁。
河野秀樹「コミュニティにおける『場』:『場』概念の再考と実践研究への応用に関する考察」『目白大学人文学研究』15、2019 年、97-115 頁。
久保義三『対日占領政策と戦後教育改革』三省堂、1984 年。
粉川一郎「日本におけるソーシャルインパクトボンドの意義：評価と協働の観点から」『ソシオロジスト：武蔵社会学論集』22（1）、2020 年、1-22 頁。
駒込武編『生活綴方で編む「戦後史」:「冷戦」と「越境」の 1950 年代』岩波書店、2020 年。
児美川孝一郎『まず教育論から変えよう：五つの論争にみる、教育語りの落とし穴』太郎次郎社エディタス、2015 年。
児美川孝一郎『高校教育の新しいかたち：困難と課題はどこから来て、出口はどこにあるか』泉文堂、2019 年。
エドワード・サイード『知識人とは何か』（大橋洋一訳）平凡社、1998 年。
斉藤日出治「空間的身体の発見：コンメンタール『空間の生産』」『近畿大学日本文化研究所紀要』2、2019 年、27-60 頁。
斎藤雷太郎「『土曜日』について」『復刻版　土曜日』三一書房、1974 年。
酒井隆史『ブルシット・ジョブの謎：クソどうでもいい仕事はなぜ増えるか』講談社、2021 年。
酒井直樹『ひきこもりの国民主義』岩波書店、2017 年。
桜井厚『インタビューの社会学：ライフストーリーの聞き方』せりか書房、2002 年。
佐々木輝雄『佐々木輝雄職業教育論集 第 2 巻 学校の職業教育』多摩出版、1987 年。
佐々木享「『教育を受ける権利』と職業訓練：能力の問題によせて」『教育学研究』39（4）、1972 年、314-321 頁。
佐藤智子『学習するコミュニティのガバナンス：社会教育が創る社会関係資本とシティズンシップ』明石書店、2014 年。
エットーレ・ジェルピ『生涯教育：抑圧と解放の弁証法』（前平泰志訳）東京創元社、1983 年。
実存思想協会編『労働と実存』理想社、2013 年。
篠原史生「滝川事件と私学同志社：同志社大学教授・住谷悦治をとおしてみる」『教育史フォーラム』15、2020 年、27-48 頁。
島西智輝・梅崎修・南雲智映「大阪社会運動協会のオーラルヒストリーについて」『大原社会問題研究所雑誌』621、2010 年、53-69 頁。
清水伸子・津田英二「インフォーマルな形態での福祉教育実践におけるデータに基づく評価枠組み形成モデル：個人が体験する変容を生み出す「場のちから」への着目」『日本福祉教育・ボランティア学習学会年報』12、2007 年、94-115 頁。
社会教育基礎理論研究会編著『自己教育の思想史』雄松堂出版、1987 年。
社会教育・生涯学習辞典編集委員会編『社会教育・生涯学習辞典』朝倉書店、2012 年。
白石裕『分権・生涯学習時代の教育財政：価値相対主義を越えた教育資源配分シス

テム』京都大学学術出版会、2000年。
新村猛『新村猛著作集 第二巻「世界文化」三十年代の政治思想的証言』三一書房、1994年。
末武康弘ほか編著『「主観性を科学化する」質的研究法入門:TAEを中心に』金子書房、2016年。
杉本喜代巳編・京都勤労者学園30周年記念事業企画委員会監修『京都勤労者学園小史 1957年〜1987年』社団法人京都勤労者学園、1987年。
鈴木英一『日本占領と教育改革』勁草書房、1983年。
鈴木眞理・井上伸良・大木真徳編著『社会教育の施設論:社会教育の空間的展開を考える』学文社、2015年。
須永哲思「私立各種学校・京都人文学園の歴史:『人文主義の精神に依る教育』のゆくえ」『人文學報』122、2024年、77-113頁。
住谷悦治『研究室うちそと』大阪福祉事業財団京都補導所、1957年。
住谷悦治『住谷悦治日記:一九三三(昭和八)年』(田中智子翻刻)同志社大学人文科学研究所、2020年。
住谷一彦・住谷磬編『回想の住谷悦治』住谷一彦・住谷磬、1993年。
隅谷三喜男『賀川豊彦』岩波書店、2011年。
関口靖広『教育研究のための質的研究法講座』北大路書房、2013年。
祖父江昭二編『『プロレタリア文化』・『コップ』別巻』戦旗復刻版刊行会、1979年。
杣谷英紀「阪本勝『洛陽飢ゆ』『戯曲資本論』試論」『日本文藝研究』65(1)、2013年、49-71頁。
高野岩三郎著・鈴木鴻一郎編『かっぱの屁:遺稿集』法政大学出版局、1961年。
高見茂・服部憲児編著『教育行政提要(平成版)』協同出版、2016年。
高見茂「社会インパクト債(Social Impact Bond:SIB)の教育財源調達手法としての可能性:米国の就学前教育への導入に注目して」『地域連携教育研究』1、2017年、1-9頁。
竹内正巳・井上武司・宋正誼「阪神間の諸都市における生涯学習推進施策の現況と課題:社会教育との関係を中心に」日本社会教育学会編『地方自治体と生涯学習』東洋館出版社、1994年、91-100頁。
武田篤志ほか著・吉原直樹・堀田泉編『交響する空間と場所2 創られた都市空間』法政大学出版局、2015年。
橘木俊詔『格差社会:何が問題なのか』岩波書店、2006年。
田所祐史『地域社会教育施設の歴史的研究:公民館への継承と断絶』明治大学大学院文学研究科博士論文(未公刊)、2014年。
田中智子監修・田中智子・上甲典子著『戦争の記憶をつなげる 海軍飛行予科練習生 佐野元 空は星の満艦飾なり』地域資源を掘り起こす会、2023年。
田中治彦編著『子ども・若者の居場所の構想:「教育」から「関わりの場」へ』学陽書房、

2001 年。
田中秀臣『沈黙と抵抗：ある知識人の生涯、評伝・住谷悦治』藤原書店、2001 年。
丹藤博文「読むという変形」『日本文学』47 (3)、1998 年、10-22 頁。
塚原修一・濱名篤「社会人の学び直しからみた大学教育」『日本労働研究雑誌』59 (10)、2017 年、27-36 頁。
塚本一郎・金子郁容編著『ソーシャルインパクト・ボンドとは何か：ファイナンスによる社会イノベーションの可能性』ミネルヴァ書房、2016 年。
津田英二「『場のちから』を明らかにする」『日本福祉教育・ボランティア学習学会研究紀要』19 (0)、2012 年、34-43 頁。
津田英二・久井英輔・鈴木眞理編著『社会教育・生涯学習研究のすすめ：社会教育の研究を考える』学文社、2015 年。
ジョン・デューイ『経験と教育』(市村尚久訳) 講談社、2004 年。
寺﨑昌男「教育改革者としての南原繁：真理・創造そして平和の探求者」山口周三『資料で読み解く南原繁と戦後教育改革』東信堂、2009 年、273-306 頁。
イーフー・トゥアン『空間の経験：身体から都市へ』(山本浩訳) 筑摩書房、1993 年。
ミシェル・ド・セルトー『日常的実践のポイエティーク』(ちくま学芸文庫版) (山田登世子訳) 筑摩書房、2021 年。
内藤朝雄『いじめの構造：なぜ人が怪物になるのか』講談社、2009 年。
内藤誉三郎『社会教育行政法』良書普及会、1957 年。
中俣保志「自己教育論における自己形成の課題」『社会教育研究』20、2002 年、13-23 頁。
中村勝範編『帝大新人会研究』慶應義塾大学法学研究会、1997 年。
中村政則『労働者と農民』小学館、1976 年。
中山元『労働の思想史：哲学者は働くことをどう考えてきたのか』平凡社、2023 年。
成田龍一『〈戦後知〉を歴史化する』岩波書店、2021 年。
南部広孝「比較教育研究の回顧と展望：研究対象としての「制度」に焦点をあてて」『比較教育学研究』(50)、2015 年、137-148 頁。
西川長夫『国民国家論の射程：あるいは「国民」という怪物について』柏書房、1998 年。
西澤晃彦編『国際労働力の移動と編成』大月書店、2011 年。
仁平典弘・山下順子編『ケア・協働・アンペイドワーク：揺らぐ労働の輪郭』大月書店、2011 年。
日外アソシエーツ株式会社編『政治家人名事典：明治 - 昭和』日外アソシエーツ、2003 年。
日外アソシエーツ株式会社編『現代政治家人名事典：中央・地方の政治家 4000 人』日外アソシエーツ、2005 年。
日本教育行政学会編『教育財政をめぐる問題群』日本教育行政学会、2016 年。
日本社会教育学会・日本社会教育学会 70 周年記念出版部会編『現代社会教育学事典』東洋館出版社、2024 年。

日本社会教育学会年報編集委員会編『労働の場のエンパワメント』東洋館出版社、2013年。
二六会編『ファシズムと人民戦線の時代の記録』西田書店、1988年。
沼田潤・長谷川精一「『特別活動』・『総合的な学習の時間』における主体的・対話的な学びを促す教育方法」『相愛大学研究論集』34、2018年、23-27頁。
マルカム・ノールズ『成人教育の現代的実践：ペダゴジーからアンドラゴジーへ』(堀薫夫・三輪建二監訳) 鳳書房、2002年。
マルカム・ノールズ『成人学習者とは何か：見過ごされてきた人たち』(堀薫夫・三輪建二訳) 鳳書房、2013年。
野村康『社会科学の考え方：認識論、リサーチ・デザイン、手法』名古屋大学出版会、2017年。
ダヴィド・ハーヴェイ『都市と社会的不平等』(竹内啓一・松本正美訳) 日本ブリタニカ、1980年。
ユルゲン・ハーバーマス『認識と関心』(奥山次良・八木橋貢・渡辺祐邦訳) 未來社、1981年。
長谷川清「ソーシャルレンディング (日本版 P2P レンディング) の現状と課題」『成城大学経済研究所研究報告』(86)、2019年、1–34頁。
長谷川精一「教育についての考えを深めるために (2) 日本の教育思想から」佐藤光友・奥野浩之編著『考えを深めるための教育原理』ミネルヴァ書房、2020年、32-51頁。
ジョルジュ・バタイユ『呪われた部分』(酒井健訳) 筑摩書房、2018年。
花香実『花香実著作集 一』大空社、2008年。
花香実『花香実著作集 二』大空社、2008年。
原田彰「社会教育における『自己教育』概念の検討 (一)：ことばの使用法の実態」『人文學』(129)、1976年、93-133頁。
原広司『空間〈機能から様相へ〉』岩波書店、1987年。
久井英輔「社会教育研究における歴史的手法の『有用性』と『実践性』：カテゴリー、価値を相対化する知としてのあり方」日本社会教育学会年報編集委員会編『社会教育研究における方法論』東洋館出版社、2016年、62-73頁。
久田邦明『生涯学習論：大人のための教育入門』現代書館、2010年。
土方苑子編『各種学校の歴史的研究：明治東京・私立学校の原風景』東京大学出版会、2008年。
ガストン・ピノー・マリー＝ミッシェル『人生を創造する：ライフストーリーによる社会教育の理論と実践の探究』(末本誠訳) 福村出版、2022年。
広田照幸『教育学』岩波書店、2009年。
福島真人『学習の生態学：リスク・実験・高信頼性』東京大学出版会、2010年。
福家崇洋『戦間期日本の社会思想：「超国家」へのフロンティア』人文書院、2010年。

福家崇洋『日本ファシズム論争：大戦前夜の思想家たち』河出書房新社、2012 年。
福家崇洋「戦後歴史学の明暗：渡部徹と社会・労働運動史研究」『人文學報』122、2024 年、143-171 頁。
藤岡貞彦「自己啓発と生涯学習」宮原誠一編『生涯学習』東洋経済新報社、1974 年、15-75 頁。
藤田秀雄「第二章　社会教育法の制定」碓井正久編『社会教育』東京大学出版会、1971 年、18 頁。
藤田秀雄『社会教育の歴史と課題』学苑社、1979 年。
藤野志織「新村猛と『世界文化』：1930 年代京都のフランス的文脈を踏まえて」『人文學報』122、2024 年、115-141 頁。
パウロ・フレイレ『被抑圧者の教育学』（小沢有作ほか訳）亜紀書房、1979 年。
変革のアソシエ関西事務所「大阪労働学校・アソシエの設立と開校」『変革のアソシエ』（26）、2016 年、12-14 頁。
法政大学大原社会問題研究所編『大阪労働学校史：独立労働者教育の足跡』法政大学出版部、1982 年。
法政大学大原社会問題研究所編『大原社会問題研究所 100 年史』法政大学出版局、2020 年。
保城広至『歴史から理論を創造する方法：社会科学と歴史学を統合する』勁草書房、2015 年。
細海真二「地方自治体におけるソーシャルインパクト・ボンド導入の現状と課題：フィランソロキャピタリズムの黎明」『経営戦略研究』（12）、2018 年、79-90 頁。
堀尾輝久『現代教育の思想と構造：国民の教育権と教育の自由の確立のために』岩波書店、1971 年。
堀薫夫・三輪建二編著『生涯学習と自己実現』放送大学教育振興会、2006 年。
本田由紀『教育の職業的意義：若者、学校、社会をつなぐ』筑摩書房、2009 年。
本田由紀編『転換期の労働と「能力」』大月書店、2010 年。
本田由紀「世界の変容の中での日本の学び直しの課題」『日本労働研究雑誌』62（8）、2020 年、63-74 頁。
本と人とをつなぐ「そらまめの会」編著『私たち図書館やってます！：指定管理者制度の波を越えて』南方新社、2011 年。
マイケル・ポラニー『暗黙知の次元：言語から非言語へ』（佐藤敬三訳）紀伊國屋書店、1980 年。
前田信彦『仕事と生活：労働社会の変容』ミネルヴァ書房、2010 年。
前平泰志「学校の時間・生涯学習の時間：自己教育の理論のために」『教育学研究』56（3）、1989 年、231-240 頁。
前平泰志「時間と生涯自己教育：ボランティアの隠れた次元」日本社会教育学会編『ボランティア・ネットワーキング：生涯学習と市民社会』東洋館出版社、1997

年、64-79 頁。
前平泰志「序〈ローカルな知〉の可能性」日本社会教育学会編『「ローカルな知」の可能性：もうひとつの生涯学習を求めて』東洋館出版社、2008 年、9-23 頁。
真木悠介『時間の比較社会学』岩波書店、1981 年。
真木悠介『自我の起原：愛とエゴイズムの動物社会学』岩波書店、1993 年。
真木悠介『気流の鳴る音：交響するコミューン』筑摩書房、2003 年。
真木悠介著・河出書房新社編『うつくしい道をしずかに歩く：真木悠介小品集』河出書房新社、2023 年。
牧野篤編著『社会教育新論：「学び」を再定位する』ミネルヴァ書房、2022 年。
松尾尊兊「敗戦直後の京都民主戦線」『京都大學文學部研究紀要』(18)、1978 年、159-260 頁。
G.H. ミード『精神・自我・社会』(山本雄二訳) みすず書房、2021 年。
見田宗介『現代社会の理論：情報化・消費化社会の現在と未来』岩波書店、1996 年。
見田宗介『社会学入門：人間と社会の未来』岩波書店、2006 年。
見田宗介『現代社会はどこに向かうか：高原の見晴らしを切り開くこと』岩波書店、2018 年。
宮坂広作『近代日本社会教育政策史』国土社、1966 年。
宮坂広作『近代日本社会教育史の研究』法政大学出版局、1968 年。
宮坂広作『生涯学習の遺産：近代日本社会教育史論』明石書店、2004 年。
宮澤康人『〈教育関係〉の歴史人類学：タテ・ヨコ・ナナメの世代間文化の変容』学文社、2011 年。
宮原誠一「日本の社会教育」『世界の教育』第 9 巻、共立出版、1960 年、191-229 頁。
宮原誠一『宮原誠一教育論集 第 1 巻 教育と社会』国土社、1976 年。
宮本健市郎『空間と時間の教育史：アメリカの学校建築と授業時間割からみる』東信堂、2018 年。
三輪建二『おとなの学びを育む：生涯学習と学びあうコミュニティの創造』鳳書房、2009 年。
村上祐介・橋野晶寛『教育政策・行政の考え方』有斐閣、2020 年。
村山英雄・高木英明編著『教育行政提要』ぎょうせい、1987 年。
ドミニク・メーダ『労働社会の終焉：経済学に挑む政治哲学』(若森章孝・若森文子訳) 法政大学出版局、2000 年。
ジャック・メジロー『おとなの学びと変容：変容的学習とは何か』(金澤睦・三輪建二監訳) 鳳書房、2012 年。
谷口雅子「戦前日本における労働者・農民の自己教育運動の展開」『福岡教育大学紀要』29 第二分冊、1979 年、71-91 頁。
山﨑孝史『政治・空間・場所：「政治の地理学」にむけて　改訂版』ナカニシヤ出版、2013 年。

山嵜雅子『京都人文学園成立をめぐる戦中・戦後の文化運動』風間書房、2002 年。
山名淳『ドイツ田園教育舎研究:「田園」型寄宿制学校の秩序形成』風間書房、2000 年。
山名淳『都市とアーキテクチャの教育思想：保護と人間形成のあいだ』勁草書房、2015 年。
山本昭宏『戦後民主主義：現代日本を創った思想と文化』中央公論新社、2021 年。
山本圭三「財政基盤情報に基づく NPO 組織の類型化の試み：計量組織調査データを用いて」『経営情報研究：摂南大学経営学部論集』28 (1・2)、2021 年、13-32 頁。
吉原直樹『時間と空間で読む近代の物語：戦後社会の水脈をさぐる』有斐閣、2004 年。
吉原直樹『都市社会学：歴史・思想・コミュニティ』東京大学出版会、2018 年。
ポール・ラングラン『生涯教育入門』(波多野完治訳) 全日本社会教育連合会、1971 年。
アンリ・ルフェーヴル『空間の生産』(斎藤日出治訳) 青木書店、2000 年。
ジーン・レイヴ・エティエンヌ・ウェンガー『状況に埋め込まれた学習：正統的周辺参加』(佐伯胖訳) 産業図書、1993 年。
エドワード・レルフ『場所の現象学』(高野岳彦・阿部隆・石山美也子訳) 筑摩書房、1999 年。
和田強「賀川豊彦と高野岩三郎－大阪労働学校の労働者教育思想－」住谷一彦・和田強編著『歴史への視線』日本経済評論社、1998 年、239-270 頁。
綿貫ゆり「反ファシズムの烽火：『世界文化』と『土曜日』」『千葉大学人文公共学研究論集』、2019 年、197-214 頁。
「産育と教育の社会史」編集委員会編『生活の時間・空間 学校の時間・空間』新評論、1984 年。
Cylil Hool. *Inquiring Mind*. Madison : University of Wisconsin Press, 1961, pp.14-30.
Marsick, VJ・& Watkins, K・E., *Informal and Incidental Learning in the Workplace*, London, Routledge, 1990.

○史資料

［凡例：大原社会問題研究所所蔵史資料の末尾に大、広島大学文書館所蔵史資料の末尾に広と記す。］

浅野研真『勞働学校研究』三田書房、1925 年。
尼崎労働学校「第二期本科講義日程表」1947 年 2 月大。
大阪社会労働運動史編集委員会編『大阪社会労働運動史　第一巻』大阪社会運動協会、1986 年。
大原社会問題研究所『日本労働年鑑』第 3-18 巻、1922-1937 年。
大森俊雄編『東京帝國大學セツルメント十二年史』東京帝國大學セツルメント、1937 年。
賀川豊彦「労働組合と教育の改造」『労働者新聞』第六一号、1922 年 5 月。
桂労働関係研究所・社會文化研究所編『勞働年鑑 昭和 27 年版』社会文化研究所、

1952年。
同上 昭和28年版、1953年。
同上 昭和29年版、1954年。
同上 昭和30年版、1955年。
同上 昭和31年版、1956年。
協調会『我國に於ける勞働者教育の趨勢』協調会、1932年。
協調会情報課『大正11年12月 本邦労働運動調査報告』協調会情報課、1922年。
協調会情報課『大正12年12月 本邦労働運動調査報告』協調会情報課、1923年。
協調会編『本邦勞働學校概況』協調会、1929年。
協調会編『社会政策時報 覆刻版』合本1－合本12、原書房、1978-1979年。
近代日本教育制度史料編纂会編『近代日本教育制度史料 第27巻』大日本雄弁会講談社、1958年。
社会思想社『社会思想』1巻1号-9巻1号、社会思想社、1922-1930年。
鈴木文治『労働運動二十年』一元社、1931年。
総同盟五十年史刊行委員会編『友愛新報集成』柏書房、1964年。
総同盟五十年史刊行委員会編『総同盟五十年史 第1巻』総同盟五十年史刊行委員会、1964年。
同上 第2巻、1966年。
同上 第3巻、1968年。
高野岩三郎「労働問題の解決」『福岡日日新聞』1918年8月29日付け朝刊—9月6日付け朝刊。
高野岩三郎「隣人コドモの会御挨拶」、1934年[広]。
中央労働学園編『労働年鑑 昭和22年版』中央労働学園、1947年。
同上 昭和23年版、1948年。
同上 昭和24年版、1949年。
同上 昭和25年版、1950年。
同上 昭和26年版、1951年。
東京市社會局編『我國に於ける勞働學校』東京市社會局、1925年。
日本近代教育史料研究会編『教育刷新委員会教育刷新審議会会議録 第3巻』岩波書店、1996年。
同上 第9巻、1997年。
同上 第13巻、1998年。
法政大学大原社会問題研究所・総同盟五十年史刊行委員会共編『労働及産業：友愛会機関誌 [復刻版] 1-10』法政大学出版局、1969-1978年。
無産者映画協会本部「無産者映画協会の設立と十六ミリ撮影機購入基金百五十円募集について」、1931年[広]。
森戸辰男「労働者教育」、記述年不詳（未公刊）[広]。

森戸辰男『クロポトキンの片影』同人社、1921 年。
森戸辰男「我国に於ける労働者教育について（上）」『月刊大原社會問題研究所雑誌』1（2）、1934 年、1-27 頁。
森戸辰男「我国に於ける労働者教育について（中）」『月刊大原社會問題研究所雑誌』1（3）、1934 年、1-13 頁。
森戸辰男「我国に於ける労働者教育について（下）」『月刊大原社會問題研究所雑誌』1（4）、1934 年、11-19 頁。
森戸辰男『思想の遍歴 上 クロポトキン事件前後』春秋社、1972 年。
森戸辰男『思想の遍歴 下 社会科学者の使命と運命』春秋社、1975 年。
労働省・中央労働学園編『労働教育展覧会関係資料』中央労働学園、1948 年。
「クラス会規約」1923 年、大原社研編『学校史』22-23 頁所収。

○ URL

[最終閲覧日は、引用箇所に記載している。]
NPO 文化学習協同ネットワーク「学びの『場』」、https://www.npobunka.net/acquire/noge/。
大阪労働学校・アソシエ「講座情報」http://www.ols-associe.or.jp/curriculum/。
大阪労働学校・アソシエ「本校について」http://www.ols-associe.or.jp/curriculum/。
小口正貴「移動図書館に約 1200 万円の寄付、指宿の NPO が支持される理由」、https://project.nikkeibp.co.jp/atclppp/PPP/report/120600097/?ST=ppp-print。
神奈川県政策研究・大学連携センター「ソーシャル・インパクト・ボンドの導入可能性と課題」、18 頁、https://www.pref.kanagawa.jp/documents/22477/793261_1.pdf。
神奈川大学「奨学金と給費生制度に関する意識調査 2015」神奈川大学、2015 年、https://www.kanagawa-u.ac.jp/att/12901_12563_010.pdf。
京都市「教育委員会予算の概要」、https://www.city.kyoto.lg.jp/gyozai/cmsfiles/contents/0000290/290208/kyoiku.pdf。
京都市「子ども若者はぐくみ局予算の概要」https://www.city.kyoto.lg.jp/gyozai/cmsfiles/contents/0000290/290208/kowaka.pdf。
京都市「文化市民局予算の概要」、https://www.city.kyoto.lg.jp/gyozai/cmsfiles/contents/0000290/290208/bunshi.pdf。
京都市教育委員会「京都市生涯学習市民フォーラムとは」、https://www.city.kyoto.lg.jp/kyoiku/page/0000215428.html。
京都市ユースサービス協会「事業案内」、http://ys-kyoto.org/support/infopg-2/。
厚生労働省職業安定局「ハローワークインターネットサービス」、厚生労働省、https://www.hellowork.go.jp/insurance/insurance_education.html#kyouiku。
厚生労働省「ハロートレーニング」厚生労働省、https://www.mhlw.go.jp/stf/seisakunitsuite/bunya/koyou_roudou/jinzaikaihatsu/hellotraining_top.html。

厚生労働省「令和5年労働組合基礎調査」、2023年、https://www.mhlw.go.jp/toukei/itiran/roudou/roushi/kiso/23/dl/01.pdf。
下吹越かおる「指宿から全国へ！　本のある空間を届けるブックカフェプロジェクト」、https://readyfor.jp/projects/ibusuki-bookcafe。
そらまめの会「READYFORコミュニティ終了のお知らせ」、https://www.sorako.net/blank-4。
高松市教育委員会「高松市生涯学習市民意識アンケート調査結果報告書」、もっと高松 高松市公式ホームページ、2016、http://www.city.takamatsu.kagawa.jp/kurashi/kosodate/shougai_gakushu/enquete.files/27149_L15_houkokusyo.pdf。
名古屋都市センター「調査・研究」http://www.nup.or.jp/nui/information/index.html#information。
文部科学省「生涯学習の推進」http://www.mext.go.jp/a_menu/01_g.htm。
文部科学省「『職業実践力育成プログラム』(BP)認定制度について(概要)」文部科学省、2015年、http://www.mext.go.jp/component/a_menu/education/detail/__icsFiles/afieldfile/2015/07/31/1360257_3.pdf。
文部科学省「教育振興基本計画部会(第8期〜)(第3回)議事録」文部科学省、2016年、http://www.mext.go.jp/b_menu/shingi/chukyo/chukyo14/gijiroku/1383357.htm。
文部科学省「教育振興基本計画部会(第8期〜)(第4回)議事録」文部科学省、2016年、http://www.mext.go.jp/b_menu/shingi/chukyo/chukyo14/gijiroku/1383443.htm。
文部科学省「教育振興基本計画部会(第8期〜)(第6回)議事録」文部科学省、2016年、http://www.mext.go.jp/b_menu/shingi/chukyo/chukyo14/gijiroku/1397653.htm。
文部科学省「教育振興基本計画部会(第8期〜)(第8回)議事録」文部科学省、2016年、http://www.mext.go.jp/b_menu/shingi/chukyo/chukyo14/gijiroku/1397660.htm。
文部科学省「教育振興基本計画部会(第8期〜)(第12回)議事録」文部科学省、2016年、http://www.mext.go.jp/b_menu/shingi/chukyo/chukyo14/gijiroku/1397664.htm。
文部科学省「教育振興基本計画部会(第8期〜)(第14回)議事録」文部科学省、2016年、http://www.mext.go.jp/b_menu/shingi/chukyo/chukyo14/gijiroku/1400436.htm。
文部科学省「教育振興基本計画部会(第8期〜)(第15回)議事録」文部科学省、2016年、http://www.mext.go.jp/b_menu/shingi/chukyo/chukyo14/gijiroku/1400437.htm。
文部科学省「教育振興基本計画部会(第8期〜)(第16回)議事録」文部科学省、2016年、http://www.mext.go.jp/b_menu/shingi/chukyo/chukyo14/gijiroku/1400438.htm。
文部科学省「平成31年度予算(案)主要事項」文部科学省、2019年、http://www.mext.go.jp/component/b_menu/other/__icsFiles/afieldfile/2018/01/16/1400422_2.pdf。
矢野経済研究所「国内クラウドファンディング市場の調査を実施(2021年)」、https://www.yano.co.jp/press-release/show/press_id/2727。
山添敏文「20世紀後半の京都市政を顧みて：体験的京都市政論」2016年、http://www.eonet.ne.jp/~mt10s5y/sengo11.htm。

ライセンスアカデミー「経済的理由による進学断念に関する調査」ふじのくに 静岡県公式ホームページ、2010 年、https://www.pref.shizuoka.jp/bunka/bk-130/documents/01siryou-09.pdf。

付録1　翻刻資料

Ⅰ　1968年9月　「自由研究について」

(9月理事会討議資料)

自由研究について

Ⅰ．自由研究の経過と現状

労働学校の授業は月～金は講義中心であり、土曜日を自由研究とし、学生が自由に話し合える研究会の日として発足しました。

自由研究は主として問題別にグループに分かれて学習をしており、各グループに学校からチューターをつけて助言と指導に当っていますが、グループの運営は学生が自主的に行なうことを奨励しています。

自由研究は発足当初は学校部会の指導のもとに事務局がチューターを担当しておりましたが、チューターは講師から主として若い研究者が担当するようになり現在に至っています。

又、チューターは、以前は隔週に1回程度出席しましたが、最近はほぼ毎週出席するようになっています。

自由研究は、本科生を対象として発足しており本科生は自由研究の出席を正規の出席日数に加算しています。(但、出席すべき日数には計算しない)。又、現在では選科生・詩の教室の学生も自由研究に参加できます。

自由研究は現在、文学・経済・哲学の3つのグループがあり、出席は最高62名、最低15名(出席簿による)でした。('68春期)。

又、7月下旬になってグループ及びチューターから自由研究の夏期休暇中への延長について要望があり、次のとおり「補講」を行ないました。

7/27(土)哲・文・経　8/1(木)文　8/10(土)哲・経　8/11(日)文　8/13(火)文　9/7(土)哲・文　9/21(土)経　9/14(土)文

Ⅱ．自由研究の問題点

自由研究は、学校の授業の一環ではあるが、グループ別の研究会形式で行なっていること、学生の自主的な運営を奨励していることから、他の科目と異なる問題がでてきています。

1. チューターは、グループ学習の助言と指導に当るのであるが、グループは学問上のテーマ以外のことが課題になることも多く、時には、グループ夏の生活(実践)上の問題がもち込まれる事もあり、チューターに、立前(ママ)とする以上の責任が及びがちである。
2. 自由研究は、正規には開講期間中のものであるが、休暇に入ってもグループは活動を続ける傾向があり、学校との関係、とくにチューターとの関係が曖昧になる。
3. 自由研究は、学期の開講とともに始まり、終講とともに終了するものであるが、グループ員の中には次期へ継続するものもあり、グループ活動の次期への引き継ぎ、或いは次期グループ活動の準備の適否について問題がある。
4. グループはときには学校外の場所で行ないたいとの希望がで、又日曜日に会合がもたれることがあり、正規の自由研究との関係、チューターとの関係が問題となる。

Ⅲ．自由研究の在り方(学校部会の意見)

1. 自由研究は学校の制度として土曜日に行なうという現行制度は、そのままでよい。
2. チューターの負担は正規の時間内に限定しがたい点があり、チューター料は一期単位で払う。
3. 学校・チューター・グループの学生代表による「連絡会議」を適宜開いて、

自由研究の日常運営の円滑を図る。

4. '69春期から「労働問題」を復活させたい。

5. チューターの選任は講師選任と同じ手続に従う。

Ⅱ　1968年11月14日「グループ学生代表と学校との懇談会議事録」

グループ学生代表と学校との懇談会議事録

開催日時　1968年11月14日（木）　P.M.7:20～9:30
開催場所　労働学校　図書室
出席者
〈学校〉西村学校長　広川チューター　宮田専務理事　杉本事務長
〈学生〉伊吹　グループ・サークル協議会議長
　　　青木・松村・渡壁　経済学グループ代表
　　　西川（勝）・西川（公）・横井　文学グループ代表
　　　物部・仲村・周防　哲学グループ代表
　　　橋本　自治会委員長　河野　同副委員長

議事

10/2付グループ・サークル協議会よりの上申書について説明のあったあと、同上申書及び、自由研究についての9月理事会討議資料を基礎に話し合いを行ない、学校側の以下の説明に対し、学生側はこれを了承した。

1. 自由研究は、学校の授業の一環として土曜日に行なう。
（「演習」或いは「学生の自主研究」ではない）

2. 自由研究は課目別のグループ（クラス）に分かれて行ない、各グループ（クラス）に学校からチューターがつき、助言と指導に当たる。

3. チューターは講師待遇とし、その選任は講師選任の手続に従う。チューターは講師会議に出席する他、チューター会議をもち、相互の経験の交流、意見の交換を行なう。
   チューターの負担は正規の授業時間内に限定しがたい点があるので、チューター料は一期単位で支払う。
   註　講師選任の手続…毎年度ごとに各課主任講師が各課講師会議の意見を聞いて、理事会（学校部会）にすいせんし、理事会が依嘱する。
4. 自由研究グループ（クラス）は各期毎に成立し、修了（卒業）式まで存続するが、休日及び休暇中のグループ（クラス）活動は、学生の〔グループ（クラス）の〕自主活動とする。
   - 学校としては、休日及び休暇中の学生の自主活動については、チューターに責任を課さない。
   - 修了（卒業）式から、次期自由研究グループ（クラス）の成立までの期間は、有志の活動とする。
5. グループ（クラス）の学生代表・チューター・事務局三者の連絡会議は設けず、グループ（クラス）の連絡組織（学生組織）を設けて意志の疎通を図り、学校に対しては通常は学生自治会をとおして話し合いを行なう。又、とくに必要な場合はグループ独自で学校と話し合う。学校との話し合いは、科目・チューター・その他学校への意見と希望及び、グループの日常運営に必要なことを取り上げる。
6. 自由研究の課目は、労働学校の本来の目的を達成するための基本的な課目について設けることとし、現行3課目の他、必要な課目を設けることを検討する。たとえば、「労働問題」「政治」など。

Ⅲ　1974年6月26日　「自由研究の経過について」

自由研究の経過について

'74.6.26

1. 57京都労働学校の開設と同時に自由研究が発足

第1年度は、哲学、文学、労働問題、政経、学習一般の5グループが成立。チューターは事務局が担当。その後、日本史、社会心理なども設けられたことがあるが、哲学、経済、文学、労働問題('66まで)が定着した。第2年目以後、チューターは主として講師が担当。

2. '68改革('69から実施…'69.4.3理事会)

イ　自由研究を本科の授業の一環として位置づけ、労働学校の基本課目について設ける。'69年度は政治を加えて、哲学、経済、文学、政治とする。

ロ　自由研究チューターは、労働学校講師とし、講師選任手続による。

ハ　グループ(クラス)成立…20名を基準とする。

二　選科生、詩の教室生の自由研究受講に際して授業料を取るとの議があったが、今回は見送る。

ホ　チューターのすいせんは、1月の講師会議で行うが、それ以前に主任講師は学生の要求を聞く機会をもつものとする。

3. 「京都労働学校教科課程第一次案」発表('71.12.6理事会)

《土曜日の現行自由研究は、その研究会的要素は研究コースの発展することにより、土曜日は学生の自由な学習及び活動の日とする。》

4. '73学校実施方針において、《人文コースに基ソ課程と研究課程を置き、基ソ課目以外で必要な課目を研究科目としておく。自由研究は、今後学生の自由な研究の日とするが、'73は教室の関係で、研究課程の授業を土曜日に行い、自由研究は1年間休止する。》ことを決めたが('73.1.8理事会)、その後、学生の要求により、研究課程は図書室で授業をし、土曜日は自由研究の日とし、研究課程が設けられない哲学、経済学については、暫定的に隔週にチューターをつけ、文学はチューターなしでいくことに変更した。('73.2.9理事会)

5. '74学校実施方針において、自由研究はチューターを付けず、学生の自由な研究な日とするとの'73年度当初方針をうけつぐことを決めたが('74.1.12理事会)、学生の要求により、'74年度は、'73年度の暫定措置(隔週チューター派遣)を継続するとの案('74.2.4学校部会)を経て、①春期については、全回チューターを付ける。②秋期以降については学生自治会と協議をする。ことになった。('74.2.8理事会)

Ⅳ 1974年10月14日 「労働学校『土曜日』についての経過と問題点」(再掲)

労働学校『土曜日』についての経過と問題点

1974.10.14
京都労働学校

1. 土曜日「自由研究」の趣旨

月～金が講義を中心とする授業であるのに対し、土曜日は「自由研究」の日とし、学生が月～金に学んだことを基礎としつつ、或いは総括を試み、或いはテーマを立てて研究を行うことを主たるねらいとし、同時に学生が自由に話し合える場とし、その運営も学生の自主性を基礎にして行われてきました。

2. 経過

1）‘57年〜’68年…学生の希望により問題別にグループを設け、チューターは隔週。講師料とチューター料とに較差あり。

2）‘68年〜’72年…本科の授業の一環として、労働学校にとっての基本課目についてクラス（グループ）を設ける。チューター毎週。チューター料は講師料と同じ＝1期分一括払。

3）‘73年…’73年度労働学校実施方針において、’71.12.6発表の「労働学校教科課程改革第一次案」の《土曜日の「自由研究」はその研究会的要素は研究コースへ発展することにより、学生の自由な学習及び活動の日とする》との考え方をとり入れ

イ　人文科学コースを基礎課程と研究課程にわけ、’73年度は教室の関係で基礎課程から外れた政治、文学、歴史の3課目を研究課程としておき、’73年度に限り教室の関係で土曜日に行う。

ロ　自由研究は、学生の自主的な学習の場とし、学校からはチューターをつけず、若干の助成を行うこととするが、’73年度は教室の関係で1年間休止する。との方針を出したが（’73.1.8理事会）、その後学生自治会の要求（従来の形で、自由研究を存続させよ）により、’73年度は暫定的に　・研究課程は図書室で授業する。　・土曜日は自由研究の日とし、研究課程が設けられない哲学と経済とは隔週にチューターをつけ、文学はチューターなしとすることに変更された。（’73.2.9理事会）

4）‘74年度…’74年度労働学校実施方針において、自由研究は学生の自主的な学習の日とし、学校からはチューターをつけず、若干の助成を行う、との前年度方針をうけつぐことを決めたが（’73.1.12理事会）学生自治会との話し合いの結果、’74年度は’73年度の暫定措置（隔週にチューターをつける）を継続するとの案（’74.2.4学校部会）を経て

イ　春期については、秋期の分を繰上げ執行して、全回にチューターをつける。

ロ　秋期以降については、学校としても土曜日のあり方について、も

う一度基本的討議を行い、学生自治会の意見も聞きながら決めていく（'74.2.6 学園長と学生自治会との交渉）

ことになった。（'74.2.8 理事会で専務理事より経過報告）

そのご、学校部会は、この問題についての、専務理事と学生自治会との6回にわたる話し合いの報告と、2回の直接学生自治会との話し合いをもとにして、前後5回の学校部会をひらいて学生の主張も充分に汲みながら、土曜日の学習方法について、最終的な部会の見解をつぎのようにきめた。

①自由研究の現状は、イ参加人員が少なく（出席者1グループ4名～12名程度）少数者のための場になっている。ロ当校の中心であった人文社会コース本科生が漸減し、本科の授業の一環として行うことの矛盾が拡大してきた。ハ設置クラスが固定化し、柔軟性を欠くようになった。

②然し、自由研究で行ってきた「グループ学習」の意義については、次のとおり理解してきた。

イ　教育は、学ぶ側からすれば自学自習が根本であり、月～金の講義を主とする授業にあっても、質問や討議などがおりまざることが望ましく、そのことを各講師をはじめ心がけてきた。

ロ　然しながら、講義を主とする授業にあっては、学生の主体性発揮も自ら限度があり、学生の主体的学習を育てる場として、土曜日に「自由研究」を設けてきた。

③今後の土曜日の在り方として、次のどちらかの方向が考えられる。

〔A案〕学生が、自主的に学習グループをつくり、自由に学習を行う日とする。学校はチューターをつけず、若干の助成（隔週にチューターを招くことのできることを限度とする）

〔B案〕学校の教科の一つとして「演習」の日とする。本科生のほか、選科生、教室生をも対象とするが、選科生、教室生の参加者は登録料を納める。

この見解に対し学生側の主張は

①自由研究の意義が、学校側によって認められたことは評価する。

②しかし、A案、B案といった対立的な考え方でなく、制度的には学校が責任をもち、運営は学生の自主性の発揮できるものとしてほしい。
③B案にいう、登録料は、従来の自由研究の経過からみてとるのはおかしい。財政的理由で、どうしても徴収が必要なら全員から徴収してほしい。(この場合、若干の授業料の値上げは止むをえない。)

として、最終的に学生との争点は事実上、登録料の額と徴収方式にしぼられた形となった。

ここで、学校側の主張は、

①登録料を徴収する理由は、演習という形で、カリキュラムの一環として、学校の制度としたものであること。
②しかし、演習がすべての科目に実施できない実情にあるので、その便宜を受ける学生からの徴収によらざるをえないこと。
③その額は、選科生(現行2,500円)の約2/3程度とすること。

の三つをくりかえし説明したが、話し合いは難行し、結果ようやく学生側も

「選科生の1/3以下ならば、受講者からの徴収をみとめるが、それ以上となれば全体からの徴収」

というところまで、歩みよってきた。(9/27事務理事、自治会話し合い)

この結果、専務理事は学園長と相談し、話し合いをまとめる方向で

「登録料は1000円(但し、現行の授業料の場合)とし、受講者からの徴収」

を提案したが、学生側からは

「話し合いを纏めることに急であって、内部検討の不充分さもあって受講者徴収をみとめるということを言ったが、再度討議の結果やはり、自治会としては、受講者徴収方式は受けられない」との申し出があり、話し合いは、暗礁にのりあげた。

そして、学生側からは、

「土曜日を演習として位置づけることは合意事項とし、登録料については保留にし、学生自治会の体制が整った段階で秋期のとり扱いを含めて改めて交渉したい」との態度表明があった。

それにたいして、学校側は

①話し合いを纏める立場で努力してきたが、それが不調に終ることについて、非常にイカンである。

②「演習の位置づけだけを合意事項にして保留する」申し出については、学校としては制度の中に登録料の徴収方法も含めて提案しているとの考え方からすれば、同意は出来ない。

③当面、土曜日をどうするかとの角度で検討してきたが、話し合いが不調に終った今は学校全体の制度について、再度全面的に検討すべき段階にきていると考えており、土曜日についても、改めて一から検討し直したい。

④今秋期をどうするかについては、基本的な了解がついた上で、暫定措置として、話し合うつもりであったが、基本が纏まらない以上措置する方法がない。

として、話し合いは平行線のまま終った。

6.26　学校部会
7.19　　〃
7.19　専務理事と学生自治会との話し合い
7.25　学校部会と　　　　〃
8.7　学校部会
8.26　　〃　　と学生自治会との話し合い
9.19　　　　　　　〃
9.19　専務理事と学生自治会との話し合い
9.20　　　　　　　〃
9.25　学校部会
9.26　学園長・専務理事と学生自治会との話し合い
9.27　専務理事と学生自治会との話し合い
9.30　　　　　　　〃

3. 京都労働学校教科課程改革第一次案」[ママ]発表（’71.12.6 理事会）

《土曜日の現行自由研究は、その研究会的要素は研究コースの発展することにより土曜日は学生の自由な学習及び活動の日とする。》

4. ‘72 労働学校方針において《人文コースに基ソ課程と研究課程をおき、基ソ課目以外で必要な課目を研究科目としておく。自由研究は今後学生の自由な研究の日とするが、’73 は教室の関係で、研究課程の指導を土曜日に行い、自由研究は 1 年間休止する。》ことを決めたが（’73.1.8 理事会）、その後、学生の要求により研究課程は図書室で授業をし、土曜日は自由研究の日とし、研究課程が設けられない哲学・経済学については、暫定的に隔週にチューターをつけ、文学はチューターなしで行くことに変更した。（’73.2.9 理事会）

5. ‘74 学校実施方針において、自由研究はチューターをつけず、学生の自由な研究の日とするとの ’73 年度当初方針をうけつぐことを決めたが、（’74.1.12 理事会）、学生の要求により、’74 年度は ’73 年度の暫定措置（隔週チューター派遣）を継続するとの案（’74.2.4 学校部会）を経て、①春期については、全回チューターをつける。②秋期以降については、学生自治会と協議する。ことになった。（’74.2.8 理事会）

付録2　インタビュー記録

京都労働学校学習者への聞き取り

- A 氏インタビュー（2019/1/15）

A 氏　まあ、勤労者学園、自体、今結構、中でね、勤労者学園で府市民教室と、労働学校いうのんに、分かれているのはご存知ですか。

奥村　はい。

A 氏　自分はどっちかというと労働学校の方に。んでその労働学校いうのんが、京都市と京都府とで、労働組合やらも、応援してる学校やから、自分もその労働学校というのを、職場のあの、組合のあれで知ったわけです。で、組合から援助も出てたし、授業料も元々安いし組合からの援助もあったりとかで、行きやすかったように思う労働学校へ。他のカルチャーセンターはちょっと、受講料が高かった。でまあ安い、手ごろやし、っていうのでこう、労働学校へ行ったわけです。ほんでまあ、僕は労働学校へ行ってて、昔は労働学校いうたらほんまの学校みたい、学校みたいに学生自治会があった。学生自治会のなかに、グループ・サークルという感じで、歴史グループとかハイキングクラブとか、文学クラブ、哲学グループとか、まあサークル活動をしてはって、そのなかの自分は、歴史グループいうのに所属しまして、あの、この青色の、濃い、色付けしてるところが自分が活動してたときなんですけど。で、まあ自治会いうのんが、労働学校の方の、勤労者学園の方針で、もう学生自治会いうのんが無くなってしまった。だけど、府市民教室というか、一般のその、市民グループというのんで、歴史グループいうのんは、今もまだ、残ってます。で自分はまあ、この期間くらい、やっていたと。で、その歴史グループのなかで、あの、通信制の学校、大学を、に入ってはる人がいてて、その人らが何か楽しそうなスクーリングの話とかやってはるのを聞いて、ちょっと、佛大に。こういう感じでまあ、労働学校で、学んでること以上に、なんというか、そういう人との繋がりがおもしろかった。その辺の影響を受けて、新しく勉強のあれを広げようというのんで、佛大かな。自分が影響受けた人は、法政大学、関東の大学の通信やけど、とてもそこまで行けへんし、せっかく近くにええ学校あるしで、僕は佛大に行ったと。それも、一応中途退学してますけども、まあ退職を前後に再入学して、退職の前くらいに、労働学校へもまた通いだしたと。

奥村　それは、本科生ということになるんですか。

A氏　選科生。結局、3科目か4科目取ったら本科生になれる。ほんで、1科目2科目くらいやったら選科生、というようなあれで、今でも残ってますわ。やから、普通のカルチャーセンターとかなり違う。感じが違うんかなというのがあります。他のとこあまり行ったことないのでわかりませんけど。

奥村　学校というのは珍しいでしょうね。

A氏　あの学校で学生気分を味わうと。

奥村　ほんとにもう、大学のような感じですか。

A氏　大学。

奥村　失礼ですけど、お安いとおっしゃいましたが、感覚で言うとどれくらいでしたか。給料の何分の一とか…

A氏　昔ね、初めて行ったときは1科目4000円やった。

奥村　月4000円。

A氏　月じゃなくてその、半期で。安い。10何回あるさかいに、1回が400円切るくらい。その時の自分の就職したときの給料が30000円ほどやった。ほんで、ただ組合から始めは全額出てた。ほんで出しすぎや言うて半分になった。それでも、まだまだ安い感覚。で今で、日本史を受講してるんですけど、14回で、1万3000円やから、1回900円くらい。

で、もう一つ友の会というのが、労働学校というか、勤労者学園の、事務長をやってはった人がおられて、その人がその勤労者学園というか労働学校の前に、なんていった、人文学園か、あって、そのときからの生え抜きの人で、職員さんで、その人がちょうど、この1981、2年か、この辺に定年退職を迎えはって、やっぱり学生やらにすごく便宜を図ってくれたりして、結構いい人やって、で、その人が退職するのにこのまま終わらすのはもったいないさかい、なんか残せへんかということで、その人が、というか周りのもんが、僕はその時は入ってなかったんですけども、盛り上げて、まあ友の会つくろういうのんで、その当時やったらまだ個人情報とか、大きな問題になってへんさかいに、事務長やさかいに卒業生やらの住所録、200人分くらいの住所録でそれで発行して立ち上げはったんです、友の会を。それが、年一回イベントやって、一流講師招いたりとかして、それで、散策に行ったりとかして、それをずっと続けてきて、去年、ちょうど最終回、30回で終わったんです。去年、一昨年か。一応最終回ということで、30年間、一応続きました。これもまあ、労働学校友の会という名称で、ずっと続けてます。

奥村　これは今は、なくなったんですか。

A氏　解散一応しました。ただ、せっかく今までやってきたやつを、このままなくすのはもったいないいうことで、今またやり方を変えて続けよかという芽はあるんですけどね、なかなかそれが、先へ進まへんという。

一応その労働学校友の会というのも、発足の時には呼んでもらえへんかったんやけども、イベントするときには、手伝えって言って呼ばれたんが、1回から。1回目から8回目くらいまで。そのくらいまでは続けられたんやけども、ちょっと家庭の事情とかいろいろあって、そっちいけへんかって、で、20回目の時に、古い、最初からやってはる人が、自分等年齢的に無理やさかいに、解散するいわはって、それもったいないうてまた10年間一応やりました。

奥村　労働学校に通ってらっしゃらないのにこっちはやってた。

A氏　そうです。友の会自体は、労働学校在籍者卒業生そのお友達という名目で人集めてたんで。

自治会があった時までは、労働学校のあれはあったやろうけど、その後はもうカルチャーセンターに近い。

奥村　ちなみにご就職はなさったっきり、一つのご就職先でしょうか。

A氏　一応、一緒の仕事です。京都市の市役所の職員やったんです。僕はあの、交通局なんです。地下鉄関係をずっと、やってました。

奥村　労働組合には、いつから。

A氏　入った瞬間から。高校を卒業したときから。

奥村　ラボールで学んだということが、ご自身の生涯のなかでどういう意味をもったのかということです。

A氏　居心地がよかったですね。その、一流の先生に、教えてもらったというところがあって、その授業結構面白いんやけど、自分らが、理解できる頭が無い。だいぶ(大学とは)違うとは思うんやけど、噛み砕いて話はしてくれてはる思うんやけど、結構レベルの高い話を、教えてもうて、自分らそれについて行ってない。他の人はどうやらわからへんけど。やからまあ、結局、身についてくるいうのは、何年もかかってから。前言ってはった言うて理解できるのは、やっぱりいろいろ経験積んで知識もでき、つながってというようなんやから、実際に、なろてる、内容は、あんまり理解できていない。やっぱり、結構難しい話ばっかりやし、それだけで終わってたら、今、きっと労働学校に行ってないと思う。やっぱり、こうやってたときに、授業のなかで知りおうた人に声かけてもうた。こんなグループつくるけど、一緒にせえへんか、というように。それが歴史グループやったけど。それがきっかけで、長く続けられた、というのが、ありますね。授業の知識が身についた言うような感覚はあまりないですね。人の関わりが拡がった。

奥村　講義というのは週1回ですよね。

A氏　そうですね、大体。

奥村　それ以外の日には労働学校行かれたりとか。

A氏　結局、この自治会活動と、歴史グループの活動で、土曜日とかが歴史グループ、自治会もまあ大体、休みの日学校あいてたんでね。だいたいその時間帯、夕方とか、行きました。授業だけとちごて、プラスアルファそういう、活動で教室を使わせてもらってたと。

奥村　他の人もそんな感じ（授業時間より活動時間が長い）ですか。

A氏　大体ね。グループ・サークルの活動というようなんも、一生の付き合いになってますね。他の人も。残念ながら、歴史グループのメンバーは、結構なくなってる人が多くて、あんまり歴史グループのお付き合いというのは、少ないんですけど。その代わり友の会、とまあ歴史グループのメンバーと僕結婚してるんです。せやから、普通のカルチャーセンターで、趣味で行ってるのとはだいぶニュアンスが変わってくるかなと。自治会活動とかサークル活動とかで結婚してる人多いです。

奥村　行かれて、何か変わりましたか。

A氏　僕ね、理路整然とものをようしゃべらんかった。それがその、グループで、それぞれがチューターみたいなんで、自分が勉強してきたものを、人に話するというような機会があって。ほんでごちゃごちゃした頭のなかを整理しもって、というような経験にはなりました。それと、積極性が少なかった面があるんやけども、授業でみんなに声かけたりとか、いうようなこともできるようになった。性格が変わったというしか、嫌がってんと、仲間の輪を広げたら、結構別の楽しみがあるよというような。性格自体は、根本的にあまり人前に出たくないんやけども、人から見てたらそんなふうには見えへんと思う。僕はあまり変わってないけど。

奥村　やっぱり、サークル活動の影響が大きかったですか。そういう変化には。

A氏　大きい。大きいのと、やっぱり出会った人、すごい積極的に声かけて、みんなを引きずり込む人がいてね、その人の影響で色々と。邪魔くさいなーしんどいなーと思いながらも、やるようなところがあった。やっぱり人との出会いが大きかったです。

奥村　未だに何人か特に仲のいいご友人というのはいらっしゃるんですか。

A氏　それがね、友の会の方では、まだ。歴史グループの方ではもうほとんど人が残ってへん。

奥村　友の会の方は、今でも、仲良しというか。

A氏　なんかあったら声かけてるって感じ。

奥村　友の会というのは、おそらく同期ではないですよね。いろんな期の方が集まっていらっしゃいますよね。

A氏　学校行ってるのもちょっと、バラバラに。習ってる内容もバラバラ。やけど、大体が文学とか哲学とか。そのあたりの、歴史とか、人文系が主です。

奥村　こういう労働学校に何か足りないことがあるとすれば、こういうサービスが欲しかったなとか。

A氏　最初は至れり尽くせりやった。図書室があったり、自治会室があったり、印刷機やらも自由に貸してもろたり、教室も自由に使えたし。これが今は、なにもない。やからまあ、多少何か足りんかっても、自治会費を前は徴収してくれてた。授業料払う時に自治会費も。でそれを、自治会にくれてたから。これが今は何もない。友の会もやりにくい。友の会には、一応、協力はしてくれてはる。京都勤労者学園のホームページ見ていただくと、友の会のページがあるそれを作ってくれてはる。んで、友の会の、イベントとかの時は、発送とかやってくれてはるし。郵便料金とか出してくれたりとか。そういう協力は、してくれてたけど。望めばなんぼでも、もっとやってくれはるんやけど。あんまり望まなかったから。学校を大切や思うんやったら友の会。ほんなら、そちらで募集みたいなのを、学校の、組織のなかの友の会というような動きしてもらえたらというたんやけど、それはできませんと。それにかかる人がいないと。

奥村　未だに学校で活動なさってたんですか。

A氏　そうです。教室借りたりとか。

　もうね、自治会をやめさせた以降は、学生に教室を貸すということはないです。今友の会の時は…経費削減。土曜日は空いてない。

奥村　昔のような、自由に集まれたからこそできた人の繋がりみたいなものは今はもうできなくなってると。

A 氏　昔は授業を超えて、交流があったんが、今はようできて授業単位。なかなか、みんなが集まる場がなくなった。

奥村　やっぱり部屋が空いてることの効果は大きかったですか。

A 氏　はい、自由に使わせてもらえると。

奥村　労働学校はもう長いこと続いてるんですね。全国に例を見ないと思います。なんでこんなに続くのか、なんか魅力が？

A 氏　京都市も応援してね、京都市京都府が応援しているという。

奥村　京都市とか京都府に望むことはありますか。

A 氏　やっぱりお金をね、盛大だしてもらって、続くようにしてもらいたい。なかなか力関係あるさかいに、なかなかこうね、難しい思いますけどね。労働組合とか、力関係ありますやろ。

日本史のこと言うたら、京都で、重鎮の方がおられて、その人が京都市の歴史の先生に声をかけはって、今も。こういう授業やるさかいに、一回はやれと。誰々に言われてきました、いわはんねんけど、名前はださはらへん。

奥村　やっぱり、行政はお金を出してる。ソフト面というか、中身的には知識人というか先生の役割が大きい。なるほど。

A 氏　魅力的ですわ。授業料安い。それとやっぱり、そこそこの、レベルの高い授業を受けられる。ようやく、すごいレベルの授業受けてたんやないうのは、最近ようやくわかってきました。

ほとんど残ってないですけどね、先生がつくらはった資料。日本史を受けてた時に、戸田先生っていう神戸大学の中世史の授業、これはもう 30 年 40 年前のあれなんです。手書き。こんなん聞いてもわかれへん(笑)。先生が、熊野古道をやっておられた。戸田先生が、授業だけちごて、生徒のなかに溶け込んでくれてはる先生。ほんで、一緒にここを案内してもらった。これまあ日帰りで連れてってもうて、熊野古道中辺を、泊りがけで案内してもらった。2 泊 3 日で。先生には悪かったんだけど、講師料払わんと、往復の交通費だけで。朝日カルチャーセンターとかで、授業しはった時は、授業料何十万円ももらいはって、労働学校は一日2万円。

で、歴史グループの案内がちょっと残ってたんで。みんなにお誘いしたやつ。グループ10人かそこらへん。んで、たまに、ハイキング行ったら、最高100人くらい来た時もある。そういうなん求めてたんかなみんな。

最近は歴史から、他のやつにちょっと、寄り道、心理とか。京大の大学院の人やらも、教えに来てくれて。

でまあ、友の会の活動としては、学園報にも、載せてもらったり。一応、学園も友の会があるというのんで、外向きのアピールには、こんな活動もしてますというのには、お役に立ってるみたい。自分らの年代になってくると、だんだん死ぬまでの間、ひませんとなんかこう続けられるものという考え方にもなってきます。

奥村　そういう意味でも、労働学校というのは大きいのですね。

A氏　こういう、今無くなりましたけど、マナコミ教室いう、これ先生が熱心で、みんなとこう、一杯飲みにいことというような。残念ながら授業受ける人がすくななってなくなってしまいましたけど。

んで、自分らで作ってた雑誌が、『早雲』。趣味のあれで、研究まではいかへんけど。今もう25号くらいが最終くらい。

奥村　これいつからあったんですか。

A氏　入ったすぐあとくらいにできました。これが最終号やねんけども、こういうなん作んの大変やからいうのんで、今は歴史ハイキングだけ続いてて、百何十回。

奥村　歴史グループ自体は今も盛況なんですか。

A氏　まあ、30人くらい。ハイキング行ったら、30人くらい集まる。

奥村　ハイキングはラボールの人気イベントなんですか。

A氏　今もう歴史グループ自体が別のあれになってるさかいに、市民グループやさかいに、ラボールとは…　ちょうど自治会が無くなったくらいから。今もまだ、続けてくれてはる、朝田さんっていう人が、今歴史グループ、三山木の観音さんを見に行くことになってる。これが歴史グループ続いてる。世話人、会長さん。会を続けてくれてはるけども、そういう意味ではネタがだんだんなくなります。で、今やってはる会長さんが、ちょっと、家庭の事情でやめざるをえんようになった。やってほしい言うてお手紙をいただきました。元気の続くうちは続けた方がええかなと思いまして。別にそんなに忙しいことでもないし。なんかせっかく立ち上げたし、何とか名前だけでも残しとこかなと。

自治会はもっと前からやってて、自治会の活動も色々ありますねん。自治会長さんとか、会計とか、三役とかあるさかいに、その会計やれって言われて、会計をちょっと引き受けて。学校が徴収してくれた自治会費を、グループサークルにはい言うて配る。

奥村　かなり活発に活動されてますよね、同人誌まで出されて。だいたいどこもこんなもんですか。

A氏　政治経済とかいう感じの人は、もっとこうしっかりした理論的なやつを出してはった気がします。文学も自分のところで雑誌を作ってる。

奥村　もはや、学生が勝手に学習してる方が多いですね。

A氏　昔は。今は授業を受けて終わりっていう方が多いかもしれん。なかでお知り合いになった人やらは別でやるかもしれんけど。そういう人は歴史で特に多いです。年配の人。

奥村　特にその後に、他の活動に参加しないみたいな。

A氏　今、学校自体に、学生がよるクラブがないから…

奥村　今サークルってなくなっちゃったんですか。

A氏　で、個人情報の壁もあるんで、学生さんの住所とか聞けへん。みんな個人的に聞かなあかん。だから、知り合いになれるいうのはなかなかない。

奥村　やっぱり、いつでも空いてないといけないとか色々あるんでしょうね。

A氏　結局、土曜日に企画する、人が集まりやすい時に学生の集まりを持てる機会を、作ってくれたらね、そこで、10人でも20人でも来てもうたら、それをきっかけに声掛けもできるけども、そういう場がない。

- 伊東和代氏・山口良子氏・四宮大二郎氏インタビュー（2019/1/19）

伊東氏　これは私のだけをまとめたやつなんですよ。個人的な。自費出版したんです。

四宮氏　同人誌なんかをずっと、出してはるんです。僕は哲学。哲学いうたら大層やさかいね、哲学グループいうのが、あったんですわ。授業で哲学なんて、おこがましいさかいに。哲学グループがありましてね、土曜日のときに。そこへ僕が、入っていったんですわ。そこでまあ、色々感化受けてね。それからずっと。

山口氏　A氏がはなさはったというのと、重なる部分が多いさかいに…

奥村　事実のことが知りたいというよりは、皆さんにとって労働学校は何だったのかを知りたいです。

山口氏　うちも労働学校の最初、授業だけとちごて、普通の学校のクラブ活動、そういうのがあったんですよ自治会活動とか。今やったら市民教室でそれだけでぱっと終わりになるけど、授業が終わった後に、自治会活動クラブ活動みたいなんあって、他の、受けてる、例えば文学受けてても、他の授業受けてる人と触れ合えるっていうのが、クラブとかそういうなんにはいったら。んで、そういうサークルで、ハイキングとか、まあ文学と色々サークルあって、それに入ったら色々人と巡り合えてほら、友達ができる、そんなふれ合いがあったていうか。

奥村　それがやっぱり、労働学校で一番大きかったというか。

山口氏　うん、大きかったと思う。授業そのものよりか。わたしはそんなんで。結構ね、40年前やさかい、若かったでしょ、20代やさかいにね。みんな、いうたら結婚適齢期なんですよ。割とカップルがようけできたんですよ。ほんだらお互いによう知ってるし、それもあったしね。

伊東氏　十人でもなんでも、こんな集まんねやから。

四宮氏　○○さん（伊東氏の配偶者：筆者）もよう言うてたやん。協力してくれへん言うて。結構熱心やったしねあの人は。学習も熱心やし、他のことも、集まりも熱心で。いうたら、パイプ役みたいなんもやってはったから。

四宮氏　勤労者学園あんまりな、やってくれへん言うて。

山口氏　よう言うてはったわ。私はあんまり知らへんのやけど。あまり協力的でない。

四宮氏　時間のあれがね、教室使えるあれがね。いつまででもおったらあかん言うて。

奥村　すみません、整理していいですか。フルネームと、ご入学の大体の時期とすみません。

四宮氏　70年の春に入ったんです。春と秋があるんですわ。半期ずつね。1年制もあってね、本科生は1年ね。今73です。

奥村　お仕事は。

四宮氏　僕はいわゆる自営業ですわ。そこは、労働学校は働く人っちゅうかね。組合からも色々勧めて来てはった人いたんちゃうかな。

奥村　ということは、どういうきっかけで通われることになったんですか。

四宮氏　僕ですか。僕はね、たまたまね、南区の区役所でね、やっぱり若いから、いかに生きるかっていう講演会っていうか座談会があってね。それにまあ行ったんですわ。そこに来てはった人が、労働学校いうところあるでと、そこいったらええんちゃうか言うてくれはってね。ほんで、京都労働学校行ったんです。たまたま聞いてね。

奥村　自営業ということは、お働きになるのは早かった。

四宮氏　高校出てね、すぐに。いわゆる自分の家の仕事をしてたんですわ。

伊東氏　私は、74年で、そのときに、私は30で74年に入ってんねん。私も25、6みんな結婚してはるし、私は結婚せえへんやろなとか、思ってからここへ入った。それで、勤労者文化祭とかいうのんの、文学コンクールとかいうのがあって、それに一応30枚の原稿で書いたやつがちょっと賞に入ってん。それからあとで、ここが主催してたあれやけど、労学に入ってん。

奥村　入賞をきっかけに、文学を深めたいと。

伊東氏　そうそうそう。それを、パンとみそ汁っていう本にな。本格的な本でしょ。

　普通の会社に就職してて、それの後にこれをつくって。

奥村　その会社というのには、いつから。

伊東氏　24の時から、高卒でブラブラしてたんやけど、24の時から、野崎印刷っていうところ入ってそして60まで勤めて、その間もずっと労学行ったり、文学グループいったりずーっと文学、関わってきて。

奥村　何年入学とか。

山口氏　75年。結婚したんが79年やさかいに、74, 75, 76くらいかな。あ、でも…その辺。今66なんですよ。労学行ったんは23ですわ。んだら…

奥村　43年前なので…76ですか。

山口氏　76年？じゃあそこらへんかな。そこから入って、経済とか、経済もちょっと受けたんかな、半期半期の選科やさかいにね、文学とか、んで他にちょっと興味あるのやって、でも私その受けてるよりもその、サークルがあったんですよ。ほらハイキングのサークルとか歴史サークルとか、そういうのに誘われてね、今までは受けたらはいさよならやったけど、その頃は若いもんも結構いて、まだ人がこう誘って、誘ってくる人は自治会やってた人なんですけどね、で、なにいうか自分も若いさかいに、一緒になって、勉強よりもそっちのけで遊びの方で一生懸命こう続いてるというか、ほんでね、勉強しんでも、そこだけいってても別にどうもなかったさかいにね。

奥村　講義そのものより、そっち…

山口氏　そっち人間関係の方になってしまったの。講義自体やっぱり難しい面もあったし、ほんであの、半年で終わるそこで一応区切りになってる続きじゃなくて。ほなまたテーマも違ってきて、自分にほら、こうやって思うんやったらまたやるけど、そうでなかったら、ちょっとクラブで遊んでっていうか。そこにはずっと、若い子がずっといてたですけど。

伊東氏　講義終わってもう、それだけ聞いてぱっと帰らはる人は帰らはるし、私らはその後が好きやから…

奥村　どこで集まってるんですか？

山口氏　自治会室いうのをちゃんと設けてくれてはって、昔はそういうのも、みんな自分らでやってくれっていう感じで、ほんまに学校のあれと一緒ですよ、自治会長、ほんで書記があって、それの総会もあったんかな、でも集まってくるのは身内やけど会計やらもちゃんとあって、それも時がたったら市民教室みたいな感じで自治会はもうペケになって、解散。それをうちの主人が頑張ってやって失くしたらあかんとかいうのんとかね、学校とようやりおうとったんですけどね。

なくなった後に、友の会いうのができたんですよ。O 伊東会みたいな感じ。労学に関わった人が、年に 1 回集まって、どっかいこっていう。それうちの主人がよう、主人ともう 1 人事務局長いうのが労働学校にいはって、その人が定年なりはってちょうどそれとかみおうてそれが年に 1 回ずっと続いてきたんですよ。そしたら皆さんと年に 1 回会うしね。そしたらもう、学校とは関係なくなって。

伊東氏　30 人 40 人参加してたもんね。

山口氏　学校とは私は関係ないけど、そのなかには、主人とか井上さんとかちゃんと学校受けてたしね。友達はずっと繋がりがね。勉強自体はせやし、そんなに…

うちの主人も歴史グループやってたさかいに本出したり、うち癌でなくなったんですよ。自分が癌ってわかった時にずっと書いてきたんためて、それを自費出版したん。

四宮氏　大学の先生が講師やったからね、やっぱり難しかったですね。僕なんか一番初めに文学受けてね、まとめ役みたいな。京大の O 伊東の先生やったさかいね、ノート見たら言うてね、ばーっといわはんのやけどね、皆面白ないし、文句言うんですよ。で、先生に言いに行ってくれって。若い先生やったですね。立命館行った人も何人かいますわ。勉強しててね、もっと勉強したいいうのんで、立命の夜ね、立命夜あったからね。

伊東氏　○○さん（E氏）大検で立命の二部。

四宮氏　大学行くような人もおったんですよ。

山口氏　ずっとね、学校は歴史ばっかり来ててね、あの、京大の若い先生、私が名前覚えてんの西山良平先生、そういう人と交流してたみたいで。戸田芳美先生っていう、その先生とずっとつながってた。んで、先生は熊野古道、ああいうの一緒に歩いて。

・伊東和代氏・山口良子氏インタビュー（2019/1/24）

奥村　誰かに勧められて学校へ入ったんですか。

伊東氏　誰かに勧められたわけではないけども、同じ主催でやってはったやつやし、ほんでここへ来たんや。詩の教室やってるっていわはったから…詩に入った。

奥村　お生まれはどこですか？

山口氏　お生まれ京都。ずっと南区で。就職先も京都やさかいね。仕事終わった後、編み機とか色々お稽古事もしてたけど、ここは、その、詩の教室もあるけど、文学、歴史とか、ある学校やったし、勉強もしたいなと思って、ほんでそこ入って、言うたら昼働いて、夜の学校いうたらおかしいけど。

奥村　何見て入ったとか。

山口氏　多分あの、あれ、市民新聞。

奥村　失礼ですけど、お仕事は。

山口氏　ただ営業事務。普通の。大学出てやけども。大した会社ちゃうから。普通やったら夜お稽古ごと、お花とかお茶とかね、やったらええねんけどね、私編み機とかあみものやってた。それは友達とわいわい言いながら。私本読むの好きやったから、文学とか歴史とか、学校に来てはる先生見たら、大学の先生来てはんねん結構有名な先生ね。私らあのほら高校受験の時門脇禎二っていはったんやわ。今もう亡くなったけど。日本史のええ先生やってん。偉い先生に会えるいうたらおかしいけど。割とほんまにええ先生ばっかり来てはんねんな、京大とかも。みんなあんなん半分ボランティアみたいな感じで来てくれてはんねんな先生が。勉強は本格的にやってるくらいに、難しいねん。

伊東氏　大学の先生が、大学で教えてはんのと同じことをやってはんのやけど、でも大学卒業は絶対ならないと。労学でてもなんのあれもないと。

山口氏　学校っていうのはきっかけやね、言うたら。学校離れてもみんな文学やら歴史やらやってはるから、普通やったらね、学校が場所、自分らで場所やら決めて、場所代プラス、そんなんやってはったし、えらいっていうたらおかしいけども…そこらへん学校がもうちょっと、学校から出たグループやし、もっと協力しはったらええけど、そこらへんがもう、市民教室やらそういうなばっかりになってしまったし。

奥村　昔だったら、授業終わった後に誘い合うわけでしょ、今はそれがない。

山口氏　そうそうそう。

伊東氏　その頃からも、ない人はない。帰る人は帰る。

山口氏　来る人は講義が終わった後に、文学とか歴史とかを勉強する自主グループでやってたんやもんね。そのときはまだ教室、自治会室あったさかいに、空いたところね、貸してもらえてたからね。

山口氏　昼にパソコン教室やってはるの、何クールかで受けに行ったわ。昼やら割と盛況というかね。

伊東氏　昔はね、高卒の人が多かった、中卒の人も多かったけど、今は皆大学出てはるから、もうちょっと勉強したいとか、そういう気持ちがあったからあの学校もちゃんとなってたんですよ。いま皆が大学行けるようになってあんまり…大学卒にはならへんけど勉強したいという人が、結構いはったんや。

奥村　皆さんは、土曜日とかに集まってたわけでしょ？

伊東氏　サークルは。土曜日に貸してくれた。チューターまでつけてくれた。一つ講義だけ受けてたら、サークルにも入れるし、二つとってるような感じやった。私たちはその方が楽しいし…

奥村　結局皆さんにとって労学ってなんでしたか。

伊東氏　青春（笑）

山口氏　若い人が多かった。夜の学校やけど。そら年配の人もいはったやろけど。大学出てる人高専出てる人とかちゃんと来てはった。それ以上に勉強したいっていう。

伊東氏　合宿もした。

山口氏　いうたら大学のサークルみたいな感じ。

二人とも労働組合には入っていない。

奥村　何があったから労働学校は楽しかったですか。

山口氏　やっぱり交流、友達との交流。友達がみなよかった、あそこにいてる。

奥村　それはやっぱり会社との出会いとは一味違いますか。

山口氏　要するに利害関係のない友達関係。小学校中学校で気軽にあうでしょ、それは利害関係がないから。会社ってやっぱり、ライバル意識みたいなんあるけど。労学もみんな年も関係ないし、利害関係がないのは一番やと思う。友達も言うてた。

- 四宮大二郎氏・B氏インタビュー（2019/1/28）

B氏　土曜日に、毎週もちろん学校が開いてる毎週土曜日に、自由研究って名前やね、自由研究っていう名前で、それは別に単位とか関係なしに、大学院の先生が、先生というか僕から見たらお兄さん的な、小関さん、林先生…　小関修二さんって大学院生やったから、あんとき。京都大学の。経済の先生は内山昭。大学がね、立命館龍谷京都大学、同志社そういう先生が、主に講師となってきてくださって、自由研究っていう土曜日に限定されて、生徒に交じって、講師とか院生の先生やったね。年齢的にも近かったし。それが四つ教室あったんですよ。文学と、政治と、哲学と、経済。

奥村　実際のところ皆さんにとっての活動っていうのは、講義を受けてるというよりかはそっちの。

B 氏　いやあの、もちろん講義が主体なんですけど、自由研究は入ってもいいし入らなくてもいいし、講義の場合はやっぱり、半年間の単位が、出席率が無ければ…卒業、関係なかったっけ？

四宮氏　全体的に若かったですね。僕がまだ 24 でしたもん。

B 氏　僕 19 やったと思うわ。

四宮氏　いわゆる高卒とか中には中卒の人もおりました。大卒の人てあまりいいひんかったな。

B 氏　僕はね、気ままというのかサークルもこっちかじったりこっちかじったりで、もともとは哲学グループなんですけど、文学グループがこういう例会作品をやろうということで…

いいところどりしよっていうような、うろうろしとったね。

哲学はやり、文学に関わり、経済グループいうのもあったんですよ。誰かがね、マルクスの資本論読もう言うので、それにも関わって。蜂の会とか言うてね。それもやってもう。それは卒業してからっていうことです。

四宮氏　それで、僕から言うたらなんですけどね、結局経済グループが、ポシャンしていったんですよ。先輩が残らへんさかいにね。僕なんかは、哲学グループやってましたからね、ちゃんとだれか残ってね、あとから入ってくる人のね、アドバイスとかそういうのしてくれと。喫茶店でだいぶ論争したんですけどね、誰も残りよらへんかった。

B 氏　○○ちゃん (四宮氏) みたいな存在がまあ大事なんや。事務局の一部の人はシーって人もいたけどね。でもそれは、まあすごく、僕らにとってはね。

四宮氏　僕は、あそこは労働者教育の場所や、そういう思いがありましたんでね、僕はいわゆる自営業者ですけどね、あそこは、働いてる人が勉強するところやと。それでまあ学生もフォローせえと学園もちゃんと力入れてほしいと思ってたんですけどね。なかなか、思うようにいかへんかった。僕は、ずっと、少々何言われても、いっとったんです。

奥村　基本的なことから伺わないといけません。

B氏　1970年の秋ということで、今日まあ朝電話で確認し合ったんですけど。

当時ですね、島津製作所で入って、フライスをまあ…養成校っていう工科学校っていうんですけど、島津のなかに学校があって、中卒を集めて、そこでずっとトレーニングして、一応、丸2年間、あと1年は、現場へ配属して、週に1回だけ学校に帰ってくるっていう。つまりは、卒業は3年経って、卒業ということなんですけど。

奥村　労校に通われたのは、15歳で島津に入られて、何かきっかけがあってのことだったんですか。

B氏　そうですね。きっかけはですね、プライベートなあれなんですけどね。定時制高校行ったんですよ。1年経ってから。中卒やっぱね、島津の場合、3年間はあったけど工科学校なので、高校の資格もないしね、自分でやっぱり高校いって、高校の資格くらい取ろうと思って定時制高校行ったんですけどね、ちょっとね、色々大きな失恋して、嫌になって、定時制高校やめてしもて、で結局、それに代わるもんとして、京都労働学校に入ったんです。電車のつり革とかああいう類いのもんでね。それが出発点ですけどね。

奥村　特に資格にならない学校ですよね、労働学校。それでもよかった。

B氏　でもね、勉強したいっていう気持ちもあって、で資格は一応、大検っちゅうやつね、1年ではとられへんので、自分で勉強して、要するに定時制高校中退したので、一から勉強して、それをね、哲学のチューター小関さんに相談したら、大学行くんだったら、時間の空いたときに勉強して、大学受からんぞとかいって言われてね。もし本気で受かりたかったら本腰でやらないかんで言うて。その言葉に触発されて、島津をやめてしまったんや。それでね、1年間勉強して、立命の二部に入ったんですけど。といういきさつなんですね。その時に、労働学校で学んだ小関さんとの関わりもあったしな、労働学校にも足を運ぶようになったんですけど、立命に受かったのは労働学校から後ですから。

奥村　それは重なってるんですか。

B 氏　重なってないね、74 年くらいや。

奥村　お二人は、どれくらい労校にいらっしゃったんですか。

四宮氏　僕は 7, 8 年はおりましたね。最初は文学とってその次哲学とって、それから、経済もとりました。一通り全部取りました。本科もやったことあります。

B 氏　僕はね、あんまり覚えてないんですけどね、労働学校の名簿を見てもらったら出てくると思います。2 年くらいしか行ってないやろな。

奥村　サークル活動の方で関わり続けられた。

B 氏　そうですそうです。

　労働学校がなくなって市民教室になりかけるときに…

奥村　立命館に通いだされて。

B 氏　一応ね、卒業したんですよ。ただし、途中 1 年間休学しましたね。結局通算して 5 年目で卒業したということですけど。それから本屋の仕事を 3 年間くらいやって、31 歳から 34 歳くらいやったと思うんですけど。その後、滋賀県の石山の、東レの中にある子会社ですけど、そこに 30 年間、行きました。

奥村　お二人ともお生まれは京都ですか。

四宮氏　そうです。

奥村　お二人にとって京都労働学校にとっての学びとはなんでしたか。何が一番印象に残ってますか。

四宮氏　僕は、最初やっぱり知識をね、持ってへんから、勉強しに行ったんですけど、その知識が積み重なったか言うたら、それはあれですね。ただ、自由研究で、自分でテーマをね、色々つけて。僕それ以降ね、小説とかああいうの読まずに、社会科学の本ばっかり読んでますわ。やっぱりその、世の中のそういうの知らんと、力にならんっちゅう感じでね。

B 氏　僕にとって労働学校ですか。それはもう、大きな人生の転機になった。小関修二先生、京都大学の院生でしたけど、今はもう東京農業大学の名誉教授になって。たまに会いますけどね。林先生。

　学生への情熱というのかね、それはものすごい持ってはったな。

四宮氏　僕なんかものすごい影響受けたわ。ラディカルな方でしたね。

学生とも距離が近かったですね。年も近かったし。

奥村　そういう人を学園が用意したって言うことですか。

B氏　それがまたすごいことやね。先生というかね、兄的存在というかね。それがまた良かったんですよ。年もそんなに離れてないので。正規の黒板形式の一方通行の授業、一方通行ではなかったですけども、ただいま言うた自由研究のチューターは、歳も近いし、結構こんな感じで喋って、兄的な存在っていうんかなそれがまた良かったですね。

四宮氏　質問がね、ものすごく出しやすい。

B氏　家にも来てくれてね。家で勉強会やったり、すき焼きやったり。そういう付き合いですね。お兄さん的な。

四宮氏　授業っていうのは一方的ですよ。

B氏　基本的には一斉授業という形ですよね。限界はありますね。今言うたようにグループ研究というのは独特でしたね。大学のゼミ…近いかもしれんけど。生活をも巻き込んで。

奥村　プライベートなお付き合いと、学問というものがいっしょくたになったような。

B氏　いっしょくたになってる。

四宮氏　合宿したりしました。土曜日の自由研究で。お寺を借りて。忘年会もやったし。

京都という地域とか土地柄からくる独特の、中から労働学校の良さが背景にあるというかね、引き出されるというか。

四宮氏　授業では忘年会なんかせえへんですもん。

奥村　お二人は、労働組合には関わってらっしゃらなかったんですか。

四宮氏　僕は自営業やさかい。

B氏　僕はちょっと島津で、元気な時は、支部長はやってないかもしれんけど。そんなことやってました。

京都市職員　A氏・B氏インタビュー（2019/2/20）

奥村　経緯等は難しいところがありますか。昔のことになりますが。

B氏　ほんとに、小史っていう部分以上のことはこちらでは、わからないですね。

奥村　現在ですね、支援として、具体的にどのような支援をなさっているのかなというのがまず、気になる点です。

A氏　基本的には金銭の負担。補助金っていうか正確に言うと負担金っていう名目で、労働学校に、京都市からお金を渡してて、労働学校の講座の運営が、受講された方の受講料と、私どもが払っている負担金の二つで運営してもらってるんです。そのお金で運営してもらってて、実際教育内容とか、講座をどうするとかは、基本的には、勤労者学園の話を聞いていただいた方が、企画立案されるんですけど、もちろん京都市長も顧問に入ってるのと、あと、私どもの上司が理事で入ってますので、意見を言う場はあるんですけど、基本企画立案はあちらでやっていただくと、そういう携わり方です。共催事業ということで、京都市と勤労者学園で労働学校というのを運営していると。お金は京都市と、そこが自分たちで講座開設した受講者の方からいただくお金で、運営しているので、どっちが主っていうのではなくあくまで共催ということです。

B氏　パンフレットとかでも連名で出してるっていうことですね。

奥村　共催をするということに関して、特に根拠法とか根拠条例というものは。

A氏　ないですね。覚え書っていう立場で、こういったことを共催事業で一緒にやりますと。そのために必要なお金は払うとか、それを覚え書っていう形でかわしてまして、それを京都市と勤労者学園かわしてて、毎年それでいくら払いますっていう契約をしていると。

B氏　契約は毎年度になりますね。

奥村　どなたがなさるんですか。この更新というのは。

A氏　契約締結は、勤労者学園長と、京都市長ですね。

奥村　なぜこの支援を続けているのでしょうか。

A氏　難しいですね。平たく言えば、労働学校の、勤労者学園の教育っていうのが、設立した当初から必要やっていう認識で、運営をしているっていうことですね。この勤労者学園が運営している労働学校というのは、どこまで必要なのかというところだと思うんです。僕が個人的に思うのは、あのいい立地の場所で、受講料は安く設定はされてるんですけど、どれだけの必要性があって、どの方向けにするのかって言うことは、今でも十分意味があるって人もいたら、改善が必要っていう人もいる。必要性って言ったら、基本的には必要やと思うんですけど、どういう方に何が今必要なのかっていうところは見解が分かれたりします。

A氏　個人的な意見ですけど、今パソコン教室とか英会話とかやってて、やっぱりパソコンが普及しはじめたときは、パソコン教室すごい殺到してたんですけど、やはり今小学生とかお年寄りもスマホ使ったりするので、パソコン教室受けんでも知識があるじゃないですか。パソコン教室っていうのを、今やってて一定ニーズはあるんですけども、例えばパソコンをみんなでできるようにしましょうっていう講座から、例えばビジネスマン向けに、海外向けのパソコンの使い方とか、パワーポイントの講座とか、ほんとにビジネスマン向けにスキルアップの講座にするのかとか、例えば高齢者向けに、大体これくらいわかってるけど次のステップにとか、要はパソコンはじまった時って60歳定年当たり前で、80歳くらいで亡くなったりするんですけど、今人生100年時代ですから、60歳以降次のセカンドキャリアのために何がいんのかとか、そういうのは、パソコン教室だけとっても、やりようとか、あると思うんですよ。そういうのを、ほんまに吟味できてんのかって言ったら、考えはするんだけれども、どんなニーズがあるのかとか、どんな講師の人がいるのかとか、やっぱりこう、色んな考える面が、あるのかなっていう。

B氏　大きな理念としてはいいんだけれども、もうちょっと工夫のしていき方はあるんじゃないかなと。

A 氏　今の時代にあったやつとか、どこに対しての必要性かっていうことですね。

奥村　お二人ご自身が具体的にどのように関わってらっしゃるのでしょうか。

A 氏　僕たちは基本窓口と言いますか、状況を把握して、来年の予算の話とか、授業の内容とか、公式的には私どもの上司、[個人名] っていう部長がいるんですけど、学園の理事に入ってるんです。ので、意見を言うかたですね。僕たちは事務ですね。質問いただいてた、金銭的援助以外の援助で言ったら、広報とか。お金を出すっていうのは、一緒にやるので、京都市がいくらか負担するお金だけなので、あとは広報ですね。京都市が発行している市民新聞とかに共催事業を載せて受講者を募ったりとか。

奥村　教育の目的は何だと考えておられるのか、というところを伺ってみたいと思います。

A 氏　広くいったらあの、勤労者教育って、勤労者ってお金もらって働いてる人ってことやと思うんですけど、それ以外の社会に出たい人とかね、今特に働き方改革とかで、主婦で子どもがいるけど、子どもが小学生になったら、すごい限定的やけど仕事がしたいとかね。今言ったようなビジネスマンが夜にぱっとパソコン教室に来たりとか、勤労者教育っていう今働いてる人たちのスキルアップもそうですし、社会に出たい人が手に職付けるというか…広く社会に出る意欲がある人向けに、求めてはる技術とかを。個人的に思ってるのは、社会に出たいけど出れない人たち、テレワークとかに関する技術、イラストレーターとか学んで、ここでやるとか。今ニーズは逆に広くなっていると思う。誰にと言ったら、働いている人とか、働きたい人。

奥村　歴史とかってどう位置づくんでしょうか。

A 氏　元々働く人の教養を深めるっていうのも趣旨に入っているので、働く人の生活全般が豊かになるようにということだと思います。生活自体が豊かになるということですね。

奥村　わざわざいかないといけない〈場〉であることの意味とは。

A氏　僕が見る限り、高齢の方とか多いんでね、交流の場とか、家に閉じこもるよりも、色々趣味とか学びに行く場にもなってると思うし…

わざわざ行くことにも意味はあると思いますね。

共催っていうのは費用負担、お金がね、受講料では赤字間違いなしですので、共催っていうのは京都市がお金を負担しているっていう意味で共催なんでしょうけど、授業を考えるとか講座を考えるというのは、正直僕ら人事異動で結構変わったりするんで、何十年もいない、スキルもないしノウハウもないし、共催で一緒に考えましょうって言ったら、僕らが追い付けないんですよね。

大阪労働学校・アソシエ教員　A氏インタビュー（2021/3/2・抜粋）

A氏　かつての労働者層というのは、均質な一枚岩の社会層ではなくて、非常に多様化していますよね。労働者文学の雑誌なんか見ますと、ひきこもりとか、フリーターとかですね。要するに労働運動とは無縁に見える、そういう社会層の思いというか、考え方というか、そういうのをテーマにするような労働者文学というのがかなり出てきているんですね。そのことを考えますと、多様な若者の暮らし方、生き方を、それぞれが内省して、互いに交流するようなそういう、プラットフォームとして、労働学校がある程度の役割を果たしている。そんなことを感じているんですけどね。

奥村　戦前の労働学校の学習者の手記とか見てますと、講座で学ぶことがためになったということはもちろん、学校を拠点とした交流ですね、受講者同志に加えて、講師との交流が人生にとって意味があったんだということを振り返ることがかなり多いんですね。先生たち、例えば森戸辰男、賀川豊彦といった人々とじかに接した時間は講座にも増して代えがたかったという発言がみられます。カリキュラムでは書き表せないというか、そういう交流というのも、この労働学校でも見られるのでしょうか。

A氏　そうですね。大学のようにマンモスで、一方的に講義をするというのではなくて、少人数で交流しますから、講師と受講者の会話というのは、かなり豊かになります。

2、3年前に食育プロジェクトっていうのをやっていたんですね。学校にキッチンがあるんですけども、20代の女性を講師にして、お昼に料理を作って、食べながら、皆で話し合う。これもすごくよかったですよね。仲間づくりというか。そこに年配の人から20代まで集まりますから、世代間の交流があった。それが普通の学校にない場づくりというか。

奥村　学習者の中でも勉強会のようなものが開かれたりするのですかね。

A氏　私がやっているのは『資本論』学習会といって、『資本論』の内容について、原典を声を出して読んで、内容を理解しながら進んでいきます。その時は別に、教えるものと教えられるものという関係ではなく、それぞれが、自分の経験ですよね、経験に即して、この文脈はこうじゃないかとか、知識の獲得じゃなくてね。自分の経験を理解する手がかりとして、古典を読むというような、そういう読書会ができていると思うんですよ。

奥村　それは講座とは別にということですか。

A氏　ええ。講義とは別に。それから、今コロナであれなんですけれど、ディナーパーティみたいなものですよね。何かシンポジウムとかすると、その後料理を作ってみんなで飲んで話し合う。そういう懇談会というのは、頻繁に開きましたね。ここ一年あれですけど。

奥村　戦前の労働学校は30校くらいできるのですが、10年以上続いたのは三つか四つということになります。大阪労働学校はその一つですが、続いた大きな要因は寄付だったと思うんですね。そういうところに依って活動を続けたというところがあると思います。財政的基盤ということに関しては、アソシエは。

あとがき・謝辞

「学際的」という自称は、多くの場合「中途半端」や「専門性を欠く」と同義である。最近、様々な学問領域の知見を用いて「面白そう」な対象を分析する研究を読む度にそう思う。そして本書はおそらく、そうした研究群の末席を汚している。

労働者の生の充溢を教育の観点から展望したいという関心を持って資料を探すうちに、大阪労働学校（1922-37）と出会ったのが、労働者教育史研究・労働学校研究のきっかけだった。関心を持った対象が歴史的事象だったために、日本史や社会運動史、教育史、労働史の知見を参照する必要があった。また、成人の変容を考察したいという関心から、生涯教育学・社会教育学の理論を勉強した。そして、空間に着目することを思いついたために、地理学や都市社会学、建築学の文献を読み漁った。そうした作業を通して作成した博士論文が、本書のもとになっている。このようにして様々な領域の知見を使いながら書かれた本書は、それゆえにどの領域にも有益な知見を提供できていないのではないかと恐れる。読者各位による御叱正を待つばかりである。

本書は博士論文をもとにしていると書いたが、実は構成や内容が大きく変わっている。大きな違いの一つは、京都労働学校に関する記述をおおよそ1章分増やしたことである。これは、本文中でも述べたが、京都勤労者学園所蔵の資料が発見されたことによる。1970年前後の京都労働学校の様子がわかるようになり、それまではインタビューにのみ依っていた「グ・サ活動」の実態が明らかになってきた。

もう一つは、「きっかけ」である大阪労働学校に関する記述を削ったことである。これは、同校の「学生」に関する資料が多く発見されたため、事実の認識を改めたり、さらに分厚い記述にしたりする余地が生じたと筆者が判断したことにある。大阪労働学校の新資料については目下研究を進めており、いずれ公表することを目指しているので、本書と合わせて是非ご笑読いただきたい。

本書の初出は以下の通りである。ただし、初出論文の執筆後に資料が発見されたり、追加のインタビューを実施したりするなどの事情により、本書の執筆に当たって大幅に書き改めている。初出論文の後ろに（特に第○節）と付記しているのは、記述が原形に近いまま記述が残っている箇所である。それ以外の箇所はほとんど書き下ろしに近い。

序章
…書き下ろし。
第1章
…奥村旅人「教育空間の相対化と展望に向けた研究史試論」『相愛大学研究論集』39、2023年、101-108頁（特に第3節）。
第2章
…奥村旅人「『社会人の学び直し』に関する政策の現状と課題」『京都大学大学院教育学研究科紀要』65、2019年、247-259頁（特に第3節）。
補論
…奥村旅人「生涯学習事業の継続における地方行政の役割：京都市『京都勤労者学園』を事例に」『地域連携教育研究』5、2020年、84-96頁（特に第2節）。
第3章
…奥村旅人「戦前期労働者の学習ニーズと学習経験：大阪労働学校山崎宗太郎の場合」『社会教育学研究』54、2018年、57-66頁（特に第2節）。
奥村旅人「大阪労働学校における教育目的の変遷」『公教育計画研究』9、2018年、112-127頁（特に第2節）。
奥村旅人「『反 - 学校』教育空間史の一齣：住谷悦治を中心として」『月刊社会教育』67（2）、2023年、58-65頁（特に第5節）
第4章
…奥村旅人「リカレント教育の『場』における教育目的の変遷：京都市『京

都勤労者学園』を事例として」『地域連携教育研究』4、2019年、40-52頁。

第5章

…奥村旅人「働く青年の学びに果たす学習の『場』の役割：京都勤労者学園の学習者の体験を手がかりに」『京都大学大学院教育学研究科紀要』66、2020年、289-302頁（特に第1, 2, 6節）。

終章

…書き下ろし。

本書の執筆に当たっては、多くの方々にお世話になった。まず、本書の基になった博士論文の審査を引き受けていただいた、元京都大学大学院教育学研究科の服部憲児先生、京都大学大学院教育学研究科の南部広孝先生、田中智子先生に御礼申し上げる。ここにお名前を挙げた先生方にとって、いわゆる所属講座が異なる筆者は、ある意味では「よそ者」だったかもしれない。にもかかわらず、博士論文の執筆中から現在に至るまで、厚かましくもご助言を求める筆者にいつも応えてくださった。いつまでも先生方からご助言・ご指導をいただくばかりでなく、いずれは「議論」を交わすことができるように研鑽せねばならない。

同じく、研究会や資料調査などに幾度となくお誘いいただき、博士論文執筆中から数限りないご助言をいただいた、畿央大学の前平泰志先生と相愛大学の長谷川精一先生にも特に記して感謝の意を表したい。

また、大学院での学びの機会を与えて下さった、新潟大学の渡邊洋子先生にも感謝申し上げる。

2022年3月に教育史フォーラム・京都で報告の機会を頂戴したあと、京都大学人文科学研究所の福家崇洋先生と須永哲思先生の知遇を得たことは、筆者にとって大きな幸いであった。お二方は若輩の筆者を資料調査に加えて下さったうえ、京都大学人文科学研究所の紀要『人文學報』における、京都人文学園に関する小特集に執筆する機会を与えて下さった。心より御礼申し上げる。

本研究はインタビューに応じて頂いたみなさまなしには成り立たなかった。

京都勤労者学園・京都労働学校、大阪労働学校・アソシエ、京都市役所の関係者のみなさまに御礼申し上げる。

資料調査の過程では、大阪産業労働資料館（エル・ライブラリー）、法政大学大原社会問題研究所、京都勤労者学園のみなさまにも大変お世話になった。感謝申し上げる。エル・ライブラリーのような図書館・資料館が、何世代にもわたって存続することを祈るばかりである。

東北生活文化大学の山口刀也先生をはじめとする、研究を志す友人たちにも感謝したい。大学近くの喫茶店やファミリーレストランに集まれていた頃に比べると物理的には隔たってしまったが、（幸か不幸か）最近は遠隔で研究会を開く手段に事欠かない。研究を報告しあう関係が、今後も永く続くことを祈るものである。

助成金を頂いたことにも感謝しなければならない。本書の作成に関して、日本学術振興会「科学研究費助成事業若手研究（課題番号：23K12721）」（2023-2025年度）、および京都大学人文科学研究所「共同利用・共同研究プロジェクト（萌芽研究）」（2024年度）の助成を受けた。また、出版に際して「令和6年度 京都大学人と社会の未来研究院若手出版助成」を受けている。感謝申し上げる。

出版に際しては、売り上げの期待できない本書を引き受けていただけたのは大変幸いであった。東信堂の下田勝司氏に御礼申し上げる。

最後に、両親と祖父母に深謝する。筆者が生まれてこの方、特に両親にはずっと心配をかけ続けているはずだ。息子が本を一冊書いたからといって、心配しないで済むというわけにはいかないだろうが、わずかにでも我が子の「成長」を感じてもらえれば、と願う。さらに勉学を重ね、より良い研究成果を土産に祖父の白寿を祝えるよう努めたい。

読者各位には、私事で締めくくってしまった失礼を容赦いただきたい。以上、謝辞とする。

事項索引

【欧字】

autoformation……25
hétéroformation……25

【あ行】

意味づけ……135, 143, 166, 180, 187
運動の文脈……98
エビデンス……84, 93
大阪労働学校……74, 98

【か行】

学習……26, 164
各種学校……106, 130
学問……97, 164, 189
鎌倉アカデミア……104
教育空間……9, 29, 139, 187
教育刷新委員会……50
教育振興基本計画……60
教育の文脈……98
協調会……98
京都勤労者学園……9, 79, 109, 130
京都勤労者教育協会……106
京都人文学園……104, 115
京都地方労働組合協議会……105
京都労働学校……9, 109, 129, 161
教養・公民教育……52
勤労者……139
空間……12, 25, 35, 143, 169
偶発的……31, 204
グ・サ活動……170
具体的な場所としての労働学校に
　関する……143, 188
クラウドファンディング……87
グループ……165, 173, 181
形成……26
現時充足的……33
交換価値……30
講義……133, 165, 188
校舎……132, 169, 180
厚生労働省……10, 68
交流……165

【さ行】

サークル……165, 173
財政……74, 207
サポート・バット・ノーコントロール……75
自己教育……25
自己の形成過程の占有……29
自己の人間形成過程の占有……29, 208
自治会……170
実務……139
社会教育……26, 50
社会人……59, 200
社会人の学び直し……10, 49, 60
充溢……3, 199
自由研究……165, 174
授業……165
手段的……33
趣味……139
生涯学習論……8
生涯教育……8, 15-17, 29
使用価値……30-32
職業教育……51-57, 63-66
職業訓練……48, 65, 69
庶民大学三島教室……104
新人会……101, 111-116
ズレ……204, 206, 207, 218
政治運動……100-105, 116, 117
世界文化……113
ゾーニング……36, 37, 212-214

【た行】

他律教育……25-34, 208

知……3, 27-33
知識人……97-117, 130, 135, 143
抽象的な労働学校一般に関する意味……143, 188, 189
チューター……168-170, 173, 183, 190
付き合い……165, 169, 174-176
『土曜日』……113, 213

【な行】

日本労働学校……99, 103
日本労働総同盟……99, 100-105
二流の会……163, 176, 214
人間形成……27

【は行】

場所……16, 39, 143, 189
働きつつ学ぶ……3
府市民教室……132, 134
ブルシット・ジョブ……6
文化運動……116, 117
ホーム・ルーム……172

【ま行】

学びの複線化……63, 65, 69
文部科学省……10, 57
文部省……10, 47

【や行】

友愛会……99, 100
夜……175, 187

【ら行】

ラボール京都……133
労働学校……4, 98-105, 111-119
労働教育……52
労働組合……49, 100, 104, 136-142
労働者……4-13, 140
労働者階級……103
労働者教育……47-56, 200
労働者教育に関する労働省（労政局）、文部省（社会教育局）了解事項について……55
労働省……10, 48, 54-56
ローカルな知……28, 32, 211

人名索引

【あ行】

淡路円治郎…… 51, 52
石田良三郎…… 106, 131
伊東和代…… 163
井上良二……74
遠藤雅一……176-184

【か行】

賀川豊彦……99, 101-103
久野収…… 113
グレーバー、デヴィッド……5

【さ行】

四宮大二郎…… 163
新村猛…… 107, 108
住谷悦治……102, 111-117, 216-218
住谷磐……135, 138, 139
関口泰……51-55

【た行】

高野岩三郎…… 100, 113

【な行】

西村豁通…… 135-139
丹羽弘一……36

【は行】

ピノー、ガストン……25-34
二場邦彦……135, 138, 139

【ま行】

前川嘉一…… 106, 130, 135, 138
前平泰志……26-32
真木悠介…… 18, 33, 34
見田宗介…… 18, 33
森戸辰男……74, 103

【や行】

山口良子…… 163, 164

【ら行】

ルフェーヴル、アンリ……35

【わ行】

渡部徹……109, 135, 136

著者
奥村　旅人（おくむら　たかひと）

1991年生まれ。京都大学大学院教育学研究科修了、博士（教育学）。びわこ成蹊スポーツ大学スポーツ学部専任講師を経て、現在、京都大学大学院教育学研究科講師。
主要論文・書籍：「戦前期労働者の学習ニーズと学習経験：大阪労働学校山崎宗太郎の場合」『社会教育学研究』54、2018年、57-66頁。「京都人文学園の形成と変容：知識人・労働者による教育空間と社会運動の関係史」『人文學報』（122）、2024年、49-76頁。『新しい社会教育・生涯学習論』（共著、ミネルヴァ書房、近刊）。

労働学校における生の充溢——生涯教育の空間論序説——

2024年12月20日　　初　版第1刷発行　　〔検印省略〕
定価はカバーに表示してあります。

著者Ⓒ奥村旅人／発行者 下田勝司　　印刷・製本／中央精版印刷

東京都文京区向丘 1-20-6　　郵便振替 00110-6-37828
〒113-0023　TEL（03）3818-5521　FAX（03）3818-5514
発行所 株式会社 東信堂

Published by TOSHINDO PUBLISHING CO., LTD.
1-20-6, Mukougaoka, Bunkyo-ku, Tokyo, 113-0023, Japan
E-mail : tk203444@fsinet.or.jp　http://www.toshindo-pub.com

ISBN978-4-7989-1939-3 C3037

東信堂

- 労働社会学者・河西宏祐と労働者の共同性 ―「生活者としての労働者」の理論　松永伸太朗・永田大輔　二七〇〇円
- 変貌する豊田 ―グローバル化と社会の変化に直面するクルマのまち　丹辺宣彦・中村麻理・山口博史 編著　三八〇〇円
- 豊田とトヨタ ―産業グローバル化先進地域の現在　丹辺宣彦・岡村徹也・山口博史 編著　四六〇〇円
- 外国人単純技能労働者の受け入れと実態 ―技能実習生を中心に　坂幸夫　一五〇〇円
- 歴史認識と民主主義深化の社会学　庄司興吉編著　四二〇〇円
- 主権者の社会認識 ―自分自身と向き合う　庄司興吉　二六〇〇円
- 主権者の協同社会へ ―新時代の大学教育と大学生協　庄司興吉　二四〇〇円
- 地球市民学を創る ―地球社会の危機と変革のなかで　庄司興吉編著　三二〇〇円
- 社会学の射程 ―ポストコロニアルな地球市民の社会学へ　庄司興吉　三二〇〇円
- 社会的自我論の現代的展開　船津衛　二四〇〇円
- 組織の存立構造論と両義性論 ―社会学理論の重層的探究　舩橋晴俊　二五〇〇円
- 階級・ジェンダー・再生産 ―現代資本主義社会の存続メカニズム　橋本健二　三二〇〇円
- 現代日本の階級構造 ―理論・方法・計量分析　橋本健二　四五〇〇円
- 国際社会学の射程 ―日韓の事例と多文化主義再考　国際社会学ブックレット1　西原和久・芝真里 編訳　一二〇〇円
- 国際移動と移民政策 ―社会学をめぐるグローバル・ダイアログ　国際社会学ブックレット2　有田伸・山本かほり・西原和久 編著　一〇〇〇円
- トランスナショナリズムと社会のイノベーション ―越境する国際社会学とコスモポリタン的志向　国際社会学ブックレット3　西原和久　一三〇〇円
- 生協共済の未来へのチャレンジ　公益財団法人 生協総合研究所 生協共済研究会　二三〇〇円
- 二〇五〇年　新しい地域社会を創る ―「集いの館」構想と生協の役割　生協総合研究所編　一五〇〇円

※定価：表示価格（本体）＋税

〒113-0023　東京都文京区向丘 1-20-6　TEL 03-3818-5521　FAX03-3818-5514
Email tk203444@fsinet.or.jp　URL:http://www.toshindo-pub.com/